U0904308

EXPLOSIVE GROWTH

引爆用户增长

黄天文◎著

机械工业出版社
China Machine Press

图书在版编目（CIP）数据

引爆用户增长 / 黄天文著. —北京：机械工业出版社，2017.11（2019.11 重印）

ISBN 978-7-111-58462-9

I. 引… II. 黄… III. 企业管理 - 营销战略研究 IV. F274

中国版本图书馆 CIP 数据核字（2017）第 274230 号

引爆用户增长

出版发行：机械工业出版社（北京市西城区百万庄大街 22 号 邮政编码：100037）
责任编辑：杨福川
责任校对：殷 虹
印 刷：北京文昌阁彩色印刷有限责任公司
版 次：2019 年 11 月第 1 版第 6 次印刷
开 本：147mm × 210mm 1/32
印 张：12
书 号：ISBN 978-7-111-58462-9
定 价：79.00 元

凡购本书，如有缺页、倒页、脱页，由本社发行部调换
客服热线：（010）88379426 88361066 投稿热线：（010）88379604
购书热线：（010）68326294 88379649 68995259 读者信箱：hzit@hzbook.com

赞誉

和天文认识很久，一直非常欣赏他在引爆用户增长、拉动用户活跃和留存方面的思维和方法，这次终于看到他把自己的思考整理成一本书，有理论、实践和经验总结，兼顾策略思考和战术执行。在这个用户为王的时代，我们必须对用户运营有更加深刻的认识，围绕引爆、转化、促活、留存的全生命周期管理来进行用户运营，并通过用户运营达成更高层次的商业价值。作为运营人，如果你想引爆用户，那么推荐你认真阅读和学习本书。

——朱宇　掌众金服执行副总裁

用户增长不仅是一个运营概念，更是市场营销的根本目的。如果想让自己的营销更有效，不妨研读本书，通过了解用户增长的关键因素，让我们从层出不穷的营销手段中跳脱出来，构建一个能更好地驱动用户增长的营销架构。

——刘基　一点资讯市场总监

互联网主要由产品、内容、用户运营三大块构成，而产品和内容运营的最终目标也是用户增长和复购。由此来看，这是一本面向初级至高级互联网运营从业者的用户运营手册。书中所提到的观点、方法以及配套的案例都是作者实打实地从一线工作中总结出来的，对于初级读者来讲，可在紧急关头照搬使用；对于中高级读者来讲，则可以通过这些方法和案例提炼出自己的策划实施方案。推荐这本接地气的书给大家。

——李立　去哪儿网高级市场总监

在物质过度丰富以至于用户无从选择的今天，在各种运营手段层出不穷的当下，天文的作品让我们有机会能够透过现象看到用户增长的本质。全书自始至终都贯穿着生动的案例和严谨的逻辑，针对理论和实践都给出了具体的阐述，值得认真品读。

——张天乐　融时代 CEO、银客集团联合创始人

天文是近几年移动互联网浪潮的亲历者和优秀的实践者，《引爆用户增长》是天文在多家互联网公司的用户运营实践经验的总结，详细、真实地讲述了健康的用户增长和运营的实例和方法论。无论是创业公司，还是大公司，都可以参考和借鉴，推荐做用户运营和市场的朋友阅读。系统性地花好每一分钱，引爆用户增长和健康留存，相信对大家有帮助。

——陆文勇　e 袋洗创始合伙人 CEO/85 后连续创业者/
福布斯亚洲 30 岁以下杰出人物

天文出书完全在我意料之中，我时刻关注他在朋友圈里分享的干货。然而，碎片化的学习不足以对增长形成深入的理解，他能将自己的经验悉数整理成书，给对运营和增长有兴趣的朋友提供了一条捷径。

——陈泽帅　链家上海研究院院长

在用户增长领域，这是一本具有实战指导意义的教科书。内容覆盖用户增长的各个环节，选取互联网领域的最新案例，无论是对于增长新手，还是老练的增长黑客，它都将是一本不可或缺的实战指南。

——陈思多　Camera360 增长副总裁

如何有效获得客户，对任何行业而言都至关重要。天文的《引爆用户增长》手把手教大家掌握这一核心技能，让我这个门外汉深受启发，非常值得推荐！

——范里鸿　德勤华永会计师事务所合伙人

本书对用户运营做了详细拆解，从制定战略到执行细节，从用户拉新、留存到用户整体生命周期管理，深入讲解了用户运营背后的底层逻辑，把用户运营的精髓阐述得淋漓尽致。既有扎实的运营方法论，又提供大量的案例来印证理论，再结合作者多年的用户运营实战方法和技巧，让读者读罢不禁慨叹，原来个中如此巧妙。无论是对运营有强烈兴趣但还没入门的初学者，还是已经有一定经验的运营从业人员，都能从本书中学到新的知识和技巧，得到启发和共鸣。

——莫子睿　网易邮箱事业部副总经理

本书完美地呈现了互联网公司“用户增长”的核心逻辑和整套方法论，非常有助于创业公司和向互联网转型的传统企业，用“系统思考”的方法来立体认识“用户增长”与其他业务模块和目标之间的关系。作者实战经验丰富，思考角度多元而细致，非常适合需要完整理解互联网用户增长的朋友参考。

——贾鹏雷　亿邦动力总裁

互联网业务的发展有两类驱动：一是产品驱动，如工具类业务；二是运营驱动，包含范围更广，如电商、门户和视频等。两者都以用户指数级增长为目标。如何引爆用户增长？本书汇集了天文多年积累的运营技巧和方法论，包含大量实际案例，值得大家学习和参考。

——席进爱　朝阳永续董事 / 冰创科技 CEO/
前大智慧财富执行总裁

从 0 到 0.1，从无到开始萌芽，从 1 到 10，从萌芽开始萌动，从 10 到 100，从萌动到蓬勃萌发，背后都离不开大量的用户研究、用户洞察、数据分析、不断试错、科学实践与规律探索。天文在这个方面有难得的天赋和丰富的积累，在“回家吃饭”成长的过程中给了很多建设性的建议。本书是难得的用户增长实操手册，值得推荐。

——唐万里　回家吃饭 CEO

从某种层面上讲，增长是一切运营工作的出发点，也是所有运营工作的终点。它与运营工作如影随形，贯穿于整个产品周期。在我看来，做运营除了要懂得以用户为中心外，还要懂得以增长为导向，将增长思维渗透到运营工作的每一个环节，赋予运营商业层面的价值。

——曹成明　人人都是产品经理、起点学院创始人 &CEO

用户增长和运营，是互联网时代最难以被清晰界定边界的学科之一，但它的重要性又不言自明，这是一门既需要“道”，又需要“术”的手艺：在战略层面上如何与公司发展结合，如何与资金和产品现状配合；在执行层面上如何提升每一个动作的转化率……天文的这本书，给出了系统的解答，可以作为用户增长与运营的第一书。

——鲍艾乐　拉勾网联合创始人兼 CMO

在看了天文的书稿后，我就知道这小子要“搞事情”。整本书落地、实用，通过对增长误区的分析，引导读者学习用户增长的基本逻辑，重新开始梳理增长的思路；再通过案例分析、B 端用户的留存和转化、C 端用户的拉新、用户成长体系的搭建，以及后期的用户运营来向读者传授经验。这本书包含了从开始的用户定位到最终的运营维护的全部环节。不得不说，值得推荐！

——戴政　环球悦旅会首席领队 /
决胜教育科技集团创始人 / 去哪儿网创始成员

推荐序一

增长：商业世界的永恒使命

张溪梦（Simon Zhang）

国内领先的用户行为数据分析产品GrowingIO创始人 & CEO。Data Science Central评选其为“世界前十位前沿数据科学家”，曾任LinkedIn美国商业分析部高级总监。《首席增长官》一书作者。

增长（Growth）是企业永恒的使命！耐克创始人曾经说过：If you’re not growing，you’re dying。无论是市场营销、产品还是运营，增长将成为你们接下来的核心关注点。

为什么增长这么重要呢？

1. 增长是下半场的主题

在过去几十年里，科学技术发生了若干次变革。从大型机、中型机、小型机、PC，再到现在的移动手机，每一次技术变革都来带来了指数级的用户增长。在过去5年的时间里，移动互联网的出现掀起了新一波的用户增长浪潮，社交、移动支付、直播、共享出行、科技金融等一大批产业呈现爆发式增长。

但是，KPCB 在 2017 年发布的互联网报告显示：中国移动互联网用户增长速度从 2010 年的 70% 下跌到 2016 年的 10%。

这里面透露出来的信息是什么呢？

中国移动互联网用户数量已经接近天花板，那种每年百分之二三十，甚至更高的增速将一去不返。也就是说，这种人口红利背后的流量红利正在逐渐退去，资本也将更加理性。

同时，马太效应愈加显著：中国用户平均每天使用手机的时长在 200 分钟以上，其中 79% 的时间被排名前 20 的网站或者 APP 占据，而这 20 个头部 APP 全部属于大家熟知的 BAT，剩下的几百万家网站和 APP 则要分剩下 21% 的用户时间，竞争激烈程度可见一斑！

以前用户没有什么事情做，对于 APP 的使用并不挑剔。现在，我们的用户已经在向追求质量、追求品质的方向变化。这也就是说我们不但要追求数量的增长，更要追求质量的增长，这里面就包括更好的用户体验、更深刻的产品价值。这就是做增长的大背景！

2. 增长是企业的核心使命

最近几年，“首席增长官”“增长团队负责人”“增长黑客”这些人很火！企业为什么愿意花大价钱雇佣这些人，究其根本，增长是企业的核心使命！

增长是企业最核心、最根本的因素，它代表了五类群体的利益：

第一，客户的利益，只有一个不断增长的企业才能给客户创造信任感，提供有价值的产品。

第二，员工的利益，只有一个不断增长的企业才能给员工更好的薪资，提供更大成长空间。

第三，公司的利益，只有一个不断增长的企业才能持续盈利、增长，才能持久地存在下去。

第四，股东的利益，只有一个不断增长的企业才能给股东安全感，以及更多的回报。

第五，社区的利益，只有一个不断增长的企业才能创造更多就业岗位，为社区稳定做贡献。

所以，无论是做市场营销、做产品还是做运营，无论是 To B 还是 To C，我们最应关注的就是增长。

3. 增长是数据驱动的根本目的

2016 年我和增长黑客之父 Sean Ellis 交流的时候，他问我：Simon 你知道吗？LinkedIn 和 Facebook 是最早建立增长团队的公司，他们最早做增长的人都是从 eBay 出去的，你知道为什么吗？

我在 eBay 工作过 3 年多的时间，eBay 是一个非常注重数据驱动增长的公司。早在 2007 年的时候，eBay 就已经把数据驱动做到了极致，期间每年保持 50% ～ 70% 的增长速度。在美国高速增长的企业中，投入产出的每一个环节都非常有效率，这样积累起来就变成了一个科学的增长引擎：我认为这是根本原因之一。

在硅谷的时候，有一个业务高管曾经和我说：Numbers is my native language！他说，真正的企业管理者，无论是 CEO 、中层管理者，还是前线打仗的业务经理，所有人通用的语言不是英语，而是数字。因为数字代表了效率，效率代表了商业的本质，商业的本质就是投资回报比。投资回报比就是说，我们投入一块钱可以产出多少钱，这才是用户增长的基础。很高兴，这些核心内容我在天文老师的这本书里面都看到了。

从硅谷回国创业没多久，我就非常有幸认识了天文老师，并且邀请天文跟我们分享了他在百度糯米、去哪儿、360 金融做的事情。当时很惊诧，我在他身上看到了国内本土运营人员蕴藏的优秀创新思维，以及用数据优化业务到极致的基因和勇于挑战突破自我的精神。他的增长和业务运营实践对国内很多公司都非常珍贵，有巨大的启发和引领意义。

此后，在不断和他接触的过程中，我们又发现，他每一次的演讲都是精彩纷呈，每一篇公众号上的分享都是干货满满，每场活动下来的用户反馈都是超级正面。在过去两年 GrowingIO 的发展历程中，天文老师的分享都是我们 GrowingIO 增长大会、增长沙龙等活动最受欢迎的课程。

当我拿到这本书的书稿时，非常激动，因为我不但在书中看到了清晰且系统的增长核心方法论和模型，也预感到了未来这本书会给读者以及他们的企业带来的巨大价值。真切地推荐这本《引爆用户增长》给每一位希望把业务增长做到极致的从业者，以及那些希望在这个新兴领域里面有所建树的未来增长之星！

推荐序二

新时代的用户运营

刚刚结束的党的十九大，宣告了中国特色社会主义进入了新时代，振奋之余，让多年从事互联网行业的我不禁去想，我们这个行业何尝不是呢？我们正经历其中，经历一场翻天覆地的变化，这个变化如此之大，以至于没有任何一所学校，也很少有书本可以教会我们如何应对。作为从业者，我们有自己的心得，但多数情况下由于时间原因，无法形成可以交流的东西。这让我在读到天文这本书的时候，非常欣喜和感动，终于有人，而且是天文这样经历如此丰富的人来做个总结，简直是一项善举了。

在互联网行业里，有很多能力是传统行业或者一个创业团队可以在短时间内建立起来的，但是用户运营不能，很多公司也把用户增长理解为购买流量，把用户不增长理解为公司没有钱，从而错过了加强用户运营抢占市场的机会。

用户增长，过去是一个结果，到今天已经变成很多互联网公司的一个部门了，从以前 Facebook 的

Growth 团队，到今天风靡硅谷的 Growth hacker，这个职能已经变成共识，成为公司发展的驱动角色。我的感觉是，这个能力在美国相对中国要容易一些，美国的用户流量到今天已经变成基础设施，玩得转 Facebook、Google、Twitter 基本就可以接触到所有的用户，而且这些平台都提供了一个非常精准的广告投放平台，让创业公司可以在哪怕只有 100 块钱预算的情况下，也能精准地找到用户，最低成本地做 MVP 测试，迅速调整公司方向。而中国相对就比较复杂，用户流量系统并没有形成一个标准化的基础设施，移动互联网把流量系统变的更加复杂了。如今一个手机厂商就是一个流量系统，有浏览器、网址导航、搜索、应用分发、手机桌面、信息流，等等；而每种产品形态，又有很多的竞争对手，信息流有很多家，搜索有很多家，社交网络也有很多家。这让中国的创业者们面临着一个非常复杂的用户获取环境，这大概也是美国互联网公司中国化少有成功，而中国公司国际化这几年多有成功案例的原因之一吧。

流量渠道体系复杂化，同时用户的信息接触行为也发生了巨大的变化。我们在国外看到用户刷一下 Facebook 或者 Twitter 就能基本把信息获取了，一个自媒体维护一到两个平台就够了，在中国，每个自媒体都在疲于奔命维护各种信息平台，因为不知道用户可能在什么地方获取信息。国内用户的时间太碎片化了，光是信息流，就有纯粹私人的朋友圈信息流、半私人的微博信息流、全公开的今日头条信息流。我们对信息的偏好，也从文字逐渐向图片、视频转移，光是视频，又有传统视频和今天风靡各种人群的快手视频、抖音视频等多种形式。今天一家创业公司想要接触到他的用户，实在有太多的地方需要探索了。

另外，用户对新产品的体验胃口也发生了变化。过去我们为了解决一个需求而使用一个产品，如今任何一个细分市场，都有大把的玩家在争夺用户，用户已经不再仅仅因为你满足了需求而使用你的产品，他们还会提出更高的期望。所以今天一个新的互联网公司，或者互联网+公司，要抓住一个用户，需要做比过去多很多的事情，绝不是产品开发完了推给用户，就会迎来增长。过去产品部门是公司的核心部门，今天用户运营部门，在很多移动互联网公司，甚至已经比产品更重要了。在基础服务都类似的情况下，如何让用户留存做得更好，如何让用户增长得更快？有钱的公司可以补贴，没钱的公司可以靠创意。但是它们都离不开新时代的用户运营思维，我们确实见过很多补贴到最后并没有迎来胜利的公司，也见过很多没有钱补贴最后成为第一的公司。

那么新时代的用户增长，有钱没钱到底该怎样做？天文尤其专注这个领域的思考和总结，曾经花过十几亿做用户增长，也曾经一分钱不花做出过非常好的项目，还曾经做过我们都不愿意再提的项目。当我看到这本书的时候，感觉这里总结的真好，如果几年前我们都看到这样的书，也许我们今天会做的更好一些，但是几年前的时代也不一样，那时互联网江湖还没有这么复杂，用户也没这么难获取。衷心希望互联网相关的从业者们，能够从书中有所收获，站在天文小小的肩膀上，看得更远。天文所讲述的，是这个时代里，最前沿的互联网公司中正在发生的故事，新鲜可口，热气腾腾。

吴海生

360金融集团创始人

推荐序三

国内“用户增长”这三年

多年以来，在市场人员的招聘面试中，通常会问一个很基本的问题，如果有一个亿的预算，你会如何进行媒体组合的分配？做过这行的“老司机”会很快告诉你，我要花多少钱拍一段 TVC（电视广告），然后投大概多少钱在电视台、电影院、楼宇电梯液晶屏、户外公车站台，等等。

当你继续问他，如果我考虑的是更直接的效果转化呢？做过电商产品或者工具类 APP 的面试者立刻心领神会，开始和你讲我是如何在效果平台上每天投放预算，并保证消耗匀速以及质量达标的。

可是如果你再问——“如果手边只有 1 万元的预算，你会怎么做呢？”一部分人会张大嘴巴表示你是不是在开玩笑；还有一部分人会以为你在问他类似估算北京城有多少个井盖一样的逻辑发散问题；当然，还是会有很少的一部分人会两眼放光，仿佛找到了组织，轻吁一口气，您说的是——Growth Hacking（黑客增长 / 用户增长）？

事实上这个概念在国内的流行不过短短3年的时间。我还记得2014年年底偶然机会买到《精益数据分析》（Lean Analytics）原版时如获至宝的感觉，我以此为启发向所在公司的团队进行了如何用数据驱动做好工作的培训分享，很快网易公司董事局主席兼CEO丁磊先生亲自在网易云阅读上做了电子版的推荐。在过去的3年里，我们身边也有越来越多的互联网公司，用所谓“黑客增长”的方式实现了指数级的崛起，不管是本土的滴滴打车还是当时风靡的Uber，也包括大家今天熟知的饿了么和美团外卖，以及满眼望去的小黄车ofo和摩拜单车……它们在用户邀请奖励，以及每次订单后的红包激励上，可以说玩到了极致，甚至这些手法已成为现在国内主流APP软件的用户运营“标配”。越来越多的市场人员不再是“只管空中灿烂，嘴炮吹牛泛滥”，而是愿意真正坐下来和产品及运营团队融合在一起，实施“数据分析–提出假设–实验验证–优化调整”的正向循环。

在我看来，这一切改变背后的原因是“用户增长”的理念打破了传统的市场思维。在传统的市场工作范畴里，有很多是不那么容易量化评估的传播类工作，但必须清醒认识到——这并不是市场推广的全部。“空中”的品牌传播，一定是为了“落地”带用户及业绩增长的序曲，而不能割裂开来。很遗憾这个道理听起来简单，但就像剑宗与气宗的门户之见，尴尬已经存在千年，也就忽视了那些能四两拨千斤、帮助企业“从0到1”冷启动的工作价值。当然，另外一个原因是，在创业大潮流行之前，大多数企业内的市场工作并不需要拓新，而是维持产品既有的市场份额和品牌声量，惯性导致了重复过往貌似正确的事情。而且，在一个大型企业里，当所有人都安于现状花大钱做投放的时候，你突然呐喊说可能有更高效率和更低成本的方式，无异于《皇帝的新衣》故事中的小男孩，既不合时宜又势单力薄。

但令人欣喜的是这一普遍认知正在改变。用户增长，抑或所谓的黑客增长概念，顺应互联网引发的数字化趋势，也对传统市场传播的理论带来了冲击和思考。首先，“量化”成为一种可能、习惯和信仰。这并不是说一切唯 KPI 论，而是说如何坚持寻找关键指标来做业务自我矫正的循环。其次，相信最小可用产品 MVP 的试错与快速迭代，互联网的无边拓展使得试错的成本大大降低（只要你足够快地迭代修正）。最后，发现不同维度下指标之间的相关性，继而从中挖掘到可能具备因果逻辑的关键点。这一过程充满刺激和乐趣，你仿佛是名侦探狄仁杰，需要在眼前的海量数据中抽丝剥茧，表现得“大胆假设、小心求证”，或者说你是在追寻一切事件的背后逻辑，而不满足于过往历史经验的黑盒输出。

这也正是本书的最大价值所在。在过去的几年中，看到过很多探讨“用户增长”这一话题的书籍，既有理论学术的译作，也有国内外经典案例的介绍，但鲜有以一线前沿视角，将实操经验与理论提升相互印证的写法。本书的布局谋篇，就如同是玩转用户增长的“黑客们”小范围流传的武功心法，没有空洞晦涩的概念，而是由表及里的把几个核心要点讲透——如何理解用户增长的价值、如何确定适合自身产品的增长战略（包括关键指标的确立）、初创产品既美妙又痛苦的冷启动阶段，以及在用户生命周期的不同阶段如何对症下药地去做不同的增长刺激。令人惊喜的是，在本书的梳理中，作者并没有把“用户增长”简单定义为“拉新用户”，而是把潜在用户变成产品使用者后的继续成长过程一并纳入，特别用了两章的篇幅展开产品运营相关的知识心得，既讲清楚了运营体系的框架脉络如何构建（第五章　搭建用户成长体系），也讲透了在搭建好框架后如何运作（第六章　用户运营）。在我阅读过的用户增长话题相关的诸多图书里，少有能将这部分知识以体系逻辑独立成篇。

由于作者本身在互联网行业多个细分领域的工作积累，使得本书中的案例与知识点跨度较大，但读起来并没有违和之感，反而以多个侧面有力支撑起作者的理论。这些横跨团购、O2O、电商与互联网金融的生动案例，也恰巧重新勾勒出自2010年以来方兴未艾的国内移动互联网发展历史。特别是作者在本书的最后，以单独一章的笔墨详细阐述了“用户补贴”这一把双刃剑的利弊，读起来既有感同身受的时代感，也能看到他更为理性全面的反思与总结。

与作者结识，还是在团购行业正兴旺的年代。记得当时受他盛情相邀，参加他组织的行业交流小沙龙讲讲市场传播。在一众年轻人中他的勤奋好学，让我印象深刻；甚至当他跳槽去我当时创业产品的竞争对手那家公司工作时，还经常电话向我讨教一些很直接的问题，让我尴尬之余又觉得他孜孜以求的执著简直可用“呆萌”形容。但几年间令我更为惊艳的，是他的快速成长。虽然当年稚气的少年面庞已逐渐进化成“小叔”，但不变的是他对知识如饥似渴和消化再造的能力。这两年他的公众号在行业内小有名气，我前几天打趣他为什么有体力和毅力坚持掏干货，小心有天把身体掏空了。他却很认真的跟我说，其实我不过是把用户增长的方法论，先实践在我的公众号上而已，2年前我就做好了公众号的目标和战略拆解，日常做的只不过是按照战略去推进，所以有收获是必然的事情，而且，好本事不怕学，知识分享既予人玫瑰，本身也是一个自我再修炼的过程。

这也正是我愿意为用户增长的理念摇旗呐喊的原因，我相信如果掌握了这样的思考方式，你能在面对很多别人看似头绪全无、不知从何下手的事情时，老神在在地知道从哪里破局。都说创业是从0到1的过程，但用户增长的思维方式却不止于此。相信本书能为广大互联网行业乃至跨界的读者朋友们带来满满的收获。

胡琛

前网易副总裁兼易信CEO

推荐序四

如何成为一个优秀的运营

三年前 PMCAFF 刚商业化，我就去百度找黄天文，建议他多出来做些分享，也可以写写书。天文是我原来在奇虎 360 的同事，我对其能力还是比较了解的。国内目前缺少一些实战类的运营书籍，本书是天文结合自己实战经验的总结，这样的经验分享对于行业来说是非常有价值的。

运营与产品

经常有人问我，产品和运营有什么不同？产品和运营往往是不能分家的，最终两个职业会交集在一起。今天很难相信一个不懂运营的人能把一款产品做好，当然运营不懂产品也不太容易走得很远。一个团队在发展过程中，不同阶段会需要不同的火车头，有时候是运营，有时候是产品，有时候是研发。所以运营要很清晰地知道自己在团队中的定位，并且提供持续输出的能力。

如何做运营沉淀

关于运营如何借助产品研发团队，做好运营经验沉淀，黄天文是很有经验的。作为运营主管，他手下会配置产品与研发。运营往往是迭代增长方式的人，需要将验证出来的套路快速沉淀成产品解决方案，只有这样才能持续放大运营的工作效能。黄天文对此有着深刻的理解，相信看完这本书大家会对团队配合有更深的理解。

敏捷运营

在对运营人员的要求上我俩表现出惊人的一致，认为运营这件事是需要有一股狠劲的。运营需要手能下的去，产品研发如果跟不上，人肉来补，这时就是考验一个运营的执行能力与迭代能力的时候了。这也是运营跟产品经理最大的区别，产品经理需要思考得比较完整，而运营应该是团队中最敏捷的一群人。要能够在实践中发现问题，解决问题，发现规律，这个时候复盘就变得非常重要。

数据驱动运营

三年前，我问天文，你们百度糯米现在数据打通了么？天文说：我花了很大的力气才打通，不打通我干什么运营？为了打通数据，天文几乎把糯米所有的运营岗位做了一遍。一个好的运营必须关注数据的完整性，如果数据是断开的，其对于运营工作的指导就非常有限；而数据一旦打通，运营的效率就会极大提升，经验也能快速积累。

总体来说，总结套路的能力是考验一位运营是否合格的大门槛，而这里的关键就是数据驱动。很多运营脱离数据总结经验，这就属于盲人摸象。凡是没有放到数据中验证过的想法，都仅仅是想法，不能算是经验沉淀。直到今天，黄天文还是坚持要求团队每天早上对数据，这是一项非常重要的工作，统计出来的数据不要躺在邮件里、PPT 里，而是要拿出来复盘总结的。运营是一个完整的工程，而参与运营工作的人，更需要对项目有一个全面性的理解，也需要有系统的运营知识与经验，相信这本书会对读者建立完整的运营体系有所帮助。

陈建闽

PMCAFF 创始人 &CEO、外包大师 CEO

前言

本书起源

近几年，互联网的发展精彩纷呈，电商、团购、O2O、共享经济、打车、共享单车、互联网金融、移动直播、信息流、短视频、知识付费等几大行业如雨后春笋般快速崛起，其用户也快速增长。

各领域的发展规律几乎都是从最初的混战、厮杀到兼并重组，最终形成寡头。巨头间合并的大戏不断上演。去哪儿跟携程合并、58同城与赶集网合并、滴滴与快的合并、滴滴与Uber中国合并、美团和大众点评合并，等等，笑到最后的无一不是始终保持用户高速增长的企业。

互联网的环境也发生了剧烈的变化，从PC到移动，从线上到线下，从纯互联网到传统行业的深度改造，每一次剧变都会带来新的增长机会。移动人口红利、社交红利、内容红利、信息流红利，等等，谁能在外部环境发生剧烈变化的情况下，在激烈的市场竞争环境中做出正确的选择，实现用户的持续性增长，谁就能笑到最后。

本书所阐述的用户增长是一个综合了产品、运营、渠道、品牌、数据、市场环境、竞争状况等多个因素的结果，也是一个动态的过程。

笔者在多年互联网行业的从业过程中，一直想要寻找一本关于互联网企业增长和用户增长的书籍，但一直没有找到。互联网的领域太新了，大家都是在摸索中前进，行业的发展速度太快，很难有人能静下心来为这个行业做个系统性的总结和复盘。所以关于“增长”的书籍是一个用户需求量大，却严重缺乏有效供给的蓝海市场。

笔者是市场营销科班出身，从事互联网多年，且一直致力于将传统市场营销的经典理论应用于互联网公司用户增长的具体实践中。笔者分别在去哪儿网、奇虎360、百度亲身经历了团购、电商、互联网金融等几个行业的快速增长，并进行了大量的用户增长实践。

2010年～2016年，是团购行业飞速增长的7年，从千团大战到三足鼎立，再到最后新美大一家独大，行业发展经历了从PC到移动，从纯线上到线上线下联动，从一线城市到渠道下沉的巨大变迁；还经历了疯狂的烧钱补贴大战、品类扩张大战；产品形态经历了套餐、代金券、优惠买单的演变，还探索出了在线选座、外卖、上门服务等不断符合外部环境和用户需求变化的创新性应用。整个行业的发展就是一部关于“增长”的经典商业大戏。

笔者有幸分别在3家公司从事过与团购相关的不同岗位的工作，以不同的视角完整经历了整个行业的兴起、发展、成熟，到最后合并形成寡头的发展过程。2010年～2012年上半年，我在去哪儿网从事过酒店旅游垂直品类团购的用户增长工作。当时还是PC

互联网时代，主要的用户增长手段还是靠 PC 端渠道投放，如网址导航、搜索引擎、EDM、团购导航等，那个时候移动互联网还处于萌芽期。2012 年～ 2014 年我在奇虎 360 从事 360 团购导航开放平台的用户增长工作，以及帮助不同团购网站实现用户增长。期间还亲自操刀过几个电商项目，从零起步实现了千万销售业绩的增长。2014 年下半年我有幸被邀请到百度负责百度糯米的用户增长工作，在糯米期间分别负责过 C 端用户增长、B 端用户增长、城市整体销售业绩的增长和品类销售业绩的增长，期间主要参与了几个百度糯米销售额日峰值流水从几千万到几个亿的跨越式增长的重大项目。在各个团队的配合下，我们在很多城市的市场份额实现了从落后到成功翻盘并成为市场份额第一名的经历。在此基础上我搭建了一套完整的从用户到商家，从城市到商圈，从品类到门店的城市用户增长体系。

在百度的这段时间正是移动互联网爆发式发展的阶段，团购网站 PC 端和移动端的销售额占比发生了翻天覆地的变化。PC 端销售额占比从 90% 下降到不足 10%，只用了不到 2 年的时间。这个阶段用户的增长主要来自移动应用市场、厂商预装、线下地推和品类扩张。无论是用户增长渠道还是增长手段，都随着移动互联网的来临而产生了巨变。在百度经历了多个岗位的增长实战经历之后，我具备了更全面的视野和更深度的视角，也为本书总结互联网公司该如何做“用户增长”做好了铺垫。

2015 年团购行业经历了最后的疯狂，新美大合并之后一家独大。2016 年，百度糯米开始转型与搜索体系相结合，这个时候我回到了老东家奇虎 360，负责 360 金融集团财富管理平台“你财富”的用户增长工作，这个阶段是互联网金融行业快速发展的黄金时期。2013 年余额宝诞生，在 2014 年呈爆发式增长，管理规模达到 5700 亿，截止到 2017 年管理规模过万亿，成为全球最大的货币市场基金。余额宝开启了国人互联网理财的元年，同时，也推动了整个互联网金融行业的快速发展，一时间 P2P 网贷平台、财富管理平台、现金借贷平台等飞速发展，迅猛增长。在这期间也恰逢移动社交红利爆发，很多互联网公司借势社交红利呈现爆发式增长，其中最典型的是打车领域的滴滴出行。

少数优秀的互联网金融公司也抓住了这一波社交红利实现了快速的用户增长。同时，渠道的来源和方式也在发生巨大的变化，信息流广告爆发，短视频、直播等内容平台成为占据用户大部分时间的平台，以微信公众号为代表的内容化广告成为精准广告的行业标杆，用户增长的手段和形式随着这些外部环境的变化再一次改变。

作为行业的观察者和体验者，我目睹了滴滴打车如何抓住移动互联网红利、社交红利以及移动支付等几个大的外部有利因素实现了快速增长，几年时间就完成了从行业混战到兼并重组的整个过程形成了垄断的局面。共享单车推出一年多，日均订单量就破千万，实现了别的行业好多年才实现的目标。

基于对以上行业用户增长的深度观察，结合自身的工作实践，我尝试着系统性地对“用户增长”做一个梳理，希望能帮助更多的互联网从业者，帮助更多的企业科学地实现用户增长，这是写这本书的一个初心。

本书读者

用户增长是一个跨学科、跨岗位的工作，涉及的部门会比较多，比如互联网公司中的市场部、运营部、产品部、数据分析部等，因此通常被认为是“一把手”工程。这本书有战略层面的分析，也有战术层面执行细节的介绍。因此，本书的读者范围也是比较广泛的。本书适合产品、运营、市场、数据分析相关领域的从业者阅读，甚至技术人员也可阅读本书。总之，一切围绕用户增长的从业者都在本书读者范围内。本书可以帮助公司管理者制定科学的增长体系，帮助执行者找到有效实现增长的执行方法。

主要内容

本书一共分为 7 章，主要的行文逻辑是：先理解增长概念，树立正确的增长观；然后通过行业研究和分析，制定增长战略；最后讲如何实现用户增长。先虚后实，前面部分偏重于宏观层面的分析和思考，后面部分偏重于具体的落地执行。

第 1 章　正确理解和认识增长：主要从 4 个方面进行讲解。首先是增长的定义，以及驱动企业增长的 7 大战略要素，分别是供给驱动、用户驱动、产品驱动、渠道驱动、活动驱动、数据驱动和品牌驱动；其次是从 3 个层面讲述增长过程中常见的误区，及其避免方法，这 3 个误区分别是追求虚荣指标的增长、用户增长一味追求数量、用户过早快速增长；再次是讲解影响增长的 4 大关键要素，分别是目标市场空间的选择、看不见的漏斗、市场渗透率和市场竞争；最后讲解用户增长的逻辑，供需两端相互促进，循环拉动增长。

第 2 章　制定增长战略：首先对行业进行分析，根据具体的行业特征制定相应的运营模式；其次分析商业模式，根据不同的商业模式制定不同的增长指标，并详细讲解主流的 6 大互联网商业模式；然后对核心指标从业务流程和营销漏斗模式两个维度进行拆解，基于此制定增长战略；最后以互联网理财平台为例，详细讲解如何制定增长战略。

第 3 章　产品冷启动：主要讲解产品冷启动常用的几种方法，包括名人效应、打造爆款、马甲效应、种子用户特权、封闭邀请、媒体报道等。

第 4 章　用户拉新、留存与转化：主要围绕如何获取 B 端用户和 C 端用户，以及如何做好他们的生命周期管理，提升用户留存来展开。分别讲述了 B 端用户获取的 4 个步骤，即明确产品定位、确定目标用户、找到目标用户聚集地、制定激励方案，以及 B 端用户生命周期的几个关键节点，即引入期、新手过渡期、持续活跃期、流失期。详细讲述在不同的生命周期内如何制定相应的运营策略，提升 B 端用户留存。接着用同样的逻辑对 C 端用户的获取及留存进行介绍，详细讲解了获取 C 端用户的 10 种方法。

第 5 章　搭建用户成长体系：本章的关键词是 9 字真经："建模型、搭通道、促成长"，详细讲解什么是用户成长体系，以及如何搭建用户成长体系。首先是建模型，分别讲解了用户成长体系中常用的 4 大模型，即用户漏斗模型、用户生命周期模型、RFM 模型、用户价值模型；其次是搭通道，建立高效连接用户的通道，包含成长通道及能够有效指引用户成长的激励机制、触达用户的通道，如产品、短信、push、微信等；最后是促成长。通过用户的关键路径，分析用户成长的每个关键节点并设置不同的运营策略，引导用户不断成长。

第 6 章　用户运营：主要围绕用户的分级运营和分群运营展开，分别讲述通过用户分级运营促进企业增长，以及通过分群运营寻找新的增长机会。在分级运营部分，仍然是从 B 端和 C 端两个部分进行讲解，重点讲述二八定律带来的大客户效应和分级管理在企业增长中的实际作用。分群运营通过各种维度的细分，详细讲述如何挖掘现有用户的增长潜力，以及通过市场细分找到新的企业增长点。

第 7 章　疯狂的补贴：全部围绕"补贴"二字详细展开论述。近几年互联网经历了多个行业的补贴烧钱大战，补贴也是用户增长最有利的武器。然而，有的企业通过补贴成功了，但大多数企业都死在了疯狂的烧钱补贴上。为什么会出现如此大的差异？本章将围绕补贴对其前世今生进行详细讲解。本章分别从什么是补贴、补贴的基本逻辑、用户补贴常见的5种类型、用户补贴的5大雷区、如何有效实施补贴，以及寻找补贴替代品等方面展开论述。

本书特色

本书定位于讲述如何“引爆用户增长”，探究到底哪些因素可以“引爆用户增长”，比如供给、产品、渠道、用户、活动、品牌等，分别在用户增长中扮演什么样的角色，做哪些事情可以引爆用户增长。本书不单纯讲操作层面的用户增长，而是在数据分析、行业理解，用户洞察的基础上对战略层面的分析和战术层面的执行进行剖析，以求帮读者找到用户增长机会，制定增长战略和战术。

本书的观点是：以终为始，增长不是结束，而是开始。增长是一个长期且持续的过程，也是一个多维度因素综合的结果。用户增长只是第一步，后期要持续地对用户展开运营，通过产品创新、建立用户黏性等方式，持续引导用户成长，从而建立起一套完整的科学增长体系。

本书具有系统性、实战性、原创性等特点，案例丰富，数据翔实。

（1）系统性

本书围绕用户增长的战略战术做了系统性讲解，首次提出用户增长的7大战略要素和4大关键因素，从企业内部和外部两个维度出发，讲述如何实现用户增长；同时，以用户增长作为起点，围绕用户的生命周期全流程做了系统性的讲解。针对存量用户展开分级和分群运营，挖掘用户的潜力实现新的用户循环增长，挖掘细分用户群体找到新的增长机会点。本书还围绕用户增长对用户补贴做了系统性介绍。本书每个章节内部也做到了局部的系统性。

（2）实战性

本书中绝大部分内容都来自于笔者的亲身实践。比如在第 4 章讲到了新用户运营的误区和重新定义新用户的内容。在写这部分内容之前，笔者体验了大多数互联网金融理财平台，他们在新手转化环节的设计都存在一定的误区，用户在发生了 1 次购买之后就不再是新用户，不能享受更多的新手福利，这严重影响了新用户后续的转化和成长。笔者负责的平台曾经也存在同样的误区，后来笔者调整了新用户运营的思路，将新用户的定义从一个节点转变成一个过程，从而大幅度提升了新用户的转化率。

本书除了笔者自己多年积累的大量工作实践总结之外，还列举了大量的电商、O2O、团购和互联网金融等热门行业及优秀公司的案例。比如，书中列举了美团网在团购行业风云变化的发展历程中，如何抓住移动互联网的机遇，通过极致的产品创新、渠道下沉、品类战略等方式实现用户增长，该案例完美诠释了本书的用户增长思路；通过分析 ofo 和摩拜单车在市场选择、产品定位、产品创新等方面的异同点，论证了分群驱动用户增长的观点；还举了滴滴和 Uber 早期如何冷启动、后期如何借助补贴和社交红利实现用户增长的例子，这些公司的增长案例都能贯穿整本书的增长思路。其他还包括回家吃饭、GrowingIO、京东、聚美优品、去哪儿、今日头条、知乎、荔枝 FM、赶集网、金蛋理财、懒投资、小米、keep、高德地图、招商银行等各行各业的用户增长案例。

（3）原创性

本书是笔者工作经历的一个总结，因此提出了很多原创性的理论观点。比如在第 1 章提出看不见的漏斗的概念，通过产品创新和用户分类解决看不见的漏斗的问题，从而实现用户增长；在第 2 章提出在行业分析的基础上，对核心指标层层拆解制定增长战略，保证方法论的通用性；在第 4 章提出平台新用户和品类新用户的概念；在第 5 章提出用户成长体系“建模型、搭通道、促成长”的九字真经方法论等。当然书中还有很多原创性的方法论，等待着读者自己去发现。

资源和勘误

本书创作历时一年零两个月，耗费了大量的时间和精力，为了追求内容质量上的精益求精，我们反复修改和打磨，导致必须在质量和数量上做出取舍，本书最终成书的部分只包含了当初规划内容的 1/4，还有很多关于流量渠道建设、增长团队搭建、数据驱动增长分析体系、活动驱动用户增长体系等的内容都没有涉及或深入写作。如果大家对以上内容感兴趣，想继续深入扩展用户增长体系，可以联系笔者，笔者将与大家一起碰撞出更多的火花。

每本书都是一件产品，有它的定位和目标用户，也会有很多的局限，局限于作者的认知、从业背景和社会阅历，本书也不例外。一本书不可能适合所有人，也无法解决所有人的问题，但本书绝对是一本充满了诚意的书。希望大家能在阅读后与笔者交流更多用户增长过程中遇到的问题和心得，若大家对本书有一些想法也可以联系笔者。

本书在创作过程中难免有一些考虑不周的地方，也会有一些疏漏，如果大家在阅读过程中有任何疑问，欢迎前来探讨和交流，可以通过微信公众号“大虫运营心经”（huadachong1986）找到笔者，也可给笔者发邮件：973899196@qq.com。

致谢

感谢我的爱人徐炜英，在 2016 年年初，是她鼓励我开始写作，让我在迷茫中找到了一条新的成长之路。在她的不断鼓励下，我从一度认为自己永远也不会写作，到从写公众号开始，一路坚持下来，最终出版成书，使我对整个职业生涯做了一次全面的体检，在工作思考方式上也是一次极大的升华。

感谢机械工业出版社华章分社的杨福川老师。作为非常资深的出版人，他全程参与了本书的选题、策划、编辑。在本书创作的这一年里，我被杨老师的专业性和敬业精神所折服，非常庆幸当初选择杨老师作为本书的创作搭档，每当我在思路枯竭写不下去的时候，杨老师总能提出非常有建设性的意见，让我一下豁然开朗。当我对某个内容暗自得意的时候，杨老师又会提出更高的要求，让内容质量再次提升。

也感谢机械工业出版社孙海亮、何欣阳、王建敏三位同事在后期编辑、校对、封面设计等出版流程中高效的配合，让本书得以快速出版问世。

感谢我的领导吴海生。我在奇虎 360 工作的这几年中，他给予了我莫大的帮助，对我充分信任，充分授权，让我能够享受简单做事的快乐。我们崇尚简单的企业文化，强调快速执行、快速试错。他有一句话是我经常跟身边朋友提起的，这句话也充分体现了 360 创业型的企业文化："我们是创业公司，要不断快速试错，尝试 10 件事，哪怕对了 2 件，我们也赚了"。感谢我的同事陈秀伟在关于 P2P 业务流程拆解内容中提供的帮助，他在全书图片大升级环节，设计了非常多富有逻辑且精美的图片。感谢 GrowingIO 创始人 & CEO 张溪梦（Simon Zhang），我从他们公司和 Simon 个人身上学到了非常多的关于用户增长的知识。Simon 也为中国互联网企业的用户增长做了非常多的知识普及和宣传方面的工作，堪称国内用户增长领域的一面旗帜。

最后感谢为本书作序和推荐的每一位朋友，请恕篇幅有限就不展开一一致谢了，他们分别是（按姓氏笔画顺序）：

增长黑客之父 Sean Ellis（肖恩·艾利斯），前奇虎 360 高级副总裁 & 终生顾问、沸点资本创始合伙人于光东，掌众金服高级副总裁朱宇，一点资讯市场总监刘基，去哪儿网高级市场总监李立，融时代 CEO 张天乐，e 袋洗创始合伙人 &CEO、85 后连续创业者、福布斯亚洲 30 岁以下杰出人物陆文勇，链家上海研究院院长陈泽帅，PMCAFF 创始人 &CEO、外包大师 CEO 阿德（陈建闽），Camera360 增长副总裁陈思多，德勤华永会计师事务所合伙人范里鸿，前趣分期销售副总裁、钱包生活 CEO 定胜斌，前京东集团副总裁、奥马电器董事长、钱包金服创始人、网银在线创始人赵国栋，前网易副总裁兼易信 CEO 胡琛，朝阳永续董事、冰创科技 CEO、前大智慧财富执行总裁席进爱，网易邮箱事业部副总经理莫子睿，亿邦动力网总裁贾鹏雷，回家吃饭 CEO 唐万里，人人都是产品经理、起点学院创始人 &CEO 曹成明，拉勾联合创始人、3W 咖啡联合创始人鲍艾乐，自如友家 CEO 熊林，环球悦旅会首席领队、决胜教育科技集团创始人去哪儿网创始成员戴政。

本书中数据分析部分，我在百度的同事，现链家数据分析师李林也有贡献。

本书中提及的大部分团购领域的实践案例，均源于我在百度工作期间，我的领导汤利华及团队的支持，他们对本书观点的形成亦有重要贡献。

本书中用户生命周期研究、用户运营落地实践、活动驱动增长、渠道获客等部分内容，我的同事岳培林、刘金莉、贺进虎、郭飞辰、梁兰月、蔡帅等也有重要贡献。感谢在本书创作前后提供过帮助的朋友，他们分别是（排名不分先后）殷旻哲、崔丹、官世强、王东健、尹利、张驰、刘斌、黄澎、卓琳、李祎林、郭琼芳、张智慧、陈晶、张鹏玲、秦铉、希尔达、金锐、焦尚松、魏鑑锋等。

还有很多帮助过我的人，限于篇幅无法一一提及，但我会心存感激。

感谢每一位同事、领导、朋友为本书和我个人成长做出的卓越贡献，正是因为遇到了你们，我的每一步才能走得稳健、踏实。再次致谢。

目录

1

第 1 章 正确理解和认识增长

1.1 什么是增长

1.1.1 增长的定义

企业增长，也称企业的成长，企业的发展，是企业通过自身的长期经营，不断扩大积累而形成的持续性发展。

企业增长是一个永恒的话题，Nike 创始人 Phil Knight 曾说过一句名言："If you are not growing，then you are dying"（不再增长，就在死亡），道出了"增长"对企业的重要性。

对于企业来说，能否快速增长在于能否快速获取大量的用户，用户是企业的命脉。企业如果没有办法获取更多用户，即便精心打磨出好的产品，也会处于无人问津的尴尬境地。企业的终极目标是获取利润，获取利润的前提是用户规模的增长和企业销售额的增长。只有用户规模不断增长，才能实现企业销售额的持续性增长，以及利润的持续性增长。本书将重点围绕用户如何增长，以及用户如何驱动企业增长展开详细讨论。

互联网企业的商业模式与传统行业不同。传统行业的商业模式是每一单都赚钱，互联网的商业模式多数是先亏损后赚钱。在这一前提下，互联网企业在不同的发展阶段会有不同的增长战略重心。本书重点阐述的都是互联网公司的增长，传统行业的增长不在讨论范围之内。

企业持续增长取决于多种因素，包括企业内部因素和外部市场环境因素。下面分别就驱动企业增长的内外部因素进行详细讲解。

1.1.2 驱动增长的 7 大战略要素

企业增长由多个战略要素决定，在企业不同的发展阶段均有相应的战略要素发挥着重要的作用，本书将驱动增长的战略要素归纳为以下 7 个，如图 1-1 所示。

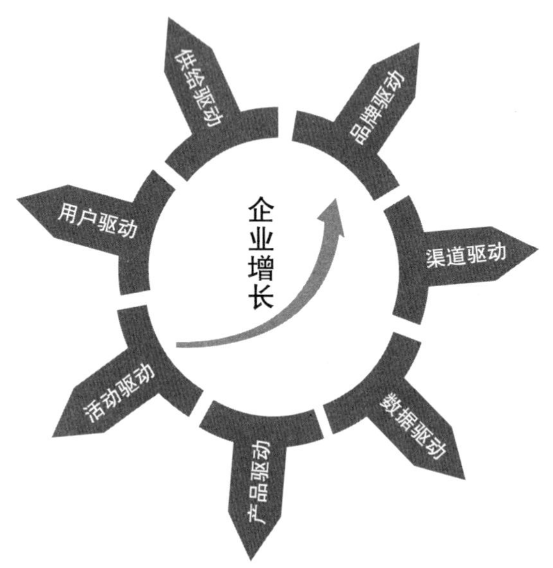

图 1-1 驱动增长的 7 大战略要素

1. 供给驱动增长

供给，主要是指企业提供的产品或服务。**供给驱动增长是指企业提供的产品或服务充分满足了用户的需求，从而反向拉动用户规模的增长。**

供给驱动增长有两个维度，如图 1-2 所示。

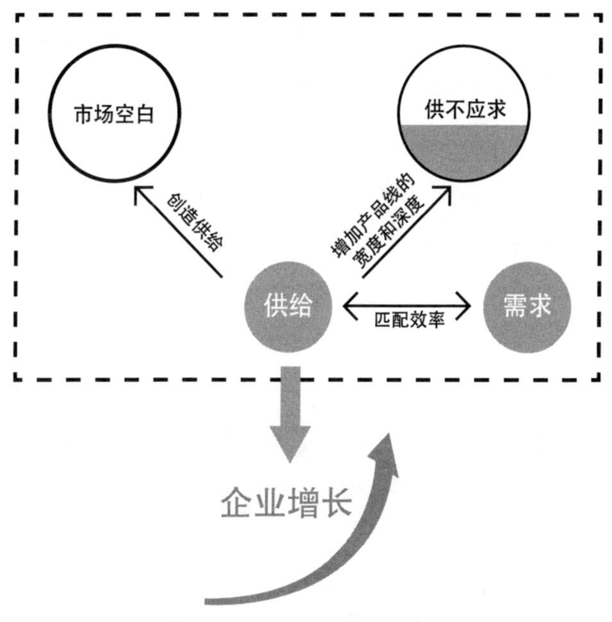

图 1-2　供给驱动增长

维度 1：原有市场空白，通过创造有效供给产品填补市场空白，从而实现用户增长。

很多需求原本就存在，只是没有很好的产品来满足用户需求，一旦出现好的产品解决了用户需求，就能实现用户增长。以最后三公里出行这个需求为例，这个需求一直都存在，但是没有很好的产品解决方案。政府提供的有桩式单车存在很多的问题，并没有充分释放用户需求，故没有推广开。

摩拜、ofo 等共享单车采取的是“无桩共享”模式，用户可以随停随取，极大地降低了使用门槛，有效满足了用户需求，让用户的需求得到极大释放，一下就引爆了市场，实现了用户的快速增长。在市场需求尚未完全满足之前，车辆供给的数量决定用户增长的规模，车辆覆盖的范围越广，用户增长越快。

维度 2：供给产品线的宽度和深度决定了用户的增长，供给越充分，覆盖用户范围越广，越能拉动用户增长。

不同类型的企业供给的表现形式会有很大不同，有的是纯互联网的产品，有的与实体产业相结合，如电商、金融、O2O 等。

电商和 O2O 的本质是零售，充分供给就是：商品品类的宽度足够宽，每个品类下的 SKU（Stock Keeping Unit，库存量单位）深度足够深。

互联网金融理财的四要素是时间性、安全性、流动性、收益率。充分供给就是根据以上 4 大要素给用户提供多种维度的投资理财产品组合，满足不同风险偏好、不同投资偏好类型用户的投资需求。根据风险等级，还可以设计出保本收益型理财产品、浮动收益型理财产品，如股票、基金就属于浮动收益型产品，这是不保本的，故风险更大，但收益更高；根据流动性要素设计出活期类理财产品和定期类理财产品，满足对于资金流动性有不同诉求的用户，活期的流动性高收益率低，定期的流动性低收益率高；根据用户投资期限的偏好，投资标的尽可能覆盖更多的期限周期，匹配相对应的收益率，满足不同期限投资的用户需求，如 1 个月、3 个月、6 个月、12 个月、24 个月、36 个月等，期限越长收益率越高，与银行存定期逻辑一样。

供给驱动增长的核心在于：供需关系的匹配及匹配效率。只要产品方案满足了用户需求，解决了用户痛点，填补了市场空白，就能实现用户增长。当供给不足，市场还处于供不应求的阶段时，企业增长应该以增加有效供给的数量为核心，释放用户需求，实现快速增长。

【案例】今日头条不断增加内容的丰富度和质量以驱动用户增长

今日头条最初依靠抓取各大网站的内容完成最初的用户积累，被各大网站屏蔽之后内容质量严重下降，用户也开始流失。为了提升内容的丰富度和质量，今日头条开始走向自建内容生态的道路，并取得了非常大的成功。

2015 年 9 月 8 日，在今日头条的“头条号创作者大会”上，今日头条创始人兼 CEO 张一鸣宣布将推出“千人万元计划”，未来一年内，头条号平台将确保至少 1000 个头条号创作者，单月至少获得 1 万元的保底收入。张一鸣称，当前“头条号”每天为今日头条客户端贡献 3.2 万篇文章和 73% 的阅读量，与此同时，今日头条为创作者提供的是广告收入补贴。今日头条此次在大会上发布了包括资金扶植、自媒体孵化器、产品支持等一系列针对优质内容的举措。对于入选标准，除了阅读量，今日头条还会着重考量内容质量。今日头条还同时发布了“新媒体孵化器计划”。今日头条将为中小团队提供孵化服务，为他们提供办公场所，并且帮团队提供法律、财务和版权保护等方面的支持。

继“千人万元”补贴之后，今日头条创始人、CEO 张一鸣于 9 月 20 日在京宣布，将拿出 10 亿元人民币补贴短视频创作者，助力短视频创作的爆发。目前，短视频已经超过图文和组图，成为今日头条上阅读量最大的内容形态。今日头条上的短视频每天拥有 10 亿次播放，其中 93% 的视频时长在 10 分钟以内，74% 的视频时长在 5 分钟以内。

今日头条从新闻扩展到短视频，既能拓展原有看新闻用户看短视频的需求，又能拓展有短视频需求的用户，从而覆盖更大范围的用户群体，实现增长；同时，今日头条每增加一个高质量内容新闻的分类就能多增加一个细分市场用户的覆盖范围，更容易实现用户增长；今日头条围绕内容大力进行生态建设，大力扶持头条号及短视频创作者，之后又相继推出了头条问答、微头条等周边内容生态建设型产品，持续围绕给用户提供更加优质的内容，满足用户对于信息和知识获取的需求。

2. 用户驱动增长

用户是企业增长的命脉。**用户驱动增长是指企业不断获取新用户，新用户留存并产生持续性消费的行为。**

用户驱动增长包含两个方面：一个是指新用户增长带动的整体用户规模的增长，另外一个是新用户不断成长。由此两方面实现整体用户规模的增长，从而驱动企业业绩的增长。用户增长绝对不是单纯数量上的增长，而是有效的用户增长、用户成长、用户变现、用户传播、防止用户流失，这是一个系统性工程。增长不是终点，而是一个持续的过程。

企业的用户就像是一个蓄水池，一端进水，一端出水，如图1-3所示。要想让蓄水池的水变得更多；一方面是要让进水口更大，进水量更多；另外一方面要减少出水量，即“开源节流”。只有进水量大于出水量，即新增的用户大于流失的用户时，蓄水池才能实现正向增长。

单纯用户数量的增长并不一定能带来企业收入和利润的增长，只有质量高的用户增长了才能给企业带来收入和利润上的增长。因此，企业增长的驱动力来源于有质量的用户，通过运营手段提升存量用户的购买频次和客单价，带动企业收入和利润的增长。

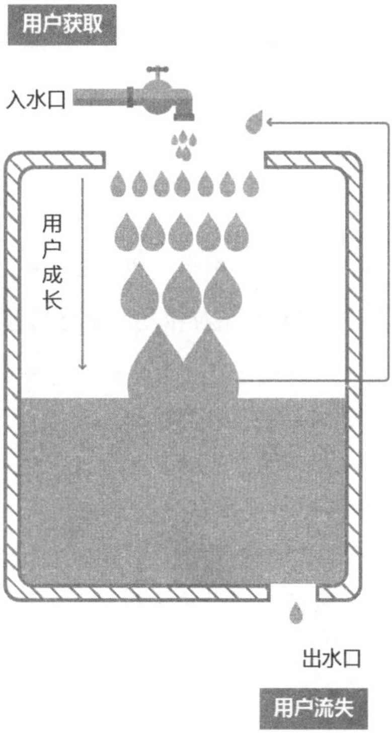

图 1-3　用户驱动增长

用户驱动增长的核心在于：

- 有质量的新用户增长：就等于不断向蓄水池注水。
- 用户成长：提高用户留存，延长用户的生命周期，提升用户的消费频次、消费品类和消费金额。
- 用户变现：增加每个用户的商业化收入。
- 用户传播：产品足够好，就能形成口碑，就会引发用户自传播，推荐给身边的好友，实现产品自增长。从自传播到再次获取新用户，形成了一个螺旋式上升的轨道。优秀的产品会很好地利用了这个轨道，不断扩大自己的用户群体。

- 降低老用户流失：有效召回流失用户，减少蓄水池的水往外流。

用户驱动增长是本书的核心内容，在后面的章节会从各个维度详细展开论述。

用户驱动增长的核心总结起来就一句话：开源节流促成长。

【案例】用户增长及留存拉动城市交易额增长

从图 1-4 中我们可以看到，这个城市的交易额随着新用户的增长和老用户复购的增长而增长。从城市流水贡献占比来看，新用户产生的购买和新用户留存下来产生的复购的流水在持续上升，说明获取的用户的质量高，产生了留存，是有效的用户增长。这种增长模式是健康且可持续的，如果只是新用户增长拉动了交易额的增长，而没有产生复购交易额，一旦停止拉新，交易额的增长就会陷入停滞状态。

3. 产品驱动增长

互联网产品是指企业为满足用户需求而创建的功能和服务，它是网站功能与服务的集成。例如：新浪的产品是“新闻”，提供新闻资讯服务；腾讯的产品是“QQ”，提供即时通信服务；奇虎 360 的产品是“360 安全卫士”，提供电脑清理和杀毒服务；网易的产品是“邮箱”，提供收发邮件服务。这些都是满足用户核心需求的产品和服务。还有一类是满足企业日常运营需求而开发的营销工具型产品，如红包、秒杀、打折等。

互联网的本质是连接，连接供给方和需求方。产品是连接的工具，工具决定用户获取和转化的效率。

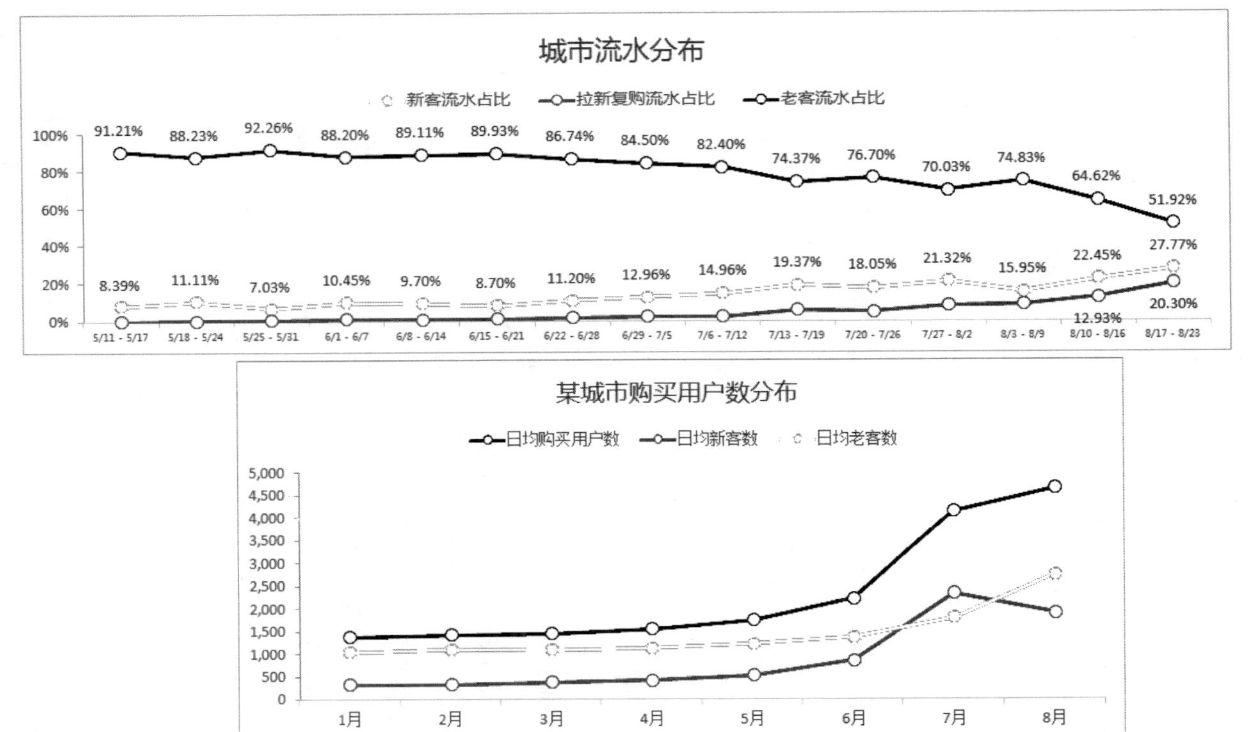

图 1-4　新用户增长和老用户复购拉动增长

互联网经历了几个大的发展阶段：门户时代，连接人与信息；电子商务时代，连接人与商品；团购、O2O 时代，连接人与服务；互联网金融时代，连接人与金融；未来的物联网（Internet of Things，IOT）时代，万物互联。每一个阶段，互联网作为连接新事物的工具，其产品形态会不断创新，且会不断降低万物互联的门槛，推高了互联网在各个行业的渗透率；同时，互联网产品的创新极大地降低了用户使用互联网的门槛，扩大了用户群体，从而实现高速增长。

营销产品（即互联网营销工具）对于增长也发挥着巨大的作用。如红包、代金券、好友邀请、积分、秒杀、抽奖等都对用户转化和获取有着巨大的作用。滴滴仅靠红包分享一个工具，就演变出多种玩法，加之嫁接在微信渠道上，实现了巨大的用户增长。营销产品是用户获取和转化的桥梁和润滑剂，能够起到加速转化的作用。我们将在第 4 章中进一步深入讲解这方面的内容。

产品驱动增长的核心如图 1-5 所示。**通过互联网产品创新不断降低用户使用门槛，扩大目标用户群体，提升用户转化率，从而实现增长。**

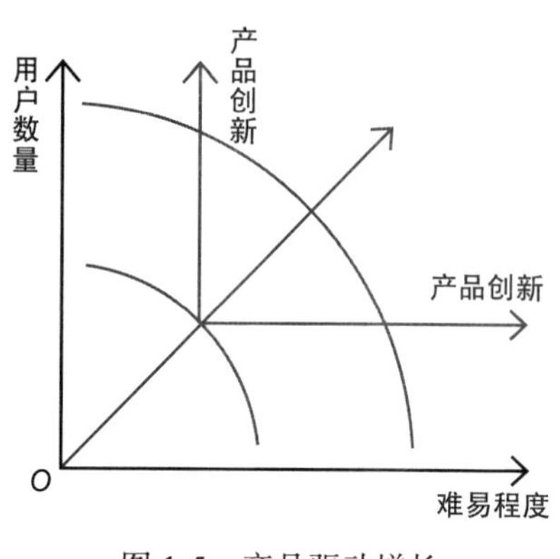

图 1-5　产品驱动增长

【案例】团购行业产品的创新驱动用户增长

团购行业最开始是从餐饮品类开始的，最初的产品形态是套餐，用户只能购买一个固定的套餐，不能更改。套餐的设计就决定了用户购买的转化率，因为套餐自身的因素而被限制。套餐设计覆盖的人数、菜品、折扣等几个组合决定了目标用户始终会被限制在一定范围内，用户的消费随机性很大，套餐的设计本身就是人为设置的购买门槛。这个阶段，团购只能吸引那些对价格敏感，能够接受套餐所设计的内容的用户。

为了降低因为套餐不能更改而产生的购买限制，团购产品从以套餐为主演变成了以代金券为主，用户只要购买代金券即可享受打折优惠。这样一来，用户消费的灵活性得到了极大的释放，故获得了更大范围的目标用户群，实现了用户的增长。

后来，在此基础上，进一步衍生出了全额打折支付功能。代金券解决了用户消费不方便的问题，但是在折扣上还是有一些限制。代金券只能按照整数购买，比如，80 元买 100 元的代金券，用户每消费 100 元可用节省 20 元。但在用户实际消费的场景中消费金额很难恰巧是整数。比如，用户消费 280 元，买 2 张嫌少，买 3 张嫌多，就只能买 2 张节省 40 元。为了解决这个问题，团购产品又进行了一次巨大的创新，大众点评首家推出了“闪惠”功能，只要设定固定的折扣，用户消费的所有金额都可以享受折扣。比如用户还是消费了 280 元，以前用户买 2 张券，累计需要支付 160 元 +80 元 =240 元。现在用户支付的时候消费的这 280 元直接打 8 折，只需要 224 元，非整数部分也享受了折扣。关键还在于，这种形式用户不需要思考我需要买几张券，是否需要凑单，非常便利。有了这种便捷的支付功能之后，那些对价格不敏感，但是对便捷支付感兴趣的用户也成为了团购的用户，用户范围得到了进一步延展，从而实现了用户的快速增长。

另外，团购初期，有不少用户因为是提前购买，而当时规定过期无法退款，这就造成用户在购买时会很谨慎。后来团购网站推出了“随时退”功能，只要用户购买未消费，过期自动退款。有了这个功能后，用户可以毫无顾虑地购买，进一步降低了用户的购买门槛，提升了用户转化，实现了交易额的快速增长。

4. 渠道驱动增长

渠道，是指互联网平台流量的来源。渠道的属性决定了用户的

质量和人群的匹配度，渠道的大小决定了流量的多少。每个公司都会面临各种各样渠道的选择，如何筛选优质渠道，获取精准用户，搭建合理的流量来源结构，低成本高效率地获客，是用户增长需要面对的重要课题。

同一个产品在不同的渠道，其转化率会有很大的差异，在相同的渠道采取不同的策略也会有很大的差异。对于互联网公司来说，渠道建设最重要的就是找到流量大、目标人群匹配、成本低、效率高的渠道，采取恰当的获客手段，提升获客转化率。

以某互联网金融网站的渠道为例，不同渠道的转化率对比如图1-6所示。

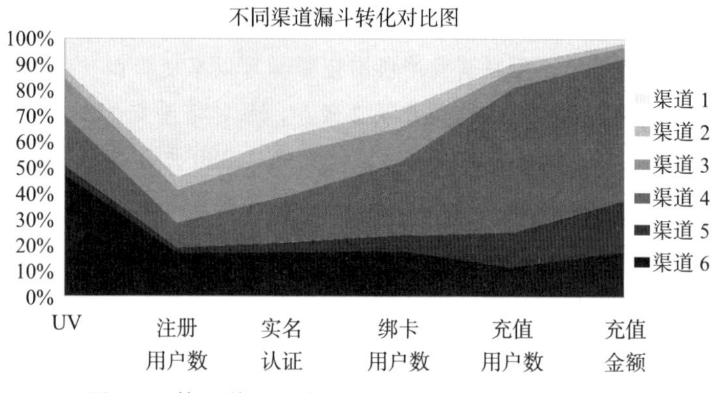

图 1-6 某互联网金融网站不同渠道的转化率对比图

如图1-6所示，我们能看到第一个渠道流量和注册用户都很大，但是最终带来的充值用户数很少，属于无效用户增长。这个渠道的问题，要么是用户人群不匹配，要么是获客的手段太过于追求注册用户数的增长，导致注册用户数偏高而充值转化率偏低。这个渠道的增长策略需要调整获客手段，提升注册到充值的转化率。这个渠道属于潜力渠道，因为流量足够大，用户增长的空间大。

第二和第三个渠道在每个漏斗环节都没有出现特别大的波动，但是在充值环节出现了衰减，也就是从绑卡到充值这个环节的转化率需要提升，这两个渠道的重点是提升绑卡到充值的转化率。但是，这两个渠道自身的流量很小，增长空间不大。

第四和第五两个渠道属于优质渠道。从流量到充值的转化率都很高，说明用户质量高，转化率好，并且客单价高，带来的充值金额也高。这种渠道应该加大投入，扩大流量来源，在预算有限的情况下，把更多的预算分配到这两个渠道上。

最后一个渠道在流量到注册的环节流失较多，后面的转化相对稳定，这个渠道的重点是要提升注册转化率。

每个公司获取用户的预算是有限的，我们必须通过数据分析，找出每个渠道的具体问题，做好预算分配，从而实现低成本高效率获客。图 1-7 所示的四象限预算分配模型可以作为指导。

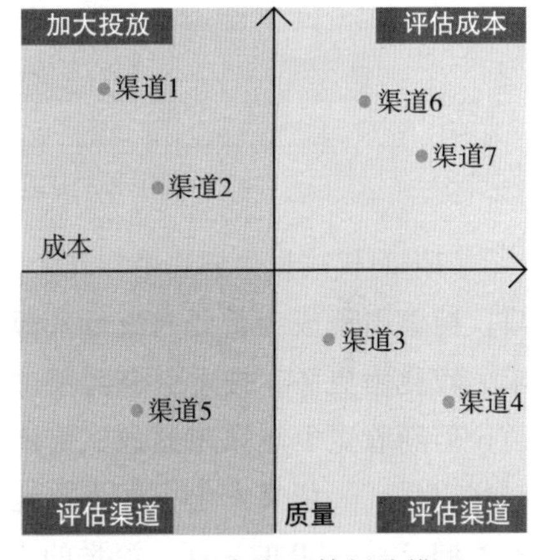

图 1-7　四象限预算划分模型

图中横轴代表了成本由低到高，纵轴代表了用户质量由低到高。第一象限是质量高，但成本也高的渠道，需要适当优化，降低获客成本；第二象限是质量高、成本低的渠道，应该加大投放力度，获取更多流量来源；第三象限是质量低、成本也低的渠道，需要想办法提升用户质量；第四象限是质量低、成本高的渠道，是最应该舍弃的渠道。

渠道驱动增长的核心：寻找流量洼地，找到精准用户，采取转化率高、成本低的手段进行获客（见图 1-8）。

渠道会随着互联网的发展而不断发生变化，如图 1-8 所示。

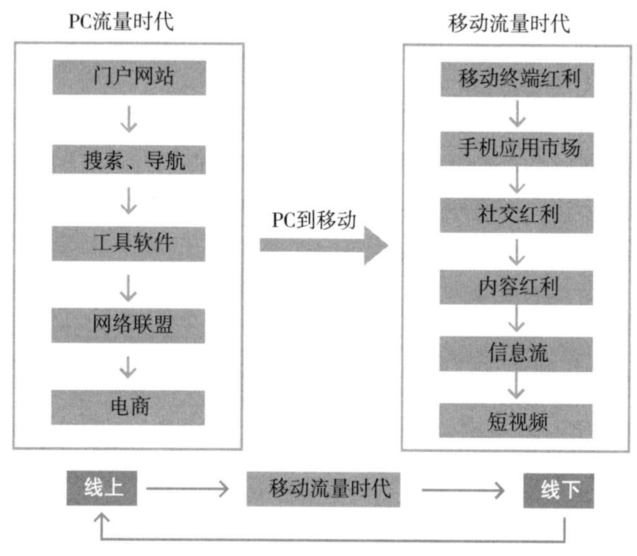

图 1-8　渠道驱动增长

门户时代流量主要集中在几大门户网站。后来搜索成为上网入口，搜索引擎成为重要的流量来源，并且搜索属于用户主动式需求，转化率更高，搜索引擎营销也成为了各家网站获客的标配渠道，但随着竞争越来越激烈，价格也水涨船高。进入移动互联网时代以后，一切又发生了翻天覆地的变化。移动互联网时代，随着不同产品 APP 的兴起，流量的入口和渠道也在不断发生重大的变化。大流量渠道，经历了手机应用市场、微博、信息流（今日头条、UC 头条、一点资讯等）、微信（社交红利和公众号红利）、直播、短视频等不断演变的过程。大用户量伴随着大流量，要想取得流量红利，就得提早进入，研究该产品流量的特征、适合推广什么样的产品及如何有效获取用户等。每个渠道的的流量获取成本是越早进入成本越低，随着产品不断成熟，商业化越来越丰富，竞争也越来越激烈，早期的红利逐渐消失，成本逐渐增加。

比如，以快手为典型代表的短视频应用在 2017 年成为了热门应用，MAU（月活跃用户数）高达上亿用户。用户量这么大的产品肯定伴随着巨大的流量，但截止到本书截稿尚未看到好的产品推广案例，但这一定是一个机会，值得重点研究。快手的用户主要分布在低级别城市甚至农村，有数据显示，使用互联网贷款类产品和短视频应用的用户重合度很高，这就说明短视频应用是一个非常适合推广互联网贷款的渠道，谁先找出一条适合自身产品的推广方法，谁就能享受短视频应用的流量红利。

5. 活动驱动增长

活动驱动增长示意如图 1-9 所示，其是指企业通过在某一个指定时间点或时间区间策划大型的营销活动，通过预热、造势，线上线下大力推广宣传，从而在一定时间范围内呈现爆发式增长的行为。

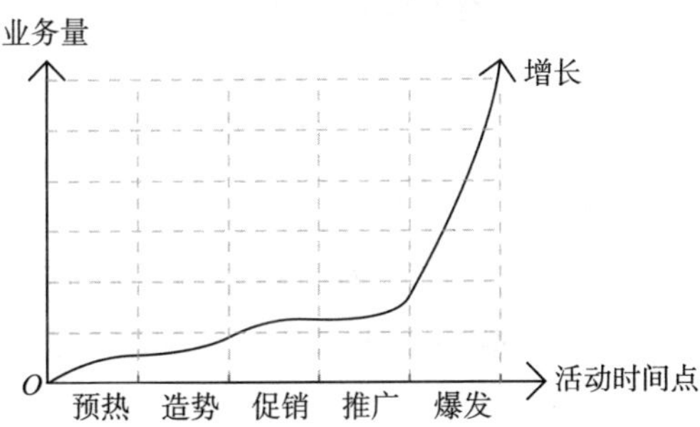

图 1-9　活动驱动增长

互联网是眼球经济、节日经济，各大互联网公司通过“造节”来策划大型活动，拉动业务在短期内爆发式增长。通过策划自创节日以及公众节假日活动，不断创造业绩新高，产生巨大品牌曝光和用户增长。活动结束后大量用户留存，业绩呈现出螺旋式增长趋势。互联网公司通过造节活动驱动增长的案例有很多，如天猫“双十一”、淘宝“双十二”、京东“618”、聚美优品“301”、360 金融“518 理财节”、百度糯米“37 女生节”和“517 吃货节”等。

大型活动能够让平台运营更有张力。大型活动期间促销力度大，奖品丰富，优惠内容多，能够极大地激发用户的消费热情，在活动期间渠道进行投放的效率也会更高，获客更容易。

活动驱动增长的核心：短期内大力度地打折促销，产生极大的品牌曝光，配合大力度的渠道推广，实现规模化的用户增长。大型活动结束之后，产生大量用户留存，带动平台业绩实现跳跃式增长。活动驱动增长的前提是平台自身的产品体验要好，一定要有用户留存能力。如果产品体验差，用户纯粹为了活动而来，在活动过程中没有体验到产品本身的核心优势，会导致用户过度依赖活动，有活动就来，没活动就不来，始终需要靠活动拉动增长，这会使企业付出高昂的代价。

【案例】百度糯米通过持续性节日促销活动实现跳跃式增长

笔者曾经负责过百度糯米的运营，刚到百度时日峰值流水还不到 3000 万，第一次活动是“万圣节”促销，流水首次突破了单日 3000 万，第二次活动“双十二火锅节”单日流水突破 4000 万，第三次“37 女生节”单日流水突破 7000 万，第四次活动“517 吃货节”单日流水突破 1 个亿。后面延续了每个月造一个大型节日活动的策略，逢节必过，带动平台 GMV（成交总额）跳跃式的增长，如图 1-10 所示。

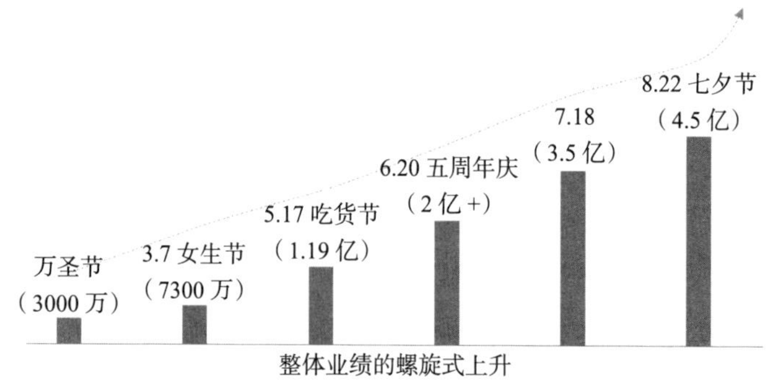

图 1-10　百度糯米通过持续性节日活动实现跳跃式增长

6. 数据驱动增长

数据是指企业在日常经营过程中遇到的所有可量化的指标，通过这些指标进行一维和多维的交叉组合分析，从而发现增长瓶颈，驱动企业有针对性地给出行之有效的解决方案，从而实现增长。

（1）数据驱动增长的 3 个要素

数据驱动增长的三个重要角色如图 1-11 所示，即发现问题、分析问题和回顾问题。通过数据深度解构业务逻辑，制定增长战略；分析每一个业务流程和业务模块的具体问题，找到增长瓶颈进行重点突破；对所有的增长策略进行数据回顾，确认哪些是有效的，对此要继续加大投入，哪些是无效的，对此要么放弃，要么分析为什么无效，是哪些环节出了问题，导致无效，尽快解决问题。最后，通过数据可让增长更有针对性和指导性。

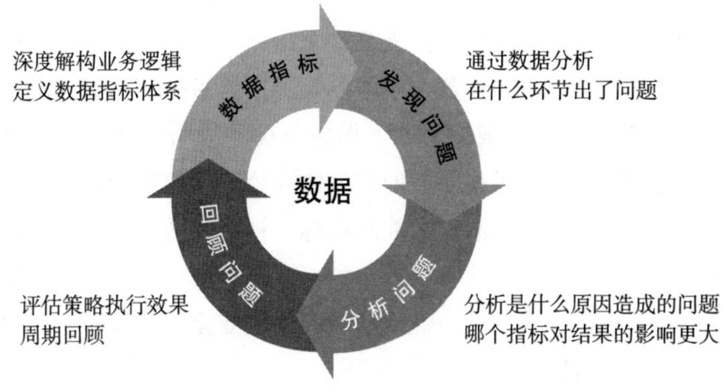

图 1-11 数据驱动增长

- **发现问题：**通过数据分析发现企业在实际运营、业务增长过程中存在的问题。包括渠道转化、产品转化、用户结构、用户转化、用户成长、供需关系、活动效果等企业日常运营中所有问题。
- **分析问题：**通过数据分析找出问题出在什么地方。往往我们看到的数据是一个结果，但这个结果是什么造成的？这就需要通过数据进行寻根溯源，找到最接近事实的真相，找出相关度最高的那个因素，然后对症下药。

- ❑ **回顾问题**：每个增长策略的效果回顾，做工作复盘，都依赖于数据。通过数据监控核心指标的趋势变化，评估增长策略的执行效果，进行周期性回顾，让增长做到有的放矢。

（2）完善的数据驱动增长指标和体系

建立完善的数据驱动增长指标及体系，大概包含以下几个方面：公司级的核心战略指标、从流量到用户增长的数据体系、供给端上线效率数据体系以及产品数据体系等。

❑ 建立公司核心战略指标

如果一个公司有且只有一个核心指标，那么它就是公司的战略指标，所有的资源和目标都要围绕这个指标来分解。对核心指标进行拆解能得出各个团队和各个业务模块的数据指标。比如，交易类平台一般都用 GMV（成交总额）作为公司的战略指标；知乎这样的问答类网站采用问题和回答的数量作为公司的战略指标；互联网金融产品把用户投资金额作为战略指标；视频类网站以用户播放量为战略指标等。战略指标不是恒定的，会随着公司不同的发展阶段的不同追求而相应变动。一旦战略指标发生变化，其他的指标也需要做出相应的调整。

❑ 建立从流量到用户增长的数据体系

前面讲了渠道驱动增长和用户驱动增长，渠道和用户是前后承接的关系。每一个渠道都是一条长漏斗，从 UV 开始到注册、首次消费、复购、3 次购买、4 次购买、5 次购买以后变成忠诚用户（5 次消费变成忠诚用户，“5”用户留存的魔法数字，后面会重点讲），再到一个成熟用户，最后衰退，直至流失。每一个环节我们都需要根据相应的数据指标来分析，看增长的瓶颈出在什么环节。渠道分析主要是从流量来源、流量质量、各环节之间的转化率以及投入与产出比来分析。渠道的重要职责是获取新用户，针对于某一个渠道需要重点分析渠道的新用户获取成本是否合算，以及新用户的留存情况，以此来判断渠道的质量。先通过数据看结果，获客成本是高还是低、通过客单价和留存率评估流量质量如何，形成初步的结论。然后通过数据找问题，如果成本高，要是转化率低、渠道质量差人群不精准，还是获客手段的原因等。详细分析每一个环节的转化率，找到哪些环节的转化率低，指导运营有针对性地进行提升。

- 建立供给端运营效率数据体系

供给端的数据主要是对供给端上线效率和供给质量进行评估。纵向是供给资源从线索到上线，每个环节的漏斗数据模型，评估供给上线的效率和瓶颈出在什么地方；横向是根据上线后与用户端发生的交互和转化的数据进行评估，包括上单效率、供给数量、供给质量、优质供给数量、供需关系匹配度、动销率、用户购买转化率等数据。

图 1-12 是某 O2O 网站从销售线索到最终上线形成有效供给的漏斗图。

我们看到，从销售线索到最终上单的转化率只有 20%，也就是说 80% 的线索没有形成有效转化，其中在审核环节就已经损失过半，这是个巨大的瓶颈。之所以会这样，要么是因为新增线索的质量不够高，要么是因为审核环节过于严苛或者效率低下，导致通过数量极低。要想增加上线数量，首先就要在这个环节进行提升。上线之后还未结束，98 个上线的不等于有销售，我们还要进一步观察哪些是有动销的，销售转化率如何，哪些是没有产生销售的。零动销的依然属于无效供给，需要分析是因为用户流量不够，还是供给自身质量不高，找到原因进行有针对性的优化。

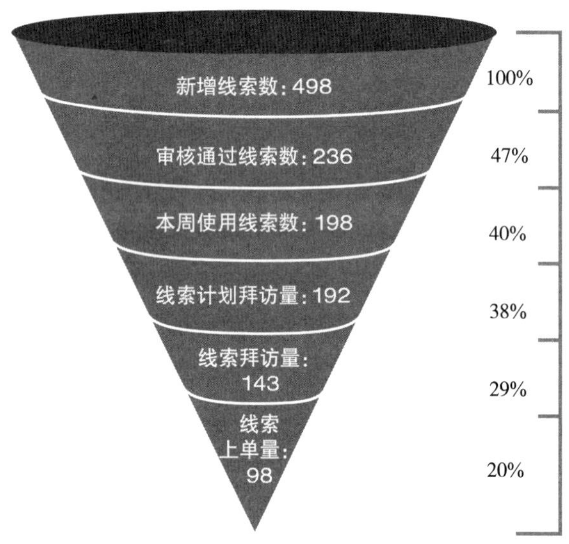

图 1-12　某 O2O 网站从销售线索到上线漏斗图

❑ 建立产品数据体系

产品是连接供给方和需求方的重要载体，承载了所有需求转化成实际购买的重要职责。如何有效匹配供需关系，进行合理的流量分发，提升核心购买流程转化率，是产品成功的关键。产品建设是一个动态的过程，需要根据业务的具体发展阶段，对产品进行相应的升级。产品还承载了用户从获取、转化到留存、成长等整个生命周期的活动轨迹，需要根据不同阶段的用户特征、不同用户的需求，进行符合用户路径的产品设计，提升用户的成长转化。因此，产品的数据体系主要围绕下面这两个维度来进行数据指标建设的。

维度 1：以核心购买流程转化为线索的数据指标建设，如图 1-13 所示。这一维度包括从首页到列表页、列表页到详情页、详情页到订单页、订单页最后到支付成功页等整个核心购买流程的漏斗转化数据，以及每一级页面的跳出率和到下一级页面的转化率数据。

图 1-13　用户核心购买流程

维度 2：以用户成长为线索的产品数据指标建设，如图 1-14 所示。首先要通过数据找到用户从获取到留存的关键指标，并在产品端进行重点强化，增加用户留存。其次要找到不同成长阶段用户的行为路径，提升用户购买转化率和用户传播范围。对于挖掘用户关键路径和找到留存魔法数字，我们将在后面的章节详细讲述。

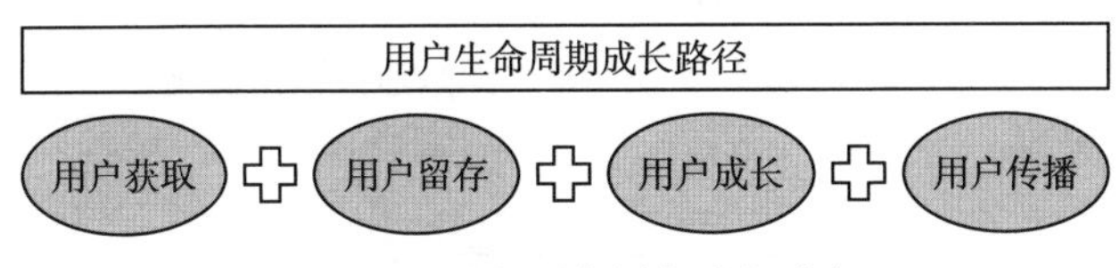

图 1-14　用户生命周期成长路径

【案例】通过数据发现增长问题，及时分析问题找到原因并快速解决

通过图 1-15 中所示的数据监控发现，某公司一个渠道从 4 月 28 日这一天开始，注册用户数大幅度下滑。经过多方面排查发现，渠道 UV 并没有发生变化，只是注册转化率出现了下降。后来找到了原因，原来是因为产品新版本发布上线，新用户注册引导的活动模块没有同步上线，故注册用户数大幅度下滑。找到问题之后，快速恢复了新用户注册引导的活动模块，注册用户增长也恢复正常。

某个渠道在自身流量没有任何变动的情况下，针对用户转化的路径做了调整优化，效果立竿见影用户规模翻了三倍。在调整后观察数据，确认增长策略的有效性，该渠道用户规模出现了连续性的增长，如图 1-16 所示。

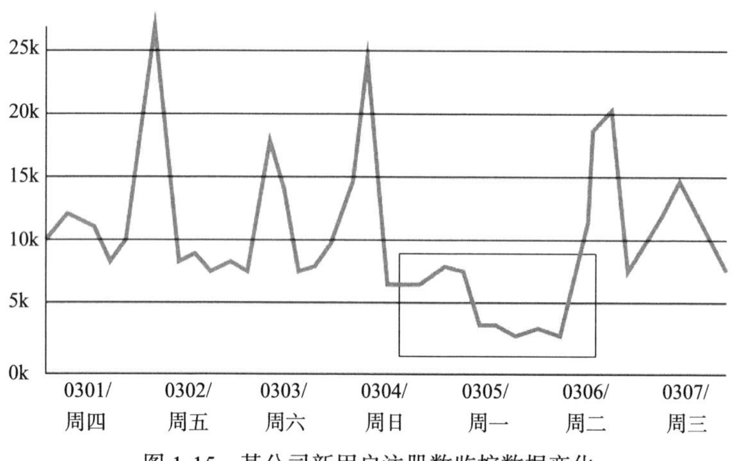

图 1-15　某公司新用户注册数监控数据变化

图 1-16　一个策略调整，用户增长翻 3 倍

数据驱动增长的核心：

- **将事情量化，让业务可分析、可追溯、可总结。**

- **数据就像是业务人员的眼睛，通过数据分析有效诊断出增长的瓶颈，有针对性地解决问题，便可实现增长。**

7. 品牌驱动增长

品牌是指公司的名称、产品或服务的商标，与其他可以有别于竞争对手的标识、广告等构成具有公司独特市场形象的无形资产。产品品牌是对产品而言的，包含两层次含义：第一，产品的名称、术语、标记、符号、设计等方面的组合体；第二，代表有关产品的一系列附加值，包括功能和心理两方面的利益点，如产品所能代表的效用、功能、品味、形式、价格、便利、服务等。品牌概念是指能够吸引消费者，并且建立品牌忠诚度，进而为客户创造品牌（与市场）优势地位的观念。

品牌即转化率。当一个公司没有品牌知名度的时候，渠道获客的效率肯定不高，投放的 ROI（投入与产出）也会很低。品牌塑造是增长爆发的关键因素，有了好产品、好服务后需要好的营销和推广，才可使公司品牌深入人心。几乎所有成功的互联网公司都有品牌爆发关键期。品牌爆发形成知名度，知名度决定下单量。

品牌驱动增长的核心：品牌因素占领了用户心智，就可以弱化其他因素对用户购买决策的影响，提高购买转化率。

【案例说明】聚美优品，“我为自己代言”，品牌助力高速增长

聚美优品从 2010 年 3 月创办到 2014 年 5 月成功在纽交所挂牌上市仅用了短短 4 年的时间，这期间聚美优品通过几次非常成功的品牌营销推动了用户的高速增长。聚美优品 CEO 陈欧也非常重视品牌营销和品牌建设，在他看来，有了品牌才有用户认知，才能极大地提升渠道的转化率，也能极大地提升因搜索而来的用户量。

2012 年陈欧为公司拍摄的“我为自己代言”系列广告大片引

起80后、90后强烈共鸣。

《我为自己代言》1.0版——聚美团队集体出镜

2011年7月，推出公司广告，陈欧出演，其广告词“为梦想奋斗，活出自己的色彩，做最漂亮的自己”触动不少人的心。同时，其联手偶像明星韩庚做了大量线下品牌投放。

《我为自己代言》2.0版——陈欧体诞生

2012年10月12日，聚美优品发布2012年新版广告，由CEO陈欧主演。陈欧扮演着一个创业者，在广告中他受到外界各种质疑、攻击、抹黑……仅仅因为太年轻。结尾处他奋起出拳，将眼前玻璃击得粉碎，简单包扎后继续踩着玻璃碴前进，“哪怕遍体鳞伤，也要活得漂亮”。大家记住了这个背影，并将镜头中的9句台词命名为“陈欧体”。“陈欧体”迅速蹿红网络，模仿热潮一路高涨。陈欧的新浪微博粉丝由100万涨到了154万。2013年2月20日，“陈欧”二字的百度指数猛涨至40000，“聚美体”“陈欧体”综合起来指数为30000到40000。

《光辉岁月——我为自己代言》3.0版——陈欧魏晨联手演绎

2013年11月10日，聚美优品励志广告“陈欧体”3.0版本的《光辉岁月——我为自己代言》全网首播，陈欧再次出现在网络上，广告时长达到了100秒。陈欧邀请偶像歌手魏晨主演。“陈欧+魏晨”的这对养眼组合，引起了网友的广泛关注，新广告上线不到24小时，点击率便就突破100万。

品牌是信任的关键，只有消费者信任你的时候才会下单，不管是通过百度看到的搜索广告，还是通过其他渠道看到的广告，消费者都是因为信任你才会购买。聚美优品，当年4月份做品牌营销活动，每年带来十几万人次的搜索，之后线上整体ROI大幅度提升。聚美优品当时还收购了一个同类的网站——粉皮儿，由聚美优品同一个团队来运营。他们发现聚美优品投放 ROI 远高于粉皮儿，同样的货物、同样的运营团队换了不同网站以后，ROI 差三到四倍，这就是品牌的力量。

1.2　增长的 3 大误区

驱动增长的误区很多，其中最常见的 3 个误区如图 1-17 所示。

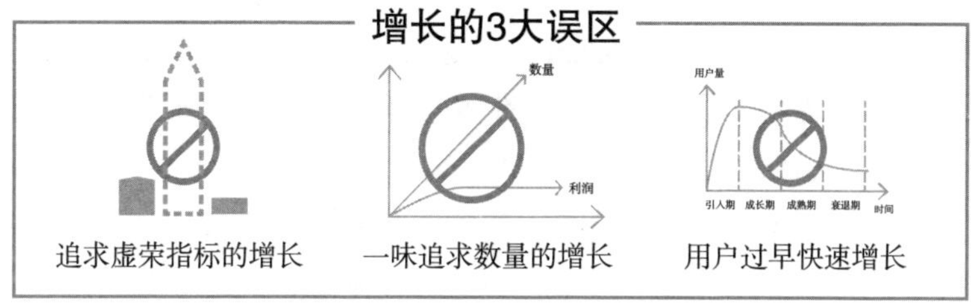

图 1-17　增长的 3 大误区

1.2.1　追求虚荣指标增长

《精益数据分析》一书中讲到一个词——虚荣指标，**是指那些不能体现产品核心竞争力，不能体现产品真实价值的指标。虚荣指标是一些表面指标**，如 PV、UV、点击量、APP 下载量、注册用户数等。真正的核心指标是活跃付费用户数有多少、给业务带来实际价值的内容有多少、活跃卖家有多少等，这些指标会因为商业模式的不同而有差异。虚荣指标看上去很美，让你感觉良好，但它除了让你自我膨胀之外，无法为你的下一步行动提供任何指导。

【案例】SocialCam 失败的启发

2012 年，美国一款主打短视频社交的应用 Socialcam，突然火遍全美。这款 APP 定位于“与朋友即时分享视频”，一度成为 APP Store 排名第一的免费应用，被认为是“视频版的 Instagram”。

Socialcam 在 2011 年上线，2012 年年初时才有 4 万名用户。到了 5 月份，用户数量突然就超过了 1000 万，六月份接近 2000 万。为了快速增长，SocialCam 将“注册用户数”作为公司核心指标，围绕拉新展开了一系列疯狂的病毒营销。首先，SocialCam 在网站上更新了大量内容，且采用的是标题党、擦边球等形式，为的就是满足人们的猎奇心，以吸引大量访问用户。其次，用户在 SocialCam 网站上看过的视频会被自动分享到他的 Facebook 朋友圈中。在这种双重病毒传播下，SocialCam 飞速增长。然而好景不长，Facebook 不断收到用户关于 SocialCam 侵犯他们隐私的投诉，说 SocialCam 未经同意就在 Facebook 上面分享了他们观看的视频。最后，Facebook 决定关闭 SocialCam 的流量入口。失去 Facebook 的流量后，SocialCam 的访问用户量“断崖式下跌”；再加上产品不完善，用户留存率极低，不到一年，千万级访问量就基本清零了。

避免方法：在正确的时间设定正确的核心指标。

选择核心数据指标有三大原则：

1）**指标的选择必须与商业模式的核心目标相契合，且不同时期关注的指标是不一样的。**

以 P2P 网络借贷平台为例。P2P 网络借贷的商业模式是低成本获取用户资金，高息放贷，中间赚取利差，所得收益减去坏账成本即平台利润。要想增加利润，就意味着要在控制坏账率的情况下，吸纳和放贷的资金规模要足够大。这一点与银行的模式一样。不同之处在于：银行本身就有极强的风险背书，天然就具备低成本获取资金的能力；互联网的商业模式是先亏损后赚钱（详细逻辑我们会在第 7 章详细讲述），用户对平台越信任则投入资金量越大。P2P 平台要先在用户中建立品牌信任度，前期通过亏损补贴用户，以高息收益刺激用户把资金从银行转移到 P2P 投资平台，并对平台形成投资黏性，从而实现规模效应。借贷端，在保证风险控制的情况下，通过线上借贷的方式，获取更多的贷款用户，给不同用户发放不同期限的贷款，获取利息收入。

网络借贷有两种商业模式：一种是以纯利息差收入为核心利润点，主要通过用户的贷款金额大小和时间长短来赚钱利润；还有一种是用户每发生一笔借贷都会收取一笔手续费，在此基础上再收取利息差。

因此，前者的核心指标应该是吸纳的用户投资金额、放贷金额及坏账率。对于平台来说，留在平台的资金存量是关键，用户交易金额则是一个虚荣指标（交易金额是指，用户发生多次投资或借贷，但总的投资或借贷金额未改变）。但对于后一种商业模式来说，交易金额就有很重要的作用了。因为，用户每发生一笔贷款，平台就能收取一笔费用，就算用户的总贷款金额未发生变化，但交易金额增加就意味着贷款次数增加了，那平台在同一个用户身上所获取的收入也会相应增加。这就是不同商业模式，要选取相对应的核心指标的意义。

2）**无论在哪个时期，我们关注的指标都不能伤害用户的核心价值。**

领英有一个核心原则：如果做产品会影响非付费用户的体验，那么这个功能就是差的功能，无论给公司挣多少钱。

比如某些互联网公司以商业化收入为核心指标，为了完成商业化收入 KPI，产品团队会增加越来越多的商业化内容，甚至导致广告内容比用户正常需要的内容还多，这极大地伤害了用户体验，长期下去会导致用户流失，最终也会影响商业化收入。

3）**这些数据必须能够汇总，可量化。**

我们设定的每个指标都必须要能量化，只有这样才可评估。比如我们说用户体验，这不是一个可量化的指标，换成用户留存率、用户评分后就成为可量化的指标了，这样才可衡量我们做的事情是否有效。

1.2.2 用户增长一味追求数量

很多公司一味追求用户数量增长，并不关心用户质量和用户留存，导致用户数量增长很快，但实际公司的业绩和收入并没有同比例增长。这主要取决于以下两个方面：

- ❑ **新增用户质量，以及是否为目标用户；**
- ❑ **新增用户是否产生了留存和持续性购买，即新增用户是否成长。**

如果以上两个方面的问题不解决，都会导致无效增长。

某炒股软件为了提升炒股开户数，策划了一个“邀请好友开户返现金”的活动，结果几天内开户数大幅度增长。活动结束后发现，炒股的资金交易量并没有明显提升，反查数据发现，活动期间增长的开户数几乎没有任何资金交易量。经过进一步排查发现，活动期间进来的用户大量都是“羊毛党”，完全是冲着邀请福利来的，薅完羊毛就走。这些用户都不是真实的炒股用户，这样的用户增长就属于无效增长。

百度糯米，在百度公司的大力度投入下，在活动、渠道、品牌等各方面因素的驱动下取得了巨大的增长，一度日峰值流水与美团旗鼓相当。为什么最终还是没有胜出？其本质还是在于商户供给不足，跟竞争对手比差距太大，导致用户需求无法连续满足，自然就会发生平台的转移。虽然实现了大量的用户增长，但没有用户留存和成长，依然属于无效增长。

这两年互联网行业的补贴大战日益凶猛，过度补贴会引来大量非目标用户，这些用户完全是因为福利而来，不会产生任何留存。用户实际支付金额越高留存率越高，代表用户的实际需求度越高，新增用户数越接近于真实目标用户数。

因此，**用户质量、用户留存、用户成长是用户增长的关键因素。**

避免方法：一定要获取精准目标用户，一定要是有质量的用户增长；从各方面提升用户留存率，促进用户成长。

- 用户增长 = 有效用户增长；
- 用户增长 = 用户获取 × 用户留存率（用户成长）× 用户变现率；
- 平衡补贴来调整的目标用户和非目标用户数量的比例，尽可能提高用户实际支付金额，用户实际支付金额越高，越接近于真实目标用户，复购率越高。

1.2.3　用户过早快速增长，加速产品走向死亡

并不是在任何时候快速增长都是好事，在产品尚未被市场验证、用户留存率不高、产品不够完善的情况下，过快的用户增长只会导致负面口碑及大量用户流失，最终加速产品走向死亡。

【案例】某酒店APP光环背后的悲剧，过早快速增长的惨痛教训

某酒店 APP 于 2011 年 9 月 21 日上线，当时他们预想的是一上线用户就爆发式增长，但实际情况是前 6 个月是个巨大的悲剧。APP 上线第二天就冲到了苹果 APP Store 排行榜总榜的第二名，超过了 QQ、水果忍者，在市场上获得了极大的名声。微博、TMT 圈几乎全在讨论这款 APP，当然也有很多人说一款做得这么丑陋的 APP 为什么能够得到这么多讨论？接下来，获得了包括央视在内的 200 多家媒体的报道，所以在舆论上也非常成功，瞬间获得了百万级的用户。然而，当时的业绩是一天卖了 23 单，一共只赚了

300 元钱。有时候，一天有十万量级的用户涌进来，结果只有 10 个订单，非常惨淡。

他们的创始人总结了失败的原因：

- 当时移动支付并不成熟，但他们坚持仅移动预先支付，用户不愿意或者不能支付，导致支付成功率极低，200 个订单支付成功的只有 10 个。
- 用户觉得酒店太少，覆盖不够，附近没有可以住的酒店。
- 对于用户到底想要什么（用户需求）、我们提供的方案用户到底买不买账（解决方案）、我们有没有能力提供承诺的价格（自身能力），都没有把握，这些都是我们猜出来的。

从这个案例中我们看到，初创公司要保持低调，以用户和产品为先，不应该过早大张旗鼓地去做宣传。案例中的 APP 的用户过早快速增长，很早就有了 100 万用户，但是大家提到他们不会觉得这是一个好用的 APP，相反，他们的印象是酒店选择太少、支付程序不方便、程序设计太丑，得到的全部都是负面的口碑。尽管很快有了后来的几次优化版本，却已经得罪了用户。

避免方法：在正确的时间，用正确的方法，投入正确的资源，做正确的事情。

“增长黑客之父”Sean Ellis，在 2010 年最先提出 Growth Hacker 的概念，他先后服务于多家硅谷创业公司并帮助 Dropbox 实现了年 500% 的增长。Sean Ellis 认为，一家成功的创业公司必然先后经历三个阶段：Product / Market Fit（产品和市场匹配期）、Transition to Growth（过渡期）、Growth（增长期）。笔者认为，企业增长一般要经历四个重要阶段，如图 1-18 所示。

第一阶段：需要发现客户痛点，并探索解决方案。一般来说，企业可以通过提供 MVP（最小化解决方案）来测试是否能够有效解决用户痛点。

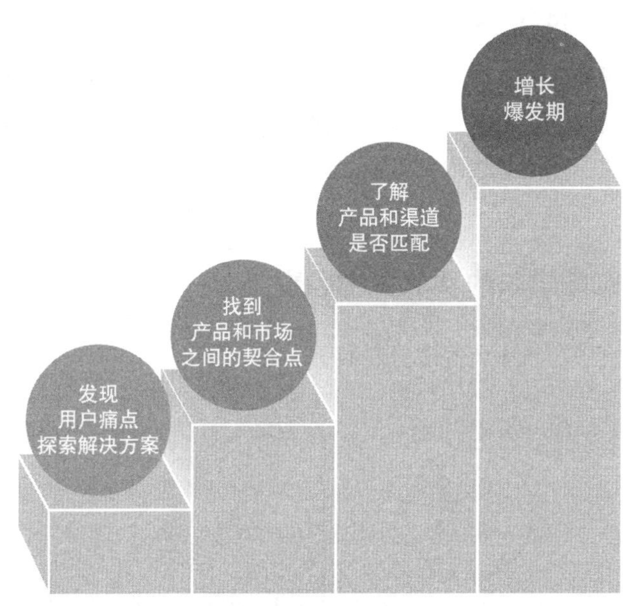

图 1-18　企业增长的 4 个重要阶段

第二阶段：找到产品和市场之间的契合点。你可以通过两个简单的指标来衡量产品是否让用户满意：第一，用户是否有足够的黏度；第二，如果停止用你的产品，用户是否会感到“不舒服”。如果停止使用后，用户觉得你的产品可有可无，那可能意味着产品和市场不匹配。

第三个阶段：了解产品和渠道是否匹配。正如我们在前面渠道驱动增长和数据驱动增长相关内容中讲到，需要通过数据分析找到产品和渠道之间的匹配关系。在营销预算非常有限的情况下，找到效率最高的渠道，从而加大投入。

第四个阶段：用户快速增长期。走完上面的三步，最后一步才是投入更多的资源，进行迅速扩张。在这个时期，企业需要很大的资金投入，此时企业可以做大量的品牌推广营销，通过品牌反向提升渠道的转化率，驱动用户增长。

这四步是需要按节奏进行的。很多创业公司和项目失败的最核心的原因，就是没有按照这个步骤来进行，在错误的时间过早投入大量资源，把资源投入到错误的渠道上。

1.3 影响增长的 4 大关键因素

影响增长的 4 大关键因素如图 1-19 所示。

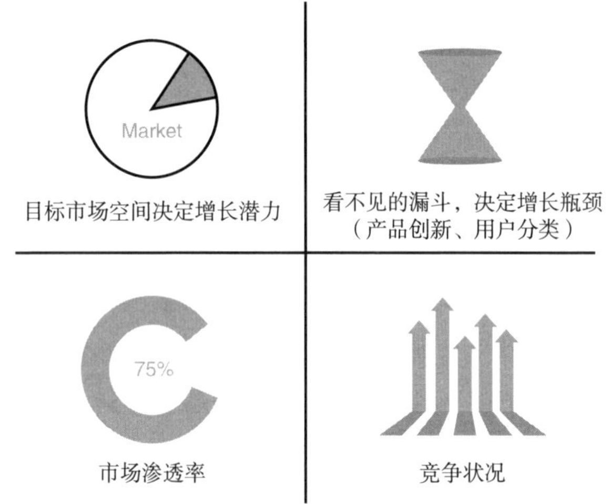

图 1-19 影响增长的 4 大关键因素

1.3.1 目标市场空间决定增长潜力

目标市场的空间决定了用户规模的大小及未来的增长潜力。目标市场直接决定了用户转化的第一层漏斗有多大，在转化率相同的情况下，第一层的用户规模越大，可转化的用户越多，增长潜力和空间越大。

【案例】共享单车：ofo vs 摩拜单车

ofo 最初选择的是大学生校园市场，根据国家统计局和教育部 2017 年发布的最新数据显示，全国共有在校大学生 2695.8 万人，也就是说 ofo 用户增长规模的极限就是 2695.8 万人，未来的增长潜力和用户规模的是有限的。摩拜单车定位于整个开放市场，校园只是其中一个细分市场。摩拜单车的市场选择决定了他们的用户增长空间是 ofo 的很多倍，用户增长潜力空间巨大。因此，要想保持持续增长就需要扩大增长边界，重新定义目标市场。后来，ofo 也走出校园，走向了开放市场。再到后来，ofo 和摩拜单车纷纷走向海外，不仅仅局限于国内市场，每开通一个国家，就意味着新的增长空间。

去哪儿网创始人庄辰超分享过一个观点：企业持续性增长跟你的 Addressable Market（潜在市场）有很大的关系。每个企业都有必要想一想这个问题，尤其是公司进入 C 轮以后，你要非常清楚地知道你的潜在市场到底有多大。在公司的早期阶段，肯定是单点突破，当进入高速增长阶段后，你要清楚增长的尽头在哪里。至少在当前的产品和策略下，增长的尽头在哪里。毕竟，增长不是没有尽头的。公司一旦进入高速增长阶段，分析竞争对手时，一定要把潜在市场定义在一个恒定的、相对稳定的市场上，而不要定义在高速变动的市场上。

定义清楚目标市场之后才能确定清晰的目标用户，确定采用什么样的商业模式、找什么样的渠道、设计什么样的产品方案、做什么活动、建设哪些核心数据指标、向用户传递什么样的品牌理念，最终整体串联起来驱动企业持续性增长。

增长建议：选择市场时首先要考虑的是市场的规模，即这个市场未来的增长潜力是否足够大。如果市场空间不够大，就需要考虑横向的可扩展性，即考虑在产品方案不大改的情况下是否具有横向的扩展能力。若想保持持续增长，则要么是同一个市场的空间足够大，要么就是具备横向的扩展能力，从一个小点切入，再横向复制和拓展。

1.3.2 看不见的漏斗，决定增长瓶颈

看不见的漏斗，是指无法通过现有运营数据发现，但会极大地影响用户增长转化率的因素。

要解决看不见的漏斗，需要在对行业有深度理解的基础上做到以下两点：

- ❑ **通过产品创新解决增长瓶颈；**
- ❑ **深入洞察用户需求，对用户需求进行分门别类，有效增加产品供应，释放用户需求，从而实现增长。**

1. 产品创新

通过产品创新实现用户增长主要有两种途径：

- ❑ **对现有产品进行改造。**企业自身或行业现有产品的使用门槛过高，通过产品创新对其进行改造，降低用户使用门槛，解决影响用户转化的关键瓶颈。产品使用门槛越低，用户转化率越高。增长不明显并不一定是用户需求不旺盛或者市场空间不够大，可能是提供的产品方案过于复杂，用户使用门槛过高，人为制造了用户转化的漏斗，导致用户很难转化，增长缓慢。通过产品创新解决掉这些瓶颈之后大量的用户就能实现转化，从而实现用户增长。
- ❑ **通过产品创新开辟新的市场空间。**完全以一种新的产品形态出现，如“余额宝”的出现完全颠覆了原有货币基金的产品形态。

【案例】共享单车vs单车共享

在摩拜单车和 ofo 推出之前，政府已经运行单车共享很多年，但一直没有出现爆发式增长，甚至没有在大众人群中普及。这并不代表用户需求不存在，也不代表市场机会不存在，而是提供的产品方案门槛过高，导致用户不愿意使用。政府提供的共享单车是有桩式，定点取，定点还，并且网点少，导致用户取车难，还车难，需求并没有得到很好的释放。互联网共享单车推出的是无桩共享，随停随取，极大地解决了用户取车难和还车难的问题，并通过增加车辆的投放，极大地覆盖了用户使用场景，很快就呈现出爆发式增长。

对于互联网企业来说，千万级别的日订单量已经成为是否能称自己为平台的标准。此前能够达到标准的只有淘宝、滴滴和美团。2017 年 3 月 21 日，ofo 宣布日订单量超过 1000 万单，成为最快实现订单量达 1000 万的平台。淘宝从成立到 2011 年日订单量突破千万，用了 8 年时间；滴滴从成立，到 2016 年 3 月 19 日宣布快专车订单量达到千万级别，用了 3.5 年的时间；美团达到这一数值，从转型外卖到 2017 年 3 月，也用了 3 年多的时间；ofo 突破日单量千万，只用了 1 年 9 个月的时间。日订单突破 1000 万被认为是一个里程碑事件，这使得 ofo 成为继淘宝、滴滴、美团之后，中国第四家日订单过千万的互联网平台，而且速度最快。这完全得益于产品创新带来的巨大增长机会。

【案例】余额宝改造货币基金

从收益性、流动性、便捷性、安全性等方面做产品创新，极大降低用户门槛，带来井喷式增长。

2013 年 6 月，余额宝横空出世，1 元起购，半年时间突破 4000 亿，到 2017 年余额宝的资金规模已过万亿，成为全国最大的货币基金公司。余额宝上线一年后，它不仅让数以千万从来没接触过理财的人萌发了理财意识，同时激活了金融行业的技术与创新，并推动了市场利率化的进程。2013年，被普遍认为是开创国人互联网理财的元年，同时余额宝已经成为普惠金融最典型的代表。余额宝的巨大成功正是源于极致的产品创新，在理财的收益性、流动性、便捷性、安全性等方面做了非常多的创新。

余额宝对接的是天弘基金旗下的货币基金，特点是操作简便、门槛低、零手续费、可随时取。货币基金收益率紧跟社会资金供需关系而波动，上线初期余额宝7日年化收益率一度接近7%，是同期银行活期利率的10几倍，极大提高了理财收益性。除理财功能外，余额宝还可直接用于购物、转账、缴费、还款等消费支付，极大地提升了资金使用的便捷性，是移动互联网时代的现金管理工具。与一般货币基金不同的是，余额宝内置在支付宝账户内，并支持购物支付功用，生产和理财两不误。同时，余额宝还支持随时取现，用户随时取出，使得其流动性可以和银行活期储蓄相媲美。正常来讲，货币基金赎回的资金到账需要1～2个工作日。但余额宝经过自有资金垫付完成了“t+0”赎回制度，保证了用户提现随时到账，让用户资金的流动性得到极大提升。

余额宝是互联网公司通过产品创新改造传统金融行业的典型成功案例，其每一步都是围绕用户需求展开的，在保证符合国家政策规定的大前提下，尽可能降低用户理解门槛和使用门槛，唤醒了公众的理财意识，极大地激发了用户的投资热情，带来了巨大的市场增量，实现了井喷式增长，也开启了整个互联网金融行业的发展大幕。

2. 用户分类

用户的需求是多种多样的，不同类型的用户需求存在巨大的差异。通过分析用户群体都存在哪些特征，都有哪些需求没有被满足，然后根据用户需求做合理的引导，设计相应的产品或服务，释放用户需求，使潜在购买力转化为真正的购买，最终实现增长。

用户在互联网上都是以访客，即流量的形式存在的，然而单纯从流量数据上无法判断出不同用户之间的差异。实际上每个访客背后都存在一个用户属性，如大客户和普通客户，他们之间的消费需求存在非常显著的差异。如果给他们提供的都是同样的产品和服务，就会导致大客户的流失或者无法形成有效的转化。只有给不同类型的用户提供差异化、有针对性的产品和服务，才能抓住更大范围的用户群体，从而实现增长。

【案例】360特供大闸蟹，洞察用户需求，释放大客户购买需求

笔者曾经在奇虎 360 电商部主导过一个“360 特供大闸蟹”的项目。在该项目中，笔者团队通过分析用户需求、合理优化售卖专题页面的设计、洞察大客户购买需求的流失、设计相应的购买通道从而极大地提升了销售业绩的增长。

图 1-20 所示是最初的页面，只是做了一些货架式的商品陈列，没有合理地对用户需求进行分类引导，很多用户因为找不到符合自己需要的商品推荐就流失了。

图 1-20　360 特供大闸蟹售卖专题页面

大闸蟹的售卖高峰期是中秋节，这个时候很多企业会大量采购给员工发福利或给客户送礼，这些采购需求的典型特征是：金额比较大，需要开发票。这会涉及大额采购，需要深度的沟通和谈判才能最终成单，这是一个活动页面无法承载的功能。正是因为这些信息没有得到有效展示，企业采购用户看到这个页面之后就都流失了。我们观察到这个现象之后，在页面增加了一个集团采购的客服电话，如图 1-21 所示。

图 1-21　优化后的售卖专题页面

当客户看到这个电话之后，有企业采购需求的用户就会通过这个电话来咨询，通过电话沟通（金额较大的甚至还会约面谈），有效解决了客户的诸如是否可以打折、是否可以开发票等问题，最终提升了销售成交转化。在开通这个电话之前，企业采购用户基本上都流失了，而且无法通过数据分析出流失的原因。设计了转化的通道之后，带来了非常多的销售转化，而且金额都很大，有时候一个线索形成的销售成交额，比得上整个页面 1 天的销售成交额。

增长建议：用户转化是用户增长的关键环节，其本质是解决影响用户转化的一些关键瓶颈。需要通过对目标用户进行深度研究、提炼用户的核心需求、查看用户需求是否被满足，以及哪些因素影响了用户的购买决策，然后通过产品创新降低用户使用门槛、对用户进行分类，增加更多目标用户的有效供给，排除增长干扰因素，实现增长。

1.3.3　市场渗透率对增长的影响

市场渗透率是指一种产品或服务在市场上的覆盖程度，是对市场上当前需求和潜在市场需求的一种比较。

市场渗透率 = 商品的现有需求量 / 商品的潜在需求量

从市场渗透率的计算公式来看，当市场渗透率处于较低水平时，说明企业处于巨大的增量市场阶段，增长主要来自于市场渗透率提高带来的新增潜在需求用户的转化；当市场渗透率越来越高，行业趋于饱和时，行业增速会放缓，此时企业的增长来自于如何争夺存量市场用户。产品生命周期主要有以下几个阶段，如图 1-22 所示。

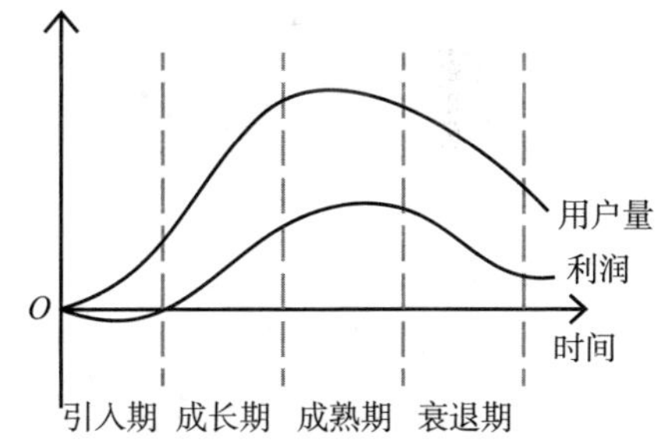

图 1-22　产品生命周期包含的 4 个阶段

第一阶段：引入期。新产品投入市场，便进入了引入期。此时顾客对产品还不了解，除了少数追求新奇的顾客外，几乎没有人会购买该产品。此阶段产品生产量较小，制造成本较高，广告费用巨大，产品销售价格偏高，销售量极为有限，企业通常不能获利。

第二阶段：成长期。当产品进入引入期，销售取得成功之后，便进入了成长期。这是需求增长阶段，需求量和销售额迅速上升，生产成本大幅度下降，利润迅速增长。

第三阶段：成熟期。经过成长期之后，随着购买产品的人数增多，市场需求趋于饱和，产品便进入了成熟期阶段。此时，销售增长速度缓慢直至转而下降，由于竞争加剧，导致广告费用再度提高，利润下降。

第四阶段：衰退期。随着科技的发展、新产品和替代品的出现以及消费习惯的改变等原因，产品的销售量和利润持续下降，产品进入衰退期。产品的需求量和销售量迅速下降，同时市场上出现替代品和新产品，使顾客的消费习惯发生改变。此时成本较高的企业就会由于无利可图而停止生产，该类产品的生命周期也就相继结束，直至最后完全撤出市场。

增长建议：当行业处于巨大增量市场阶段，在保证产品体验的基础上，应该以增加市场有效供给为先，尽快占领市场份额，此时拼的就是抢占市场的速度和用户留存；当进入存量市场阶段，拼的是在相同产品和服务基础上的差异化，在提升现有用户使用黏性、减少用户流失的基础上，要以转化竞争对手的用户为主要增长目标。

【案例】团购行业的演变

在团购行业发展初期，千团大战，各自都有自己的用户。到了中期，随着竞争的加剧，大量的中小团购网站开始倒闭，前几名的网站开始进行疯狂兼并，大力补贴，渠道下沉，行业交易规模和用户规模飞速增长，这极大地提升了团购行业的市场渗透率，最终形成只剩下美团、点评、糯米三足鼎立的局面。这时除了局部城市的增量市场外，整体进入存量市场争夺阶段。这个时候的增长主要来自于提升自身用户黏性以及转化竞争对手的用户。

1.3.4 市场竞争对增长的影响

前面讲到的影响增长的因素都是从静态单一维度做的分析，企业增长实际上是一个动态发展的过程，且伴随着激烈的市场竞争，增长是一个综合多维因素的结果。在不同的市场竞争环境下，企业的增长战略锚点会有很大的不同。在行业处于增量市场阶段，企业竞争需要拼谁抢占市场的速度更快，谁获取用户的效率更高，拼渠道、拼品牌、拼供给；当处于存量市场阶段需要拼价格、拼资本、拼产品创新、拼用户体验、拼服务等一系列综合性因素，这时的增长需要找到与竞争对手的差异化优势，从而寻求突破。

增长建议：在激烈的市场竞争环境中实现增长，要分析自己在竞争中处于什么样的地位，是处于落后地位、领先地位，还是平分秋色。从竞争态势上看，如果是处于落后地位，就需要找到差异化的竞争优势寻求突破；如果是领先地位，就需要进一步巩固原有的用户优势，形成壁垒，以防后来者轻易撬动用户；如果是平分秋色，可以主动发起进攻，快速锁定用户和市场份额，谁先发起进攻，谁就掌握了先发优势。

【案例】赶集网的差异化竞争追赶

对于分类信息网站来说，2011 年还处于增量市场阶段的赶集网主动寻求突破，通过品牌投放实现快速增长。这一年赶集网融资 6000 万美金，拿到这笔融资之后，2 月份，在分类信息的旺季，赶集网花 3000 万做了一轮大规模的线下品牌广告，很多人记得“姚晨骑小毛驴”的广告，非常经典。做完广告以后赶集网的流量从 100 万增长到了 400 万。涨到 400 万以后 58 同城也开始跟进，进行了大规模的品牌投放，投放持续时间和规模都盖过了赶集网，最终 58 同城的市场流量是赶集网的 2 倍，销售额是赶集网的 3 倍，并于 2013 年成功在纽约交易所上市。后来赶集网主动寻求差异化，重新实现增长。赶集网有 4 个信息分类，即房产、招聘、二手车、二手物品。蓝领招聘是效果最好的，所以他们选择了四年之内只打蓝领招聘，赶集网蓝领招聘销售额占到了 60%。赶集网的蓝领招聘超过了58同城，两者整体流量也非常接近，最终2015年，两家公司以约5:5换股的形式进行合并。这就是在不同的市场竞争环境下，通过差异化竞争实现增长的道路。

1.4 用户增长的基本逻辑：供需关系相互拉动，两端循环增长

互联网的本质是连接，具有很强的网络效应，供给和需求相互促进，循环拉动增长。供给以商品、产品功能、内容或服务等形式存在，需求即用户，如图1-23所示。

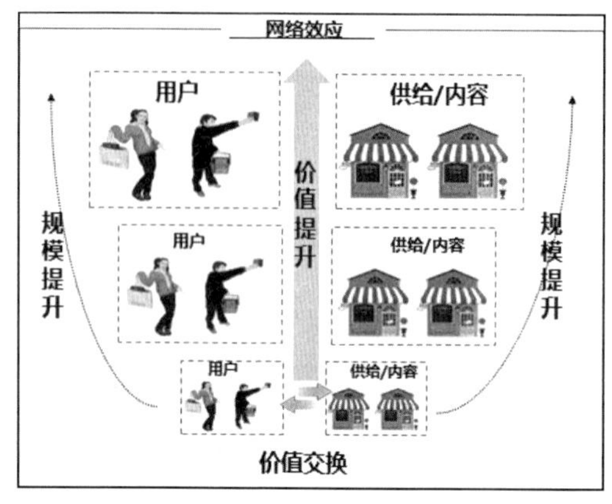

图1-23　供需两端循环拉动增长，形成强网络效应

1. 什么是网络效应？

信息产品承载着互联的内在需要，因为人们生产和使用它们的目的就是更好地收集和交流信息。这种需求的满足程度与网络的规模密切相关。起初在人数和供给都很少的阶段，价值交换被限定在一个很小的范围内。如果网络中只有少数用户，他们不仅要承担高昂的运营成本，而且只能与数量有限的人交流信息和经验。随着用

户数量的增加，这种不利于规模经济的情况将不断得到改善，所有用户都可能从网络规模的扩大中获得更大的价值。此时，网络的价值呈几何级数增长。这种情况下，某种产品对一名用户的价值取决于使用该产品的其他用户的数量，在经济学中这称为网络外部性（network externality），或称网络效应。

因为网络效应的影响，成功的平台的用户体验越好，享有的规模收益就会越高，用户就会越愿意为规模更大的网络支付更高的价格。因此，用户基数越高，平台的预期利润率也越高。由于收益递增的存在，双边市场行业集中度很高。居领先地位的平台会利用高利润率优势，加大研发投入或者降低服务价格，进一步蚕食剩余市场份额，最后就可能出现赢家通吃的局面，形成自然垄断。

2. 什么是双边市场?

大多数互联网平台属于“双边市场”，需求和供给就像是一辆车的两个轮子，相互拉动循环增长，逐渐实现“网络效应”。

双边市场又被称为双边网络（Two-sided Networks），是有两个互相提供网络收益的拥有独立用户群体的经济网络。双边市场是一个或几个允许最终用户交易的平台，通过适当地从各方收取费用使双边（或多边）保留在平台上。一个双边市场通常包含两个主要方面：一是市场中有两个不同类型的用户，它们通过一个中介机构或平台来发生作用或进行交易；二是一边用户的决策会影响另一边用户的结果。

比如，淘宝就是典型的双边市场。淘宝就是中介机构提供的一个达成交易的平台，两个用户分别是指消费者和商家。如果没有消费者来购物，商家就不愿意在淘宝上开店，没有足够多的商家在淘宝开店，就没有好的商品，消费者自然就不愿意前来购物。

我们将供需关系相互拉动、两端循环增长的模型分为两种：一种是典型的双边市场模型，还有一种是以产品功能、内容、服务等为核心的供给形式存在的增长模型。

- **以双边交易为核心的产品增长模型：**优质的供给更容易获取用户增长，随着用户数量的增长平台话语权逐渐增强，有利于进一步获取更加优质的供给。二者相互拉动实现增长。
- **以产品功能、内容、服务等为核心的产品增长模型：**好的产品功能或服务吸引用户增长，用户数量的增长伴随用户群体的分化及用户需求的延伸，倒逼平台提供更多的产品功能或服务。

互联网平台初期多数都会面临冷启动的问题，既没有用户，又缺乏优质供给（或内容），用户获取成本很高。随着用户基数的不断扩大，供给数量和形式不断增加，价值交换的形式和内容逐渐放大，规模得到极大提升。随着平台规模的不断扩大，供给的不断增加，吸纳用户的能力也会随之增强，用户获取的边际成本逐渐降低，达到一定阶段之后就能够实现用户的自增长（即不需要做任何推广用户都会自动增长，主要来自于用户口碑传播和品牌效应）。

【案例】团购网站通过扩大供给实现增长

以团购为例，团购网站的鼻祖是Groupon，Groupon的模式是每日一单，这一单的折扣力度非常大，非常有诱惑力，从而吸引大量的用户购买。有了大量的购买用户以后，反向提升Groupon与商户的谈判能力，进而获取折扣力度更大、更加优质的商户。但每日一单有局限，随着平台用户群体的不断扩大，用户的需求必定会多种多样，每日一单很难满足所有的用户需求，用户的需求无法满足，流量就存在浪费。

因此，团购进入中国一段时间后，从每日一单扩展到了每日多单，并且品类也从餐饮品类逐渐扩大到了电影品类、休闲娱乐品类及其他生活服务品类。随着单量和品类的增加，不断吸纳更多类型的用户增长，用户多种多样的需求得到释放，从而带动平台的整体交易规模不断增长。上述情况充分体现了互联网的强网络效应。

目前互联网行业里，团购、外卖、打车、互联网二手车等 O2O 业务以及电商行业，这些以交易为核心且涉及双边发展的业务均属于强网络效应的业务。

1.5　本章小结

本章我们重点讲述了什么是增长，以及驱动企业增长的 7 大战略要素（供给驱动、用户驱动、产品驱动、活动驱动、数据驱动、品牌驱动和渠道驱动）和 4 大关键因素（目标市场空间、看不见的漏斗、市场渗透率和市场竞争）。企业的增长是一个综合性的结果，也是一个动态的过程，需要根据企业的不同发展阶段有针对性地进行投入，避免眉毛胡子一把抓。因此，本章我们还讲述了增长的 3 大误区：并不是增长越多、越快就越好；需要抓住企业的关键增长指标，避免追求虚荣指标的增长；也不要一味单纯追求数量的增长，用户增长的速度也要跟企业的增长速度保持同步。用户的增长和供给的增长是相互协同和动态平衡，用户增长拉动供给的增长，如果用户增长过快，供给能力跟不上就会导致用户需求无法得到有效满足，从而产生用户流失。供给增长过快，用户增长跟不上，就会导致供给端的需求无法释放造成供给端的流失。因此，供给和需求相互拉动，实现循环增长，且要保持一个相对动态平衡的增长状态，避免一端过快增长。

下一章我们将在正确理解增长的基础上，通过认识行业、分析行业、拆解业务核心指标和业务流程，制定详细企业增长战略。

第 2 章 制定增长战略

2.1 分析行业特征，制定运营模式

2.1.1 如何分析行业特征

1. 互联网的本质特征

互联网的本质是连接，P2P、点对点、端对端、连接一切，因连接而成网，互联互通。百度连接人与信息，阿里巴巴连接人与商品，腾讯连接人与人，互联网金融连接人与资金，智能硬件连接人与万物。互联网连接一切，又把所连接的一切变成新的连接节点，从而有了连接无限的可能。**正是这种连接构成了互联网的数据、关系、平台、市场四个基本特征。**节点与节点之间进行信息传输形成数据，节点与节点之间相互作用、相互影响、相互连接形成关系网，诸多关系又连接形成平台，平台的交易功能演化形成市场。这一切都体现出互联网 4 大基本要素：**信息（数据）流、资金流、物流、商流。**

互联网的发展经历了门户、搜索、即时通信、工具软件、电子商务、团购、O2O、智能硬件、互联网金融、共享经济等几个大的发展时期，实现了各行各业的连接。

互联网行业主要有三个特征：

- 纯互联网，以新浪、百度、奇虎 360、腾讯、迅雷等为代表，主要解决用户高效上网、沟通交流及获取信息的问题。
- 互联网 +，是指互联网公司利用互联网对传统行业进行改造和升级，通过互联网产品创新，提升原有行业的效率，从而形成特定的互联网与传统行业相结合的企业。因此，互联网 + 传统行业的企业既具有互联网的特征，又具有原有行业的特征，且原有行业的本质不会发生变化，只是利用互联网的连接效应，极大地提升了运营的效率。在制定运营模式的时候，要对原有行业的本质进行深入分析，借鉴传统行业的成功经验，结合互联网的属性，这样才能起到事半功倍的效果。
- + 互联网，是指传统行业利用互联网来从事营销、销售等活动，将互联网作为一个营销或者销售渠道，但从本质上说仍然是一家传统企业。

京东、阿里巴巴等电子商务公司就属于互联网 +，即用互联网去改造原有的销售渠道；在电商网站上售卖商品的商家就属于 + 互联网，多数在电商网站上销售商品的商家都属于传统行业，其本质还是一家传统的生产制造企业，只是将线下售卖的渠道转移到了线上，渠道发生了变化，其他一切都没有改变。

【案例】金融行业的本质特征分析

以互联网金融为例，其建立在互联网数据、关系、平台、市场的基础上，与传统金融和支付发生联系，但本质依然是金融。互联网金融不改变金融的本质，改变的是金融的实现形式。

金融的本质是风险定价及货币时间价值的配置，解决的主要问题是资金供求双方的匹配、资金价格及由此产生的风险。金融的4个基本特征是风险性、流动性、收益性和时间性。金融的本质是用户让渡资金在一定时间周期的使用价值，并通过风险性、流动性和时间周期来进行资金的合理定价，在一定风险定价的基础上换取资金的收益回报，即收益性。风险越高，收益率越高；出让资金时间周期越长，收益率越高；用户投资的时间周期越长，流动性越低，收益率就越高。反之，流动性越高，则收益率越低；风险越低，收益率越低；时间越短流动性越高，收益率也越低。

互联网公司围绕金融的四个基本特征进行产品创新。

传统金融行业依靠物理网点给用户提供金融服务，故受限于每个物理网点只能覆盖有限的服务半径和有限的用户规模。要想覆盖更多的用户，就必须增加更多的物理网点，固定成本也会相应增加。互联网超强的连接属性打破了物理空间的限制，可以把传统商业银行网点作为一个节点，合并为一个线上的交易平台，从而大大提高运营效率，扩大业务辐射范围。让资金的流动不再受限于物理空间的限制，资金流动性得到了极大释放，从而让互联网金融实现爆发式增长。互联网公司通过产品创新，将投资与消费相结合，增加更多资金使用场景、开发债权转让产品，让用户既能享受长期定期投资的高收益，又能随时转让变现，享受活期的流动性；资金一旦高效率流通起来，价格就会打破限制充分受到市场供需关系的影响，市场缺乏资金，用户的收益率就会提升，从而实现了利率市场化；互联网平台拥有大量用户的交易、行为等数据，通过大数据风控能力降低了风险性；大型互联网公司自带品牌背书能力，增强了资金的安全性；互联网支付业务的成熟让产业链得以成熟，最终形成资金链和信息流，通过利率市场化实现资金供求关系的自动有效平衡，最终造就了互联网金融。

传统金融重点服务高端客户，为普通客户提供基本的服务，对支付、代理等成本较高、利润很低的业务不够重视。新兴的互联网金融业务则从另一个状态空间开始发展，从支付、代理等低附加值的业务开展服务，逐渐寻找到价值增值的方式，状态空间得到极大拓展。这时候两种金融业态开始有了交集，互联网金融开始入侵传统金融的核心业务，而多家银行也已经开展支付、理财、信用贷、P2P 等互联网金融的核心业务。双方的竞合不可避免，共同形成新的生态。

2. 行业特征分析的关键问题与方法

（1）行业分析的 7 个关键问题

对行业进行分析时，有 7 个关键问题必须搞清楚，如图 2-1 所示。

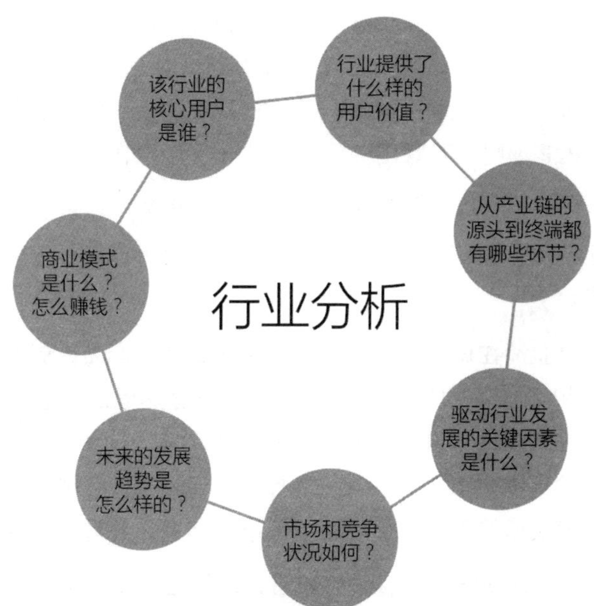

图 2-1　行业分析的 7 个关键问题

问题 1：该行业的核心用户是谁?

每个行业都一个相对稳定的核心用户群体，他们具有相同的群体属性。只有了解清楚核心用户是谁，才能进行深入洞察，了解他们的核心需求是什么、痛点是什么，以及这些需求和痛点是如何解决的、是否被充分解决。

问题 2：行业提供了什么样的用户价值?

这个行业是做什么的？行业内的企业生产什么样的产品或提供什么样的服务？满足的是哪一类或哪几类用户的需求？用户需求是否呈周期性变化？有什么样的规律？谁对购买行为有决定权？其决定的标准是什么？

问题 3：行业所处的产业链，从源头到终端都有哪些环节?

这个产业的上下游都有哪些环节？每个环节都有哪些企业？提供什么样的产品或服务？比如互联网金融行业，互联网和互联网支付是基础设施，在此基础上包含了 IT 系统、征信、风控、大数据、反欺诈、区块链、互联网众筹、网络信贷、保险、供应链金融、消费金融、P2P 理财、互联网资管、金融科技等环节。

这些环节都有哪些有代表性的企业？在理清产业链之后，就要明确产业链每个环节都有哪些企业，相关资料可以从行业分析的报告中获得。

这些企业都在做些什么事情？提供什么样的产品或服务？企业拿真金白银砸进去的领域，肯定是通过深思熟虑的，也代表了这个行业未来的发展方向，特别是那些龙头企业，这些资料在网上 、上市公司的年报中都会有。对行业标杆企业进行深入研究，研究他们在不同发展阶段是如何思考、如何解决问题，并取得发展的。

问题 4：驱动行业发展的关键因素是什么?

要在该行业中取得快速增长并获利，什么因素是必需的？哪些因素是必要条件？哪些因素是充分条件？驱动行业发展的关键因素包括但不限于：技术因素、资本因素、产品因素、行业因素、关键人因素、运营因素、政策因素、市场因素、渠道因素等。

比如消费信贷行业，风控和反欺诈能力就是驱动行业发展的关键因素，也是必要条件。如果没有很好的反欺诈模型，很多信用不良的用户、羊毛党，甚至是骗贷集团都会涌入进来，形成虚假繁荣，这很可能造成巨大的损失。优质的获客渠道是增长的充分条件，好的渠道意味着高质量的用户，这会带来健康的增长。

问题 5：市场和竞争状况如何？

- 和谁竞争：行业内竞争者的数量和规模是多少？谁在该行业中拥有发言权？谁会在这个市场上获利？为什么？
- 在哪竞争：主要产品的市场在何处（地域）？各细分市场的容量为多少？细分市场容量的增长率及未来的发展预测是怎么样的？主要竞争对手的市场都在哪里？各细分市场的份额如何划分？划分的依据是什么？各个竞争主体在各竞争层面上都有哪些优势？价格走势及未来趋势如何？
- 靠什么竞争：特定的行业中企业的核心竞争能力体现在什么地方？各竞争主体有没有自身的核心竞争能力？如果有，体现在什么地方？最具核心竞争能力的企业是谁？核心竞争优势体现在什么地方？其他竞争者是否可以形成或提高自身的核心竞争能力？
- 如何竞争：通过详细的市场调研分析，对目标企业进行深入了解，分析各自的优劣势，找出差异化竞争优势，制定企业未来的战略规划。

问题 6：未来的发展趋势是怎么样的？

行业处于哪个发展阶段？是初创期、成长期，还是成熟期或衰退期？行业未来会朝什么方向发展？哪些因素可能会驱动行业发生变化？用户需求的变化、技术上的创新、渠道的变化等都可能是驱动因素。这两年的“消费升级”给很多行业带来了新的机会，就是因为用户需求发生了变化，开始追求产品和服务的品质，从而引发产品和营销的升级。

问题 7：商业模式是什么？怎么赚钱？

企业大多数都是盈利性组织，只有产生持续性的商业收入，才能形成持续性的投入，进而形成正向的增长循环。商业模式的创新是企业通过技术手段、流程重组、效率提升等方式提升运营效率、降低生产和运营成本，从而增加利润的来源。与商业模式相关的内容我们将在本章后面详细讲述。

（2）行业特征分析 4 步法

行业特征分析的流程分为四步，如图 2-2 所示，即明确目标、信息收集整理、分析研究、提炼总结。

图 2-2 行业特征分析 4 步法

第一步 明确目标。以终为始，用结果反推为什么要做行业研究，比如希望通过行业分析达到售卖目的。以本书为例，本书中的行业研究的目的是要分析行业特征，从而制定运营模式和增长战略。

其他行业研究的目的包括为投资者提供投资决策参考，及为企业制定战略提供依据、学术研究等。

第二步 信息收集整理。要从海量的信息中筛选出有用的信息，需要注意两个关键点：信息收集的渠道和方法。

常见的渠道有：

- 百度：通用性知识需求。百度文库有大量专业的文档，并且文库有关联推荐，可以通过一个关键词发现更多关联信息。
- 知乎：知乎上聚集很多行业的专业人士，通过话题和个人页可以找到很多该行业一线的从业者的观点和看法。
- 微信公众号：该行业重点企业的公众号、重点企业高管团队的个人公众号、投资机构公众号等，投资机构要做大量投资，也会对行业进行分析，也会分享高质量文章。
- 第三方研究机构：如艾瑞、易观，以及垂直行业的咨询研究机构。这类机构经常会出行业和产业链报告，这有助于快速了解产业链和行业图谱。
- 金融投资机构的行业报告：金融机构的报告主要作用是辅助投资决策，其分析会比第三方机构更深入，会从商业模式、运营模式、成本结构、成长潜力等多方面进行。
- 咨询公司的分析报告：如麦肯锡等。咨询公司的分析报告更具有宏观视野，通常都能够总揽全局，一份报告看完就能清晰了解行业上下游都有哪些玩家、各自的商业模式是什么、运营模式是什么、成本收益等，这非常有助于提升对于行业的整体认知。
- 其他：行业网站或论坛、公司年报、学术网站、国家统计局等。
- 行业资深人士面对面交流：投资人能在很短时间内快速了解一个行业的秘密，原因就在于他们能够在很短时间内跟行业的一线创业者进行深度交流。这些创业者自身对该行业是有深度的洞察和理解的，所以他们才能给用户提供很好的产品和服务。因此，投资人在很短时间内就能获取对于这个行业的深度认知，并作出投资决策。这个方法也适用于大家。
- 保持行业的敏感度，持续关注。

主要的信息收集整理方法如下：

- 目标明确：明确研究目的、明确资料的用途和资料收集的重点内容。
- 广撒网：通过各种渠道收集大量的相关信息，然后有选择性地阅读。
- 重质量：快速阅读所收集的信息，筛选出最能说明问题的信息，过滤无效信息。
- 浓缩整理，梳理逻辑：根据前面讲的分析内容逻辑进行梳理，以行业图谱、产业链或用户需求为主线，进行详细梳理和归纳总结。

第三步　分析研究。

- 通读材料，心存全盘：先通过广泛和大量的快速阅读形成对该行业的感性认知。
- 梳理框架，理顺逻辑：搭建内容框架，形成知识体系，建立宏观认知。
- 专题研究，各个击破：针对每个环节深入研究，快速形成有效认知。

第四步　提炼总结。撰写报告，得出观点。

2.1.2　如何制定运营模式

1. 什么是运营模式

运营模式是对企业经营过程的计划、组织、实施和控制，是与产品生产和服务创造密切相关的各项管理工作的总称。简单来说就

是企业经营方法。主要内容包括：

- **业务模式**：企业如何向客户提供价值和利益，包括品牌、产品、服务内容等。
- **渠道模式**：企业如何获取用户、触达用户，以及如何向用户传递服务和价值等。
- **组织模式**：企业如何建立先进的管理控制模型，如建立面向客户的组织结构、通过企业信息系统构建数字化组织等，提升运营效率。
- **经营模式**：如何经营客户，实现客户规模的增长和单个客户的增值；如何经营商户，扩大优质供给；如何提升交易达成的效率；如何实现整体业绩的提升等。

2. 10 大常见运营模式

10 大常见的运营模式如图 2-3 所示。

图 2-3　10 大常见运营模式

（1）直销模式

直销模式实质上就是通过消灭中间商，降低产品的流通成本并满足顾客利益最大化需求。

简单来说，直销模式就是生产商不经过中间商，把商品直接销售到顾客手中，降低销售成本的一种运营模式。在非直销方式中，有两支销售队伍，即制造商到经销商，再经销商到顾客。中间多级经销商层层加价，还有仓储、物流等成本，导致最终到消费者手中的价格会比较高。

互联网中最经典的直销案例就是小米手机的直销模式。传统手机厂商的主要运营模式是大量投放品牌广告，大量铺线下销售渠道和运营商销售渠道，通过层层分销加价模式赚钱。而小米是互联网手机，最开始的模式就是直销模式，用户从官网下单，小米直接发货给用户，砍掉了经销商，从而将手机的性价比做到极致，一问世就引爆了市场。

适用范围：较适合生产制造类企业，具备直接面向终端用户销售和运营的能力，希望简化中间流通环节，提升资金周转效率。

（2）社区模式

社区模式是指企业通过自建社区、第三方垂直社区或综合性社区，直接面向用户展开营销活动。

社区模式有以下特点：

- 直接面对消费人群，目标人群集中，宣传比较直接，可信度高，更有利于口碑宣传；
- 营造互动氛围，形成销售，投入少，见效快，利于资金迅速回笼；
- 可以作为普遍宣传手段使用，也可以针对特定目标，组织特殊人群进行重点宣传；
- 直接掌握消费者反馈信息，针对消费者需求，及时对宣传战术和宣传方向进行调查与调整。

【案例】魅族手机的社区营销策略

魅族是最早一批在社区营销上取得成功的企业，几乎整个魅族的营销体系都围绕着魅族论坛展开。在魅族的整个发展过程中，论坛始终是魅族发布公告、讨论、营销、宣传的第一阵地。

魅族社区聚集了魅族最主要的用户群体——魅友，他们对魅族的产品相当狂热，除了魅族自己的BBS，与大手机相关的各BBS都有他们的身影。他们的品牌忠诚度极高，虽然魅族的产品总是有些小瑕疵，但是他们依然不遗余力地向周围的人宣传魅族的产品，并引以为傲。凡是有魅族新闻的地方，就有魅友力挺魅族的产品。魅友的这一切行为，都源自于活跃在魅族BBS上的公司创始人黄章。黄章从魅族BBS开建之初就创建了账号，作为公司老总，仍然每天都抽出时间关注魅族的用户，平均日均发2.5贴，内容除了回复魅友提出的问题，也会经常发布一些公司产品的内部消息，引起了广大魅族用户的追捧。

黄章充当着论坛管理者的角色，经常在论坛中与用户交流、互动，回答用户的问题，听取用户的意见，还时不时爆料下一代产品的参数、配置以保持人们对魅族产品的关注度。黄章的账号有很大的影响力，多个魅友群体性事件都是由这个账号引起的。黄章在论坛的发言也经常被各大科技网站引用报道，很好地起到了宣传和营销的作用。社区为魅友和魅族之间建立了一个直接的沟通渠道。魅友在和魅族沟通后，在产品满意度和忠诚度方面均有所提高，甚至发展到向周围人推销的程度。除了黄章，魅族也有专门在社区答疑的员工，并且有工具统计员工的活跃度。

适用范围：社区模式运营成本低，直接面向用户，以内容和互动的形式进行营销。比较适合用户教育成本高的新产品，以兴趣和爱好为导向，容易建立粉丝忠诚度，以科技类产品、硬件类产品和学习型社区居多。

（3）内容运营模式

内容运营是以图片、文字、视频、动画等介质传达与企业或产

品相关的内容来吸引用户关注，给用户以信心，从而达到促进销售的一种运营方式。

内容运营是站在协助、帮助客户寻找答案的角度，向消费者传递信息的一种运营方式，具有低成本、效率高、精准化等特点。传统的营销方式更多的是通过打断用户思考，通过视觉和听觉来硬性传递产品信息，而内容的方式是吸引有需求的用户主动关注从而形成销售转化。

“内容即广告，广告即内容”，好的内容本身就是一个好的广告载体，高质量、有价值的信息能吸引到精准目标客户，让他们关注、认知、产生购买，可以加深客户对产品的理解，更好地留住客户，提高品牌忠诚度。

内容运营用的平台包括：

- ❑ 文字类：如微博、微信公众号、新闻媒体、科技类媒体、今日头条、知乎、百度百科、百度知道、相关垂直社区、社群等；
- ❑ 音频类：如喜马拉雅 FM、荔枝 FM 等；
- ❑ 视频类：如小视频、直播 APP、传统视频网站等。

【案例】某互联网教育平台在知乎做内容运营，零成本精准获客

某互联网教育平台定位于提供系统的互联网运营培训。目标用户是刚毕业的大学生、传统行业想转行做互联网的人、初级互联网运营人员，以及对互联网运营不是很懂的创业者。他们的创始人以个人账号在知乎回答与目标用户最密切的相关话题，诸如“真·零经验纯小白转行，一次面试搞定总监（3000 字全经历分享）”“入职 1 个月的转行小窍门，2 天用 66 页竞品分析获取上司青睐”“给即将接触社会的大学生 10 个指点和提议”等，通过高质量的回答，把用户从知乎导流到他们的网站。从他们学员的评价、反馈看到，

90% 以上的学员都来自于知乎，也就是说，他们靠着知乎这个渠道，通过内容运营的方法，带来大量精准用户。他们客户付费转化率极高，该网站实现了一年几千万的营收。内容本身就是筛选用户最有效的方式，几乎是零成本。

适用范围：内容运营普遍适用于各行各业。如果公司本身就是与内容相关的，如罗辑思维、知乎等，就更要靠以内容运营为核心的运营模式了。

（4）大客户模式

大客户运营就是针对大客户的一系列营销组合。

“二八定律”广泛存在于各行各业。大客户是相对于一般消费者而言的，指的是贡献 80% 业绩的那 20% 的客户，通常是企业客户、渠道商或者高价值客户，其价值相对比较大，需要一对一地进行客户管理与营销战略实施。

相关案例会在第 6 章详细讲述。

适用范围：大客户驱动的行业，如金融、电商型企业等，其中银行是最典型的大客户驱动的行业。

（5）分销模式

分销模式是流通模式的一种，即制造商通过分销商（代理 / 经销商）将产品辐射至各零售网点。

所谓分销就是建立销售渠道，即产品通过一定渠道销售给消费者，它体现了厂商专业化分工的特征。与直营相比，分销模式投入较少、效率较高，对制造商自身人力资源及管理能力的要求较低，因此更具适用性和普遍性。国内家电、手机、快速消费品等产业领域的厂家，真正做直营的并不多，大部分采取了“直营 + 分销”的模式，而且其中分销所占的比例较大。互联网分销模式与传统分销模式最大的区别在于：传统分销模式伴随着商品的中转，而互联网分销只需要销售即可，可由厂家直接发货，无须分销商进行仓储、货运环节，更加轻便。

【案例】“小黑裙”三级分销模式，一年粉丝700万，销售额过1亿

小黑裙上线于2015年8月15日，是一家只出售黑色裙子的互联网服装品牌。精准定位细分市场，以三级分销模式扩大用户群体，小黑裙在上线当天粉丝便破万，上线123天就售出40000条小黑裙，4天涨粉40万。据《新京报》报道，小黑裙上线初期，就传出有用户通过分销模式单月收入10万元以上，这种熟人模式让小黑裙在朋友圈里一夜爆红。

微信平台只允许二级分销，“小黑裙”因为三级分销被微信封号。被封号前，小黑裙已积累了700万粉丝，年销售额超过1亿元。小黑裙的成功也得益于“微信三级分销”模式。所谓三级分销，是指一个品牌商可以发展三级分销商，每一级分销商均可以往下再发展两级分销商，如图2-4所示。

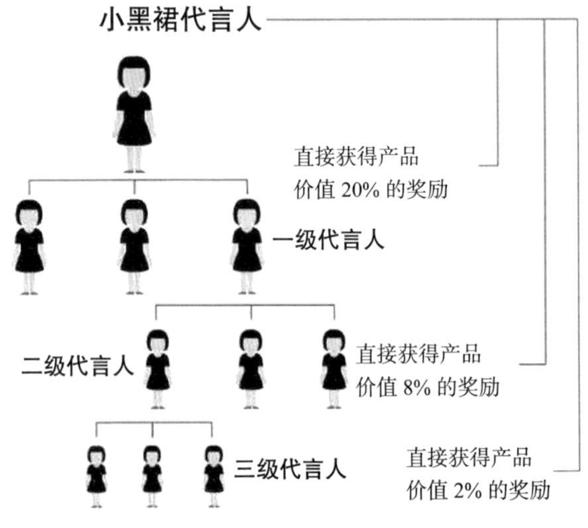

图 2-4　小黑裙三级分销

小黑裙的每个消费者在购买后都能得到一个属于自己的二维码，只要有人通过扫描你的二维码进来购买小黑裙，你就能获得相应比例的返现，而且二维码主人的二度人脉、三度人脉扫描这个二维码也都能给二维码主人带来收益，如图2-5所示。

图2-5 小黑裙分销模式

从模式上来看，小黑裙属于典型的“三级分销”。此外，小黑裙平台还把所有的购买者都设定为其销售人员和传播者，会用利润的30%回馈给销售人员，此种模式设定大大节省了小黑裙在广告、渠道和销售人员方面的资金投入。

适用范围：互联网的分销渠道不同于传统的分销渠道。传统的分销渠道伴随着商品的流通，而互联网的分销更多是在销售，不需要商品的中转，因此适用的行业范围更广。互联网的分销常用于电商网站，比如大型厂家通过淘宝、天猫、京东、唯品会或者微信渠道进行分销。互联网广告联盟（CPS分成）的本质实际上也是分销的一种。在朋友圈大行其道的微商，其本质也是分销模式。

（6）体验式营销模式

体验式营销是通过看、听、用、参与的手段，充分刺激和调动消费者的感官、情感、思考、行动、关联等感性因素和理性因素，引发消费者重新认知、理解和思考的营销方法。

体验式营销的核心在于：降低消费者的初次体验门槛，降低消费者购买心理压力和决策成本。消费者对于陌生的事物往往是排斥的，通过免费体验的方式可以快速重新建立用户对于一个新鲜事物的认知，从而构建起用户的品牌形象，产生好感后形成销售转化。

【案例】互联网金融理财平台“体验金”

体验金模式是互联网金融理财平台首创的一种运营模式。体验金就是平台给新注册的用户赠送的虚拟投资金，只能用来体验投资，按所投的标的收益计算利息。体验金不能提现，但利息可以提现。体验金模式可尽可能消除用户心理戒备，让用户体验投资理财的完整过程，增加对平台的信任度，引导用户在一定周期内养成登录网站的习惯，培养用户投资收益预期，从而引导用户发生真实投资行为。

适用范围：重决策型产品客单价高，且会涉及用户资金安全，对于这类产品，用户需要慎重决策后才能购买。对于重决策型产品，通过体验式运营模式可增加用户的信任度，降低用户决策门槛，进一步提高转化率，如股票行业的模拟炒股。还有一些产品，通过体验模式先引导用户发生真实的体验，但到中途中止，用户必须付费才能进行，如在线视频用户免费试看几分钟，当用户感兴趣想继续观看的时候就必须付费才能观看全部；某些培训网站，先试听或试学多长时间，然后付费才能继续学习，这些都是体验式运营的典型应用。让用户感受到产品或服务的好处后再营销，转化率会大大提高

（7）会议营销模式

会议营销是指通过寻找特定顾客，利用亲情服务和产品说明会的方式销售产品的运营模式。

会议营销的实质是对目标顾客的锁定和开发，对顾客全方位输出企业形象和产品知识，以专家顾问的身份对意向顾客进行关怀和

隐藏式销售。这种模式对商家出售产品、消费者了解产品都有很大帮助。

【案例】GrowingIO通过“数据驱动增长大会”高效率获取目标用户

GrowingIO 是由前 LinkedIn 美国商业分析部高级总监、Data Science Central 评选的“世界前十位前沿数据科学家”之一的张溪梦创办的，是基于用户行为的新一代数据分析产品。其无须埋点即可采集全量、实时用户行为数据。GrowingIO 数据分析更精细，可帮助管理者、产品经理、市场运营人员、数据分析师等提升转化率，优化网站和 APP，实现用户快速增长和变现。

自 GrowingIO 成立以来，先后获得人人贷、普惠金融、陌陌、58 赶集、宜人贷、北森、销售易、回家吃饭、猎聘等数千家客户的青睐。他们除了在数据产品上的优势外，通过会议营销进行客户教育、市场宣传、目标客户转化的运营模式也极具特色。GrowingIO 在北京、上海、深圳等一线城市举办“数据驱动增长大会”，如图 2-6 所示。

图 2-6　GrowingIO 数据驱动增长大会

邀请国内外的增长专家进行现场分享，邀请成功案例客户“现身说法”，极大地提升了 GrowingIO 在行业的知名度和美誉度。参加数据驱动增长大会的基本都是精准的目标客户，在大会上还能进行有效的销售转化。GrowingIO 还会不定期举办行业的线下沙龙，如图 2-7 所示。

持续举办线上数据分析的公开课如图 2-8 所示，进行市场教育和宣传，以低成本的方式进行精准目标客户的获取、培训和销售转化。

图 2-7　GrowingIO 数据驱动增长线下沙龙

图 2-8　GrowingIO 数据驱动增长线上公开课

适用范围：比较适合提供偏销售、企业服务和教育培训等类型业务的企业或产品。

（8）免费模式

免费是互联网的一大特征。免费模式通过免费给用户提供互联网的基础服务获取大量的用户，在此基础上通过展示广告、会员增值、付费服务、第三方分成等导流方式赚取商业收入。免费模式就是我们常听说的“羊毛出在猪身上”的模式。

免费模式的开创者为门户网站始祖雅虎，雅虎将传统报纸的商业模式搬上网络，提供免费的内容服务给用户，再通过展示广告获取收益。自雅虎后，免费模式被广为采用，包括搜索引擎、社交网络、即时通信、娱乐生活等。

【案例】360免费杀毒颠覆杀毒市场，建立“三级火箭”商业模式

奇虎 360 的业务模式被称为 Freemium，即 Free（免费）+Premium

（增值服务）。向个人用户提供免费的安全和杀毒服务，以此获取海量用户，在此基础上将用户导入浏览器和导航等产品中，向广告客户收费。

奇虎360的商业模式可分为四层，如图2-9所示。

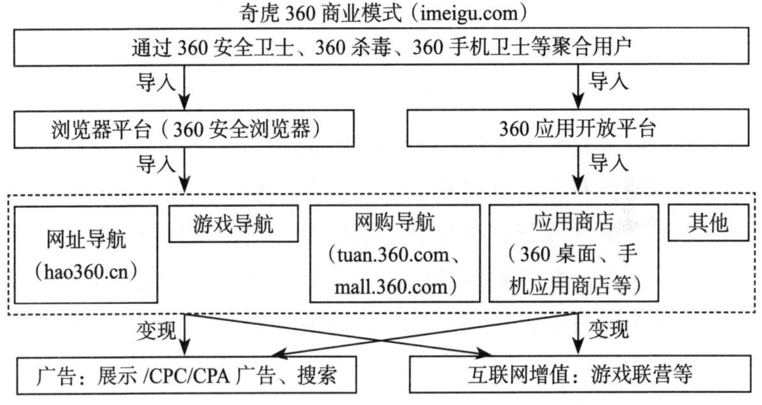

图2-9 奇虎360商业模式

第一层为免费产品服务层，主要通过360安全卫士、360杀毒、360手机卫生等产品提供核心安全服务，这些产品为奇虎360带来了巨大的用户群。

第二层为奇虎360的两大基础平台——浏览器平台与应用开放平台，奇虎360将核心产品层用户顺势导入这两大平台。

第三层为奇虎细分服务层，在两大平台基础上，奇虎360提供网址导航（hao360.cn）、团购导航（tuan.360.com）、搜索、影视、游戏导航、手机助手等服务。

第四层为最终盈利变现层，变现方式主要为广告与互联网增值服务。

适用范围：主要有以下几种情形。

❑ **基础功能免费+选择性付费。**代表产品为网络音乐下载服务。一些基础性的功能服务向用户免费，用户能够根据自己的需求来选择是否付费，比如为一些高品质音乐和个性化内容付费。

- **产品免费 + 会员收费**。代表产品为迅雷。使用迅雷下载免费，开通会员需要付费，开通会员可以享受更多的会员权益，如下载速度更快、资源更多等。腾讯 QQ 也是这种模式的经典代表，基础功能免费，会员增值服务收费，会员增值服务模式也是腾讯早期最核心的商业模式和收入来源。
- **前期免费 + 后续收费**。代表产品为移动文学领域。前期用免费聚拢人气，在免费的基础上，通过提供更有保障的品质服务，在基础服务的基础上提供更全面的功能应用，实现应用服务的“增值化”，向潜在用户收费。

（9）场景化营销模式

场景化营销是指针对消费者设计具体的消费场景，刺激消费者潜在的消费需求，从而有效达到企业运营目标的营销行为。

场景化营销的核心是具体场景中消费者所具有的心理状态和需求，而场景只不过是唤醒消费者某种心理状态和需求的手段。

【案例】懒投资“享乐计划”，理财电商场景化

“享乐计划”是懒投资推出的一款集消费与理财于一体的全新理财产品，用户只需要投资一定份额的懒人计划项目，即可立即免费获得对应商品，还可享受对应项目的理财收益，按月付息，到期还本。与简单地用实物产品来代替项目收益不同，投资“享乐计划”的用户可自由地选择“消费品”和“项目收益”在回报组合中的权重比例。商品本身并不是免费的，而是将利息收益提前以实物的形式发放给了用户。

如图 2-10 所示，用户只要选择 80600 元 12 月期的理财产品就可以 0 元拿一台 iPhone 7 手机，还可以额外享受 1612 元利息。当然也可以选择 19 万 6 月期理财产品。用户可以自行选择投资更长期限还是投资更多金额。

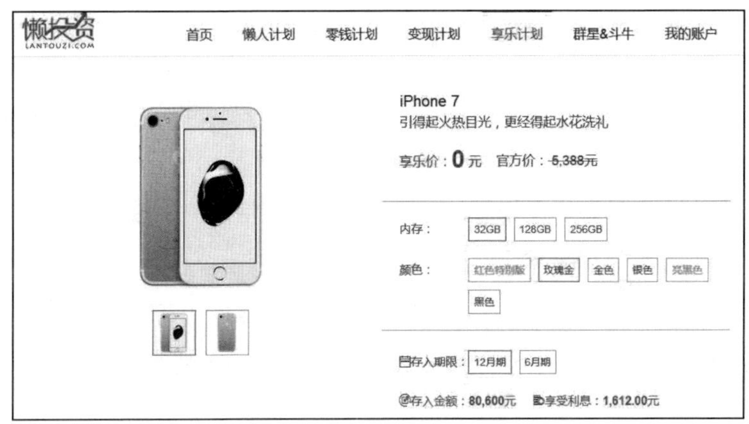

图 2-10　懒投资享乐计划

第 1 章讲了影响增长的 4 大关键因素，其中一个因素是“看不见的漏斗”，其中讲到了用户分类对增长的影响。金融本身是冰冷的，如果只挖掘那部分有纯投资收益需求的用户，则人群相对比较少，获客的手段会比较单一，成本也会很高，很容易使企业陷入同质化竞争当中，最终就是打价格战。

京东和蚂蚁金服为什么发展如此迅速？就是因为他们是建立在电商的基础上的，他们天然就有非常多的场景。金融本身就是消费链条上的一个环节，金融也是消费的一个延伸。在金融产品投资用户结构里面，除了大额高净值用户追求的只是投资收益以外，还有很多的中长尾的用户，个人总体投资额不会很高，这些用户可以通过电商场景将其转化成投资理财的用户，充分利用互联网的长尾效应吸纳大量投资资金。本来没有投资需求的用户，因为可以免费或分期拿到心仪的商品，就会产生投资行为，并且可以不断培养和转化，用户成长起来之后就会成为一个忠诚度很高的优质投资者。

京东白条、蚂蚁花呗、趣分期等产品通过商品分期支付降低了用户一次性大额支付的压力，让原本有购买需求但无力支付的用户形成了销售转化，反过来又促进了商品的销售，同时，还能形成利息收入，实现了金融和消费的完美融合。这类产品通过电商化场景，极大地降低了用户门槛，扩大了目标用户范围，也增加了更多转化的机会，对于拉动增长效果非常明显。银行类的 APP 基本上也是通过各种各样的场景，如分期付款、生活服务、缴费、积分兑换等，增加使用场景，促进用户活跃。

适用范围：场景化通常用于一些低频或者需求单一的应用，通过增加应用场景提升产品的使用频次，如互联网金融、银行、工具类应用；还有一类是购物和消费类应用，通过设置消费场景刺激用户购买欲望，从而形成更多消费。

（10）社群模式

社群是有共同爱好、需求的人组成的群体，其具有多种组成形式。在社群中，有内容、有互动。社群实现了人与人、人与物的连接，提升了营销和服务的深度，建立起了高效的会员体系，增强了品牌影响力和用户归属感，为企业发展赋予新的驱动力。

目前比较流行的社群是通过 QQ、微信、陌陌、网络社区等互联网产品建立的群组，以线上交流为主，与线下活动为辅，两者结合以实现群组会员维系、增加用户黏性、收集产品意见反馈、品牌宣传等目的。社群运营人员主要工作就是管理社群、制定群内规则、维护社群交流环境、策划社群活动等，以提升用户活跃度和参与度。做好社群首要条件是要建立一套有效的群规及高效的群组管理员。所有的交流和活动都必须在规则内，对于不遵守规则的人，管理员要及时处理；其次要培养一批意见领袖，通过这些人来引导其他群员交流，让社群活跃。

运营社群的几个重点策略：

- ❑ 社群的准入门槛；
- ❑ 持续的高质量内容输出；
- ❑ 线上线下活动相结合；
- ❑ 培养社群用户的身份认同感；
- ❑ 社群内部利益共赢；
- ❑ 意见领袖及社区人群的有效划分和管理。

【案例】罗辑思维的社群运营

罗辑思维从视频脱口秀起家，在微博和微信中积累了大量的粉丝群，然后通过内容引流将用户沉淀到知识付费社群产品“得到”APP 中，从而建立起一个知识付费社群。罗辑思维首先将目标用户定位为 85 后白领读书人。这类人群有共同的价值观，并渴望在社群中找到精神上的优越感。罗辑思维为这群用户提供独立思考的启蒙和捷径，最大程度唤起用户独立思考的能力，激发用户的动机并养成分享的习惯。

罗振宇于 2012 年 12 月开设公号“罗辑思维”，8 个月内在微信上吸引了 50 万听众，“罗辑思维”的视频也有了 3000 万的播出量。罗辑思维推出“史上最无理”的付费会员制，5000 个普通会员的会费为 200 元；500 个铁杆会员的会费为 1200 元。结果这 5500 个会员名额只用半天售罄，160 万元入账。2016 年 5 月“得到”APP 上线，已有超过 400 万用户使用，付费用户超过 100 万。“得到”联合李翔、李笑来等垂直行业知识大牛策划，制作了《李翔商业内参》《通往财富之路》等精品付费音频专栏，目前由 15 个子栏构成，内容产出者主要为商业、经济、文化等领域 KOL。每个子栏价格大多为 199 元 / 年，订阅后即可享受到一年 52 周不间断更新。其中李笑来《通往财务自由之路》的课程拥有164 291名订阅者（截止2017年6月29日），销售额高达3269万人民币，展现了极强的吸金能力。

适用范围：社群可分为5个类型。

- 产品类社群：类似小米、锤子的粉丝群，社群里基本都是产品粉丝和忠实用户，大家关注的是这个产品和品牌。以线上交流为主，少量线下活动为辅，会定期或不定期举办线下的粉丝节或粉丝活动，增加粉丝忠诚度和黏性。小米社群的用户主要集中在小米的产品官方社区，社区包括资讯、论坛、应用、小米产品测评、社群服务及展示平台等多项功能，用户也可以通过微博和微信进行互动。小米利用社区运营与社会化营销打造小米模式的社群经济，从而不断拓展自身的产品线。小米社区是品牌社群的典型代表。小米社区论坛的月度活跃用户为1000万，小米社群微博粉丝61万，小米手机微博粉丝1483万。
- “同好”类社群：代表者为罗辑思维、吴晓波频道等，社群用户追求的是一种身份的认同，一种优越感。
- 知识类社群：代表者为PMCaff、人人都是产品经理等，社群用户关注的是自身的成长，所以看重的是社群能否有持续干货输出。
- 资源类社群：像正和岛、黑马会，混沌研习社等都是聚集了行业精英的社群，用户在里面的主要目的是拓展自己的人脉资源，希望能建立合作关系。正和岛于2011年创办，是中国企业家阳光互助成长平台，注重人脉帮扶与价值分享，主要为企业家人群建立专属的Facebook、微信与微博。截至目前，拥有超过5000位企业家会员，500位专家学者、媒体领袖和82个部落组织。

- ❑ 混合类社群：上述各类型可能都会涵盖，以职业、行业等划分的社群均属于此类，如母婴群、汽车群等。

运营模式除了上面讲到的 10 种外，还有如 O2O 模式、众筹模式、会员模式等，这里就不介绍了。核心还要根据自己的行业特征和商业模式探索出一种适合自身发展的运营模式。

2.2　分析商业模式，确定增长的核心指标

2.2.1　商业模式 vs 运营模式

1. 商业模式

商业模式是一种包含了一系列要素及其关系的概念性工具，用以阐明某个特定实体的商业逻辑，如图 2-11 所示。

简单来说，商业模式就是公司通过什么途径或方式来赚钱。饮料公司通过卖饮料来赚钱，快递公司通过送快递来赚钱，网络公司通过点击率来赚钱，通信公司通过收话费赚钱……只要有赚钱的地方，就有商业模式存在。商业模式是一种简化的商业逻辑，依然需要用一些元素来描述这种逻辑。

- ❑ 商业的本质是价值交换，要交换价值，首先就得创造价值，因此有两个问题一定要搞清楚：你的目标客户是谁？你能为他们提供什么价值？
- ❑ 给客户带来价值之后你怎么赚钱？
- ❑ 你有什么资源和能力能同时为客户创造价值和为公司盈利？
- ❑ 你如何实现盈利？
- ❑ 目标用户集中在什么地方，采取什么途径来接触他们？
- ❑ 成本结构：所使用的工具和方法需要的费用。
- ❑ 收入模型：即公司创造财富的途径。

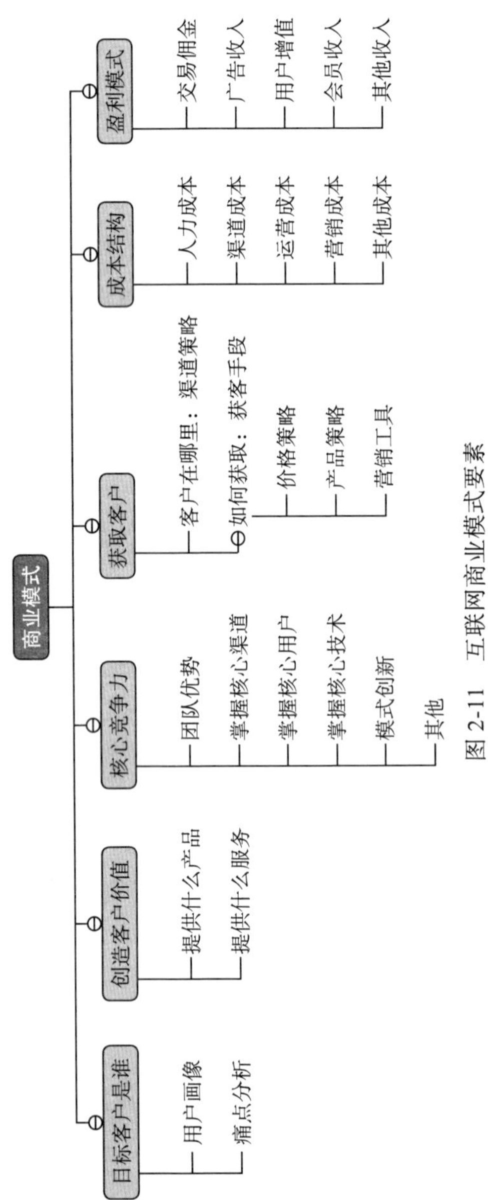

图 2-11　互联网商业模式要素

2. 运营模式

运营模式是企业的经营方法，就是吸引客户、雇员和投资者，在保证盈利的前提下向市场提供的产品和服务以及组织形式。企业的运营模式就是这个企业持续不断地获取利润的方法的集合。任何一种商业模式都是通过具体的运营模式来实现的，而有真正商业价值的运营模式都是以盈利为最终目的的。为此，盈利模式是赚钱的具体手段，其最终是通过运营模式来实现其整体商业模式。

简单理解：**商业模式是一个平台，运营模式是这个平台之下的战略，而盈利模式是战术。商业模式偏重于如何赚钱，运营模式偏重于赚钱过程中的管理。**

2.2.2　6 大互联网商业模式的核心增长指标

赚钱方式决定了应关注的指标。赚钱方式也就是所谓的商业模式，它取决于如何销售、如何送达产品或服务、如何获取客户以及如何从客户身上赚钱。根据获取渠道、销售手段、营收来源、产品类型和送达模式，互联网公司常见的商业模式及其增长核心指标可以分为以下 6 种。

1. 电子商务

电子商务有多种交易模式，如 B2B、B2C、C2C、B2B2C、C2B 等，每一种交易模式背后的商业模式存在很大的差异，需要分别讨论。这里重点讲解目前最主流的 B2C 模式。

对于 B2C 模式具体分析如下：

- **目标客户：**通过互联网购物的用户。
- **用户价值：**电子商务给用户提供的是一种便捷的在线购物体验，用户通过网上下单，完成支付（或货到付款），最快当日即可送货上门。电子商务极大地降低了开店成本、渠道分销成本和商品周转流通成本，极大地降低了用户终端零售价。用户可以在互联网上购买到优质的、高性价比的商品，这是电子商务提供的核心用户价值。

- **核心竞争力**：包括商品价格、物流速度、购物体验、商品品类的丰富度、商品的采购能力和运营能力。
- **获客渠道**：互联网渠道，如搜索、导航、在线广告等；线上线下品牌宣传，提升品牌知名度，从而提升自然访问用户量。
- **成本结构**：包括人力成本、商品采购成本、运营成本、物流成本、库存成本等。
- **盈利模式**：电子商务的本质是零售，只是销售渠道和交易达成从线下转移到线上，其核心还是以物换钱，其商业模式的基础是赚取商品的价格差，以及收取一定的商家服务费或分成。随着互联网金融的发展，电子商务平台在交易的基础上给商家和用户提供互联网金融服务，给商家端提供供应链金融服务，给用户端提供投资理财资金增值服务，进而衍生出更多的盈利模式。

电子商务模式的增长取决于买卖双方的数量、质量以及买卖达成的效率。买卖双方达成的效率取决于 3 个方面：

- 商品的品类和数量是否能覆盖足够多用户的购买需求；
- 商品的价格是否有足够的市场竞争力；
- 电子商务平台的产品体验是否好，如购买流程的用户体验、物流的速度、售后服务质量等，这些都是影响购买转化率的因素。

因此，电子商务的几个增长核心指标可以确定为：**商品数量（含商品品类的数量和单一商品数量）、用户规模、成交总金额、交易达成率**。

2. 媒体网站

媒体网站是互联网最早的一种产品形态和商业模式，网站提供信息内容供用户访问，典型代表有新浪、搜狐、网易、腾讯、人民网、凤凰网、CCTV、新华网等。垂直的科技类媒体有 36kr、虎嗅等。

- ❑ 目标客户：互联网用户。
- ❑ 用户价值：给用户提供免费的新闻资讯和行业动态。
- ❑ 核心竞争力：内容采编的质量，内容更新的速度。
- ❑ 获取用户：通过内容自身的传播、搜索引擎收录、用户主动访问及其他工具类软件获取用户。
- ❑ 成本结构：包括人力成本、运营成本。
- ❑ 盈利模式：植入在线广告获取商业收入。

媒体网站的核心指标：优质内容数量、用户访问量、广告收入。

3. UGC 网站

UGC（User Generated Content）指用户将自己原创的内容通过互联网平台进行展示或者提供给其他用户。用户既是内容的消费者，也是内容的创造者。内容由用户主动生产，每个用户都可以生成自己的内容，而不像是以前那样，只有某一小部分人才能生产内容。

正是由于 UGC 的快速发展，互联网上的内容飞速增长，形成一个多、广、专的局面，对人类知识的积累和传播起到了非常大的作用。但要注意的是，因为每个人都可以生成内容，故可能带来很多错误、虚假和片面的内容，所以自己要判断，平台也要做审核。YouTube 等网站是 UGC 的成功案例，社交网络、视频分享、博客和播客（视频分享）等都是 UGC 的主要应用形式，其他典型代表如微博、知乎等。

- ❑ 目标客户：所有互联网用户。
- ❑ 用户价值：为用户提供新闻、娱乐、资讯及某一垂直领域的专业内容等。

- ❑ 核心竞争力：运营能力、获取可创造优质内容用户的能力、内容运营能力。
- ❑ 获取用户：搜索引擎、应用市场及内容的自传播等获取用户。
- ❑ 成本结构：包括人力成本、运营成本。
- ❑ 盈利模式：广告或捐助（如：打赏）模式、会员付费模式等。如知乎，通过高质量的问答生成内容，再通过广告进行流量变现。

UGC 网站的核心指标：优质内容数量、可生产内容的用户数、消费内容的用户数、广告收入。

4. 互联网金融

互联网金融是指传统金融机构与互联网企业利用互联网技术和信息通信技术实现资金融通、支付、投资和信息中介服务的新型金融业务模式。互联网金融不是互联网和金融业的简单结合，而是在安全、移动、支付等网络技术成熟和被用户接受后，自然而然为适应新的需求而产生的新模式和新业务，是传统金融行业与互联网技术相结合的新兴领域。

互联网金融就是互联网技术和金融功能的有机结合，依托大数据和云计算在开放的互联网平台上形成的功能化金融业态及其服务体系，包括基于网络平台的金融市场体系、金融服务体系、金融组织体系、金融产品体系及互联网金融监管体系等，并具有普惠金融、平台金融、信息金融和碎片金融等相异于传统金融的金融模式。

互联网金融主要的应用场景包括互联网支付、财富管理、金融科技（个人征信，如蚂蚁金服的芝麻信用）、现金借贷等。本节重点讲解财富管理（即投资理财平台型业务模式）。

- ❑ 目标客户：具备互联网支付能力的投资理财用户。

- 用户价值：为用户提供便捷、安全且远高于银行理财收益的投资组合产品。
- 核心竞争力：包括风控能力、支付通道能力、平台品牌信任背书能力、获客能力、金融产品创新能力。
- 获取用户：通过搜索引擎、社交媒体、在线广告、应用市场、线下地推、口碑传播等获取用户。
- 成本结构：包括人力成本、资金成本、运营成本、营销成本、资产坏账成本。
- 盈利模式：低息获取用户资金，高息往外投资赚取利差，同时扣除产生坏账风险的拨备金。

互联网金融核心指标：资金规模、利润、对外投资优质资产数量、活跃投资用户数。

5. 工具软件

工具软件包括两类：一类是我们常用的上网工具类软件，如浏览器、杀毒软件、下载软件、搜索引擎、音乐软件、办公软件等，主要为个人用户提供上网服务；另外一类是 SaaS（Software-as-a-Service，软件及服务）工具，是一种基于互联网提供软件服务的应用模式，更偏向于为企业提供软件服务。

- 目标客户：互联网个人用户和企业用户。
- 用户价值：个人上网类工具向用户提供更加便捷、快速的上网服务，以及提升用户在某一垂直领域的使用效率；SaaS 是解决企业上网或企业运营效率的问题。
- 核心竞争力：便捷、快速、易用、提升企业运营效率。
- 获取用户：通过软件市场、搜索引擎或销售渠道、品牌宣传等获取客户。
- 成本结构：包括人力成本、渠道成本、营销成本、销售成本。
- 盈利模式：个人免费类软件常用的盈利模式是靠免费工具

积累大量的用户，然后通过广告和流量分发实现商业收入，如我们前面讲到的奇虎360的商业模式。SaaS类软件是根据企业需求按需提供服务，并以月费或年费的形式获取收益，通过付费功能或广告等获得商业化收入。

工具软件核心指标：工具使用用户数、付费用户数/企业数、商业化收入。

6. 双边市场（O2O/C2C/B2B），平台模式

双边市场是由买家、卖家和平台三方组成，买家和卖家通过平台达成交易或提供服务。双边市场的核心要点有两个：

- 市场中有两个不同类型的用户，它们通过同一个平台来发生作用或进行交易。
- 一边用户的决策会影响另一边用户的结果。以淘宝为例，两边用户分别是指消费者和商家。如果没有消费者，商家就不愿意来开店，而没有足够多的商家来开店，消费者也不愿意来消费。

为了吸引一边用户，平台需要拥有大量的另一边用户，但同时，只有这一边有大量的用户时，另一边用户才愿意通过这个平台进行交易。因此，平台面临着首先培养和建设哪一边用户的问题，也就是平台如何来平衡两边用户的需求以保证交易量最大的问题。平台型模式就像一辆脚踏车的两个脚踏板，需要两端协同发力，才能稳步前进。

平台运营模式，最重要的是“保证让卖家或内容提供者赚到钱”。因为，卖家或内容提供者一旦赚到钱了，也就有了发布好的商品/更新内容的动力，网站上的商品或内容资源就丰富了，用户自然就纷至沓来，网站赚钱也就不难了。这就是一个良性循环的生态系统。同时，这也是开放平台的难点：如何找到平衡点，构建这

样一个良性循环的生态系统，达到三赢？

- 目标客户：符合平台产品定位的用户，平台为用户提供丰富的购买选择。平台模式也属于长尾模式，覆盖的用户需求广泛，像淘宝被戏称为“万能的淘宝”，就是因为淘宝的卖家数量足够多，覆盖的范围足够广，是一个非常大的长尾市场。
- 核心竞争力：平台运营效率、获取买卖双方用户的能力。
- 获取用户：在线营销，发动商户通过站外为自己宣传，同时也为平台带来用户。
- 成本结构：包括人力成本、运营成本、研发成本。
- 盈利模式：通过帮助买家和卖家在网上达成交易，获取佣金收益；为商家提供推广服务，获取推广费，以及收取平台服务费等。

平台模式和自营模式的区别：平台模式的核心是流量分发，对需求和供给进行有效的匹配，促进交易达成的效率；自营模式的核心是将流量转化成首次购买用户，再将首次购买用户转化成一个忠诚用户，培养用户持续性购买。前者的核心是提升流量的变现率，后者的核心是单个用户的消费频次、金额，以及整个用户生命周期的运营管理。

平台模式核心指标：活跃卖家数、活跃买家数、交易达成效率、交易金额。

2.3 拆解核心指标，制定增长战略

前面讲到了不同商业模式的增长核心指标。一旦确定了核心指标就需要围绕这些指标进行拆解，分析实现核心指标的路径，分解出更细的业务指标，指导各个团队开展具体工作。增长战略从核心

指标延展出来，通过一系列公式拆解出细分指标，将前文讲到的驱动业务增长的 7 大要素中能量化的指标全部量化，并通过一系列公式和指标将他们串联起来，形成一个增长模型。分析各个环节的转化率，分析增长瓶颈出现在什么地方，有针对性地解决瓶颈，通过数据驱动增长。

2.3.1 如何拆解核心指标

核心指标拆解有两条主线：按照主要业务流程拆解和按照营销漏斗模型拆解。

1. 按照业务流程拆解

业务流程是为达到特定的战略目标而由不同的人分别共同完成的一系列活动。业务流程是有层次性的，这种层次体现在由上至下、由整体到部分、由宏观到微观、由抽象到具体的逻辑关系中，这样的层次关系有利于企业增长模型的建立，以及为了完成增长核心指标企业部门之间的配合关系。拆解业务流程就能明确地指导企业应该在哪些环节发力，需要哪些部门协同，以及做什么事情，最终指导增长落地。

增长目标、战略战术、业务流程、组织架构之间的关系如下：

- 目标：确定业务需求和增长目标是什么。
- 战略与战术：分解业务流程、制定增长战略、确定需要什么样的任务，以及如何执行。
- 组织架构：确定部门组织架构及岗位如何分工协作。
- 细分流程：不同的部门在协作完成某项任务时的细分流程。

流程图是一种简单扼要的“缩略俯瞰图”，可帮助员工快速了解业务如何运转。它包含了几个关键词：谁、什么时候、在什么条件下、做了什么事情、输入什么、输出什么、输出给谁等。

一般来说，先建立业务流程的总体运行过程，然后对其中的每项内容进行细化，落实到各个部门，建立相对独立的子业务流程及为其服务的辅助业务流程和指标。

详细拆解步骤如图 2-12 所示。

运用5W1H方法描述清楚基本问题	确定顶层业务流程	从顶层业务流程开始向下逐步拆解
Who：谁是主要顾客？ What：什么是必须要满足的需求？ Why：为什么我们要满足这些需求？ Where：何处需要我们提供产品或服务？ When：何时需要我们满足这些需求？ How：如何实现上述各项任务？	对满足需求和提升业绩有直接作用的流程 能讲清楚这个业务最基本的逻辑。 顶层业务流程图是业务全局的简单表达	从顶层的业务流程开始分解，由粗至细，生成二、三、四级的流程图 根据业务的复杂程度决定拆解到什么程度，直至不能再拆解为止。

图 2-12　如何拆解业务流程

第一步：运用 5W1H 方法描述清楚基本问题。

- ❑ 谁（Who）是我们的主要顾客，谁（哪些团队）应该在流程中发挥作用？
- ❑ 什么（What）是我们必须要满足的需求？什么是主要需求？什么是次要需求？
- ❑ 为什么（Why）我们要满足这些需求？
- ❑ 何处（Where）需要我们提供满足需求的产品或服务？
- ❑ 何时（When）需要我们满足这些需求？及时性与反应速度的重要性如何？

- 如何（How）实现上述各项任务？需要什么流程？怎样管理这些流程？需要哪些技术手段？

第二步：确定顶层业务流程。

顶层业务流程是指对满足顾客需要和提升企业业绩有直接作用的流程，能讲清楚这个业务最基本的逻辑。顶层业务流程图是业务全局的简单表达。

第三步：从顶层业务流程开始向下逐步拆解。

从顶层的业务流程开始分解，由粗至细，生成二级、三级、四级的流程图，根据业务的复杂程度决定拆解到什么程度，直至不能再拆解为止。

【案例】P2P网贷平台业务流程拆解

P2P 网贷平台的顶层业务流程如图 2-13 所示。

P2P 最底层的逻辑是撮合交易，撮合借款人和投资人之间的交易，帮助借贷双方进行资金匹配。在整个借贷流程当中，要进行信息和资金的流通。

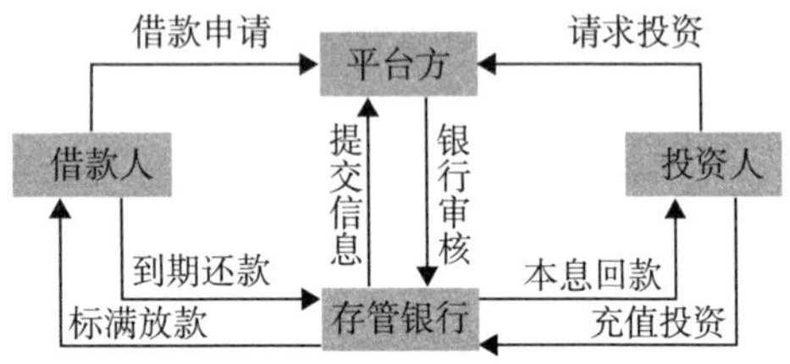

图 2-13　P2P 网贷平台顶层业务流程

P2P 平台是信息平台，充当的是信息中介的角色。借款人、投资人、平台方三者之间是信息流通。

而一旦信息匹配完成，就要进行资金流转。投资人要充值投资，借款人要获得借贷的资金，这些要通过存管银行（或者第三方支付平台）来完成，借款人、投资人、存管银行（第三方支付）三者之间是资金流通。

而平台方和存管银行之间是信息的传递和确认。当投资人请求充值投资时，平台方将信息传递给存管银行，银行确认后开始划扣款项。

在底层的信息流和资金流之上，是 P2P 的借贷业务流，如图 2-14 所示。

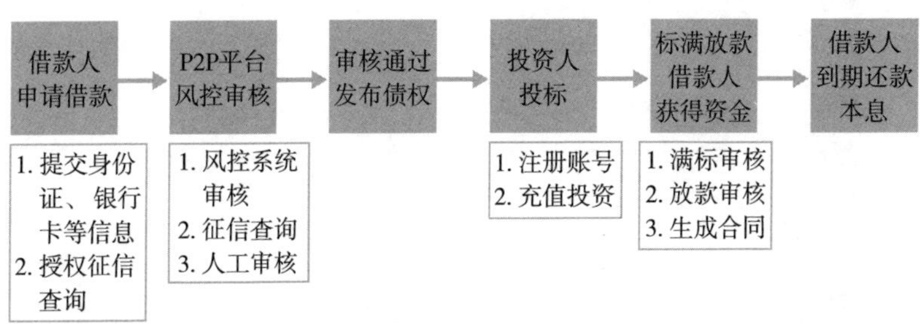

图 2-14　P2P 网贷平台核心业务流程业务流程二级拆解

借贷业务流程由借款人开始：

1）借款人申请借款，需要通过实名认证来核验自己的真实身份，同时提交相关的个人信息。

2）平台收到借款请求和借款人提交的资料后，风控系统会对借款人进行审核，会调用第三方的征信系统（一般是央行的征信中心）查询该借款人是否有不良的信用记录。系统完成审核后会生成评估报告，一部分会直接通过审核，一部分则会遭拒，还有一部分会进入人工审核流程。平台的风控人员会通过电话回访或现场确认等方式再一次对借款人进行核验。

3）通过风控审核后，会进行借款审批，审批通过后，发布借款债权。

4）债权发布后，投资人通过平台看见债权信息，即可进行投资。

5）当债权募集完成并通过放款审核后，项目即会放款，借款人获得资金，同时生成借款合同。

6）债权到期后，借款人还款，投资人则获得本金以及投资收益。

7）借贷交易完成。

借贷业务流再拆分，是借款人、风控端、资产端、投资人、资金端五方的业务流转，如图 2-15 所示。

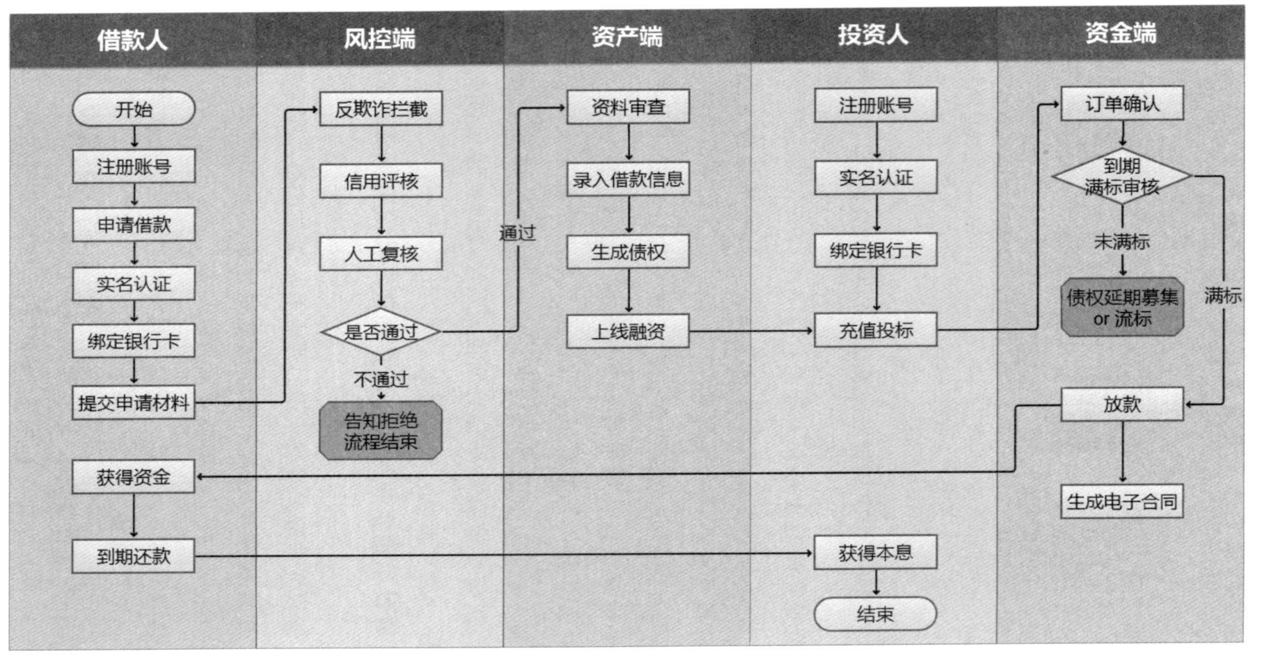

图 2-15　P2P 网贷平台核心业务流程业务流程三级拆解

1）借款人先注册平台账号并申请借款，借款人需完成实名认证并绑定接收资金的银行卡，同时提交申请借款所需的相关资料。

2）平台接收到借款信息和申请材料后，开始走风控流程，风控系统先进行反欺诈拦截，将可疑用户筛选出来。对通过反欺诈拦截的用户进行信用查询和评估，系统评估完成后，借款人还需进行人工复核，复核通过后，资产端开始介入。

3）资产端会对借款人以及借款信息资料进行审查，审查过后，录入借款信息生成债权，并将该债权上线融资，P2P 平台的用户端页面即会将该债权信息展示出来。

4）投资人在平台内查看到债权信息后，即可投资购买债权。在投资之前，投资人需要在平台注册账号，完成实名认证并绑定充值和提现的银行卡。

5）投资人投标后，资金端会进行订单确认。在债权募集期结束或募集完成后，会进行满标复核，到期未满标则可选择延期募集或流标，满标则可进行放款，同时生成借款的电子合同。

6）放款后，借款人获得资金，同时借款人需要在每个还款日进行还款，直到最后一个还款日还完所有款项，投资人获得本金及投资收益。

2. 按照营销漏斗模型拆解

营销漏斗模型指的是营销过程中将访问用户或潜在用户逐步变为购买用户的转化量化模型。营销漏斗的关键要素包括营销的环节、相邻环节的转化率。营销漏斗模型的价值在于可量化和可拆解营销过程各个环节的效率，帮助我们找到薄弱环节。

营销漏斗模型重点在于量化，从用户访问起点到终点，每个环节都会产生用户流失，依次递减，每一步都会有一个转化率，根据用户每个环节产生的转化率数据做分析。用户从访问到购买不止一条路径，每一条路径都是一个漏斗，最终的目的都是成交转化。

用户的每一步访问，从最大的展现量到最小的订单量，一层层的缩小表示不断有用户因为各种原因离开，对企业失去兴趣或放弃购买。我们需要做的是根据现存的用户路径，整理出各个环节的漏斗模型数据，分析每个环节可能造成用户流失的因素，进行针对性地优化，从而提升整体的成交转化率，提升增长核心指标。

需要提醒的是，**整个用户行为以最终的成交为评价标准，各环节的转化率息息相关，不能简单地只看某个环节的转化率，要以最终的成交转化率为核心转化率来指导优化。**

详细拆解步骤如下：

第一步：确定核心指标及公式：利润 = 销售额 × 利润率 − 成本。

公司利润主要与销售额、成本和利润率密切相关，销售额乘以毛利润率，再减去企业的总成本就是企业的毛利润（净利润还要扣除企业缴纳的所得税等费用）。

第二步：对核心指标逐一进行拆解，如图 2-16 所示。

对销售额的公式进一步拆解：销售额 = 流量 × 转化率 × 客单价 × 购买频次。

流量又可以拆解为直接流量和站外流量，如图 2-17 所示。

直接流量是指用户通过直接输入域名或打开收藏夹等直接方式来访问，这一般是网站品牌自身带来的流量；站外流量是指通过在自身网站以外的各个渠道投放广告或进行资源互换带来的流量。

转化就是各个流量进入网站之后带来的每一步转化过程。转化率主要包含注册转化率、添加到购物车的转化率、下单转化率和支付转化率。

最终的转化率的提升来源于每个环节转化率的提升，可分别从流量的获取、站内的体验分别拆解出不同的分类，找出对应的提升办法，如表 2-1 所示。

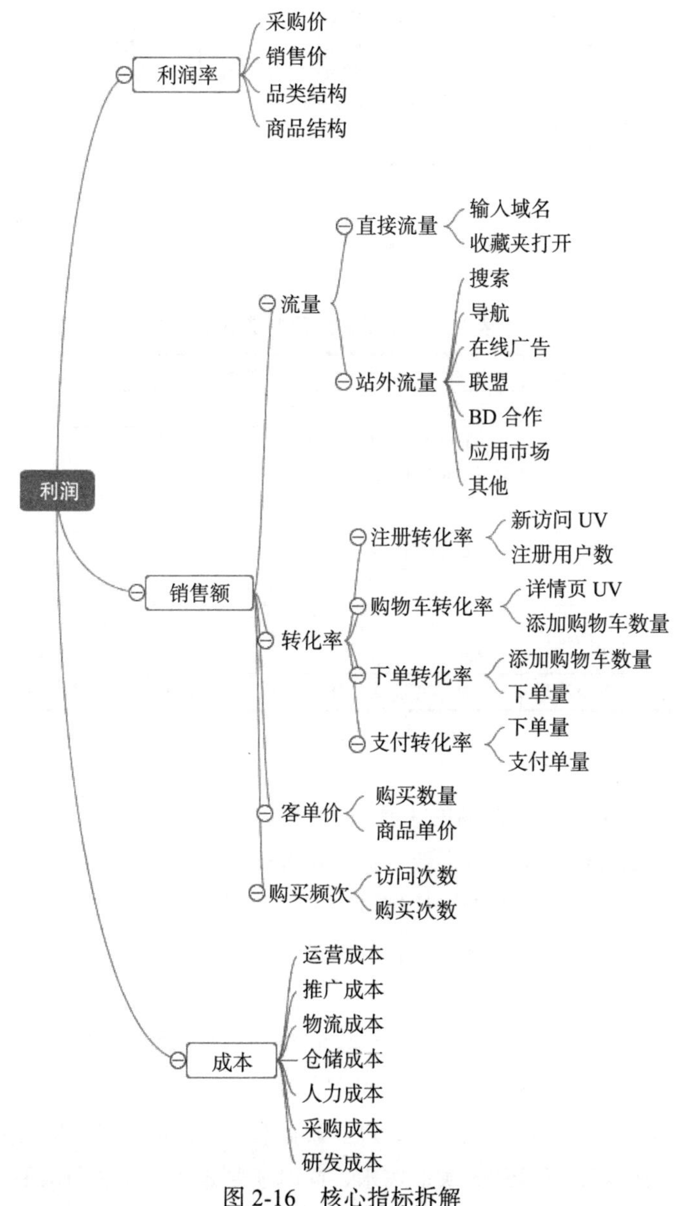

图 2-16　核心指标拆解

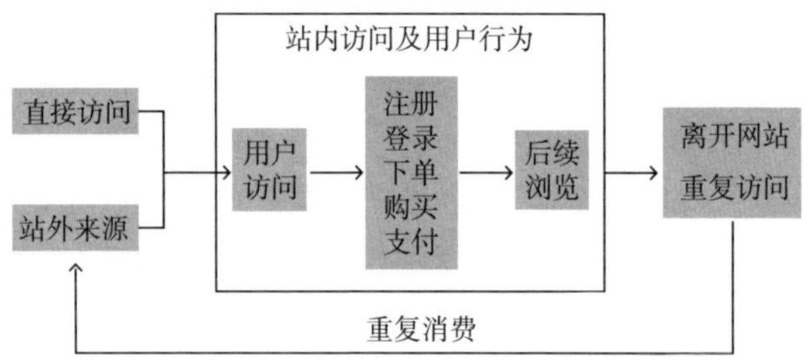

图 2-17　流量来源及访问路径

表 2-1　转化率提升方法分类

转化率	分类	方法
推广优化	用户匹配	找到精准目标人群
	形式匹配	根据不同的渠道，确定不同的推广形式，如文字链、产品植入、展示广告等
	内容匹配	根据渠道特点、用户属性制定相应的内容
用户体验	产品体验	页面加载速度、产品功能体验等
	视觉感受	页面视觉感受：简洁、逻辑、舒服
	站内推广	内容关联度，站内交叉推广，提高内容效率，形成站内流量循环
登录注册	登录注册	注册清晰简洁，登录方便，提高注册数和登录数

（1）利润率

利润率主要与商品的采购价和销售价密切相关。要想利润率高，要么降低采购成本，要么提高零售价格。但在激烈的竞争环境中，提高零售价会影响市场销量，价格是一把双刃剑，要在采购价和销售价之间实现动态平衡，既满足市场竞争的需要，又能提升企业的利润率。另外，利润率与网站整体的品类结构和商品结构有关。企业用于拉新、获客的流量品类通常是战略性亏损，打价格战，用于保持市场竞争力，利润率会偏低，甚至是负数。需要将新用户导流到其他高利润品类，以实现盈利。不同的品类，既要满足用户的拉新、活跃以及关联需求，同时还要兼顾企业盈利水平，保证用户规模的增长、销售额的增长和企业收入的增长是正相关的。

（2）成本拆解

成本拆解可分为运营成本、人力成本、采购成本、物流成本、仓储成本、推广成本、研发成本等。

- **运营成本：**运营成本主要是指在用户运营和日常经营过程中产生的成本，以及为了提升用户后续的流程和活跃度而产生的成本。当一个用户产生多次消费，形成品牌忠诚度之后，就意味着老用户的利润贡献不断增加，变相地降低了平均获客成本，因此，运营成本的总支出是递增的，但边际成本是递减的。
- **人力成本：**主要包括员工工资和福利等成本。人力成本与人均效率有很大关系，即总体业绩除以员工总数，大致能估算出人均效能。另外，不同的人员结构也与人力成本有很大的关系。降低人力成本可以从人均效率和人员结构两方面进行。
- **物流成本：**物流成本属于固定成本，是没办法降低的，如因车辆折旧、运输、搬运等产生的成本，但随着一次性搬运量的增加，件均成本是下降的。以京东为例，随着京东整体销售规模的增加，在每个城市覆盖的密度增加，配送员配送的效率不断提升，从而降低了每件商品的物流成本。
- **仓储成本：**零售和电商是有仓储的。传统零售各级分销，在商品搬运过程中每一次搬运都会增加一部分仓储成本。电子商务 B2C 模式减少了中间的分销环节，极大地降低了仓储成本。像京东在各地建设了大型的仓储中心，本质上是在提升从生产厂家到用户手中的仓储和物流的效率，也是在降低仓储成本。仓储成本也与商品的销售规模和速度有很大的关系，商品销售速度越快，商品周转时间越短，仓储成本越低。

- **采购成本：**采购成本跟规模有很大的关系。采购量越大，议价能力就越强，采购成本就越低，越能保持在市场上零售价格优势。
- **推广成本：**推广成本包含品牌推广成本和流量采购获客成本。品牌推广是用于增加品牌知名度，获取自然流量的费用，这部分很难单独估算，在企业中是最难直接衡量的，但只有品牌知名度提升，流量采购的转化率才会提升，获客成本才会降低。流量采购的获客成本 = 流量采购总费用 / 新增购买用户数。所有获取的注册但未购买用户所支出的费用全部要均摊到新增购买用户数上，因此从注册到首购的转化率非常关键，这个直接决定了获客成本的高低。通过改进获客手段，获取精准用户，可提升注册到首购转化率，进而有效降低获客成本。
- **研发成本：**是指企业进行研究与开发无形资产过程中发生的各项支出。这部分成本包含研发所需要的服务器、带宽等固定资产成本和研发人力成本。这部分成本的分摊也跟规模有很大的关系，业务规模越大，边际成本越低。

总结来看，各项成本支出跟销售的规模和运营的效率有很大的关系。企业在实际运营过程中，要合理优化成本结构，提升资金的使用效率，有时候在什么都不变的情况下，调整成本结构，把资金投入到产出效率最高的地方也会实现增长。成本的背后反映的是企业实际的经营状况，要节省成本支出，但在该花钱的地方也要敢花钱，把钱花到刀刃上。

第三步：将指标量化。

图 2-18 分别给出了每个字段明确的指标定义。

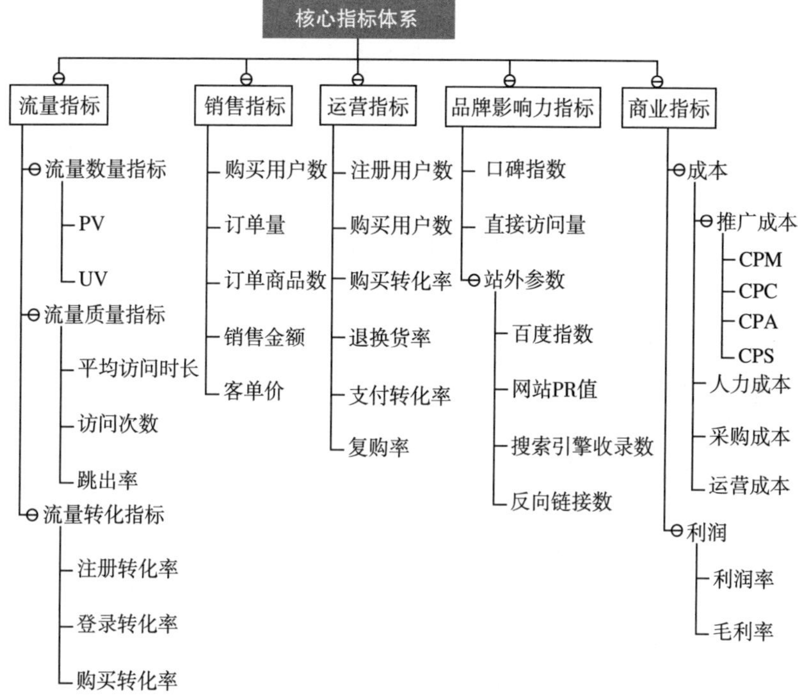

图 2-18 核心指标体系

（1）流量指标

- UV：独立访问者数量（unique visitors）。
- PV：页面浏览数（page views）。
- 访问时长：用户访问的时间，衡量流量的质量。
- 跳出率：衡量用户访问的深度。
- 转化率：衡量流量的质量及转化效果。

（2）销售指标

- 购买用户数：最终发生支付的实际用户数量。
- 订单量：发生实际支付的用户数总共产生的支付订单。
- 订单商品数：所有订单的商品数量之和。

- ❑ 销售金额：用户支付的总金额。
- ❑ 客单价：每个用户支付的金额。

（3）运营指标

- ❑ 注册用户数：发生注册行为的用户数，反映注册用户增长情况。
- ❑ 购买用户数：发生实际支付行为的用户数，反映实际成交情况。
- ❑ 购买转化率：购买用户数除以注册用户数，反映注册用户的转化情况。
- ❑ 退换货率：发生退换货的订单数除以总订单数，反映商品的运营情况。
- ❑ 支付转化率：支付成功订单数除以总订单数，反映支付通道是否顺畅以及用户为何放弃订单。
- ❑ 复购率：一段时间内重复购买的用户数除以总用户数，反映用户的活跃度数。

（4）品牌影响力指标

- ❑ 品牌影响力指标主要是给网站带来主动访问流量。主要是通过 SEO 搜索引擎优化带来搜索的流量，以及用户主动访问的流量。

（5）商业指标

- ❑ 商业指标反应企业的实际成本和盈利情况。
- ❑ CPM：每千人印象成本（Cost Per Milli-impression）。
- ❑ CPC：单位点击成本（Cost Per Click）。
- ❑ CPA：平均行动成本（Cost Per Action）。
- ❑ CPS：平均购买成本（cost per salse）。

【案例】电商网站的漏斗模型

以电商网站的核心购买流程为例。本例以最终支付成功为终点，分析网站流程每个步骤的流失率，并用漏斗模型展示客户流失的地方与原因。

如图2-19所示，营销漏斗的7个层级对应了用户转化的各个环节，反映了从展现、点击、访问、添加购物车直到生成订单过程中的客户数量及流失情况。

（1）展现量

流量处于第一层级，在营销漏斗的最顶端。常见的问题是流量偏低，不知如何获取更多精准流、有效流量。

影响因素：渠道流量大小、推广素材、推广文案。

解决方案：拓展更多的流量渠道；提高单个渠道流量来源，采取联合运营，优化推广文案、创意、素材等。

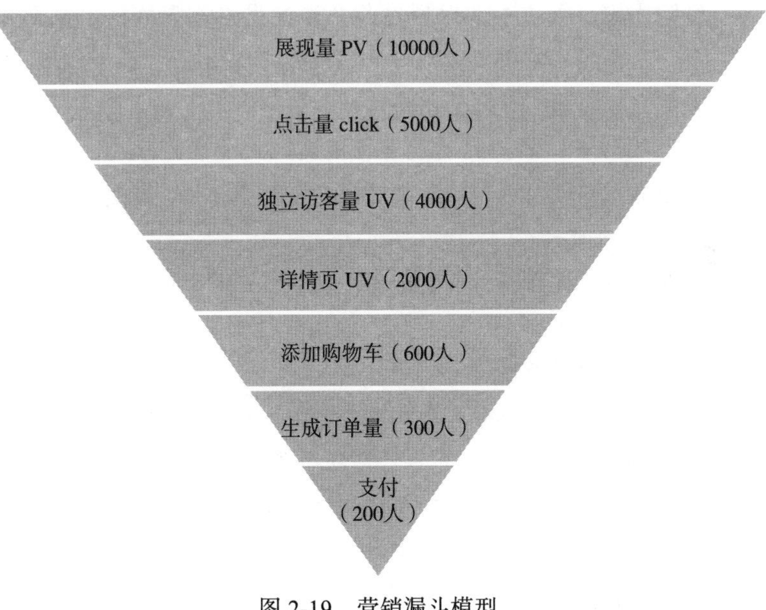

图2-19　营销漏斗模型

（2）点击量

常见问题是推广素材展现量大、点击率低、用户吸引力不足、引流效果差。

影响因素：匹配性，推广的文案和素材是否与该渠道的用户属性相匹配，如果推广的素材跟该渠道的用户人群都不匹配，点击率肯定低下；推广创意是否过于平淡，若没有突出产品的卖点及折扣信息，无法吸引用户点击。

解决方案：分析渠道的用户特征，广告投放的时候一定要选择跟推广产品目标人群相匹配的渠道；不断优化推广文案和创意，从多个角度和场景提升产品卖点，进行创意策划，提升点击率。

（3）独立访客数

在点击量和访问量这两者之间出现一定的损耗是正常的，通常损耗为 10% ～ 30%，如果这个损耗数值过大，就需要及时检查。

影响因素：网页加载时间过长是造成用户流失的一个主要原因，普通用户根本没耐心等待一个加载时间超长的网页，许多互联网用户都希望页面打开时间越小越好。这一点对于电子商务公司尤为重要，因为多一秒的延迟就有可能造成大量经济损失。研究表明，大多数用户期望的网站加载时间是不大于 3 秒，超过 3 秒就会有 57% 的用户离开。

解决方案：提高页面加载速度，减少用户因为加载失败或者等待导致的用户流失。

（4）详情页访客数

详情页的是展示商品信息重要的载体，是影响用户是否成交最为重要的因素。进入详情页的用户都是具有很强的购买需求的用户，故需要重点提升首页、列表页、搜索等站内流量到详情页的转化率，以及提升详情页用户到购物车的转化率。

影响因素：网站首页的流量分发、列表页和搜索结果页的展示、外部推广导流到详情页的流量大小和匹配度。

解决方案：提升站内各位置的点击转化率和站外推广落地页的点击率还有相关性；通过优化点击分布、增加首页推荐内容、合理分配首页流量需求等方式，提高产品到各个页面再到详情页的流量分发能力；通过各个详情页之间相互关联推荐、相互导流，提高流量利用率。

（5）添加购物车

添加到购物车代表用户已经对该商品表现出明确的购买需求，此时需要增加页面产品描述，增加用户购买场景，解决用户购买过程中的疑惑，增加用户的购买紧迫感，促使用户快速下单。

影响因素：页面描述、产品包装、营销活动、价格。

解决方案：优化页面描述和产品包装，尽可能全方面展示商品，消除用户顾虑。

（6）生成订单

购物车的主要作用有三个：一个是添加到购物车做对比；一个是当作结算的工具，为了凑单或者凑满减；还有一个就是当作收藏夹使用。提升购物车到生成订单的转化率就需要从这三个方面入手。

影响因素：商品价格、用户评价、促销活动、降价提醒。

解决方案：通过价格对比和营销活动，促进用户下单。比如购物车商品信息变动，如降价，可通过 push、短信等方式提醒用户，促进用户购买。

（7）支付成功率

在支付环节流失用户是最不应该的，用户好不容易走完了所有的流程，都准备掏钱付账了，最后放弃或者失败了。

影响因素：支付方式不够丰富，用户犹豫。

解决方案：尽可能多地覆盖主流的支付工具；增加更多售后服务保障及承诺，打消用户支付时候的顾虑；做好用户未付款提醒，完善与消费者进行交互的系统，例如能够针对这个订单自动发送一封邮件、短信或 push 给客户，使用委婉的说法提醒用户这个订单的存在，因为在网上购物常为消费者的即兴行为，客户忘记也是常有的情况。

2.3.2 制定增长战略

企业增长战略是指企业从战略层面出发，为了实现企业的持续性增长，集合众力，开发核心资源，在复杂多变的外部环境下较长一段时期内采用的综合性行动计划。

企业增长战略主要包含以下几个方面：用户战略、平台战略、产品战略、市场战略，如图 2-20 所示。

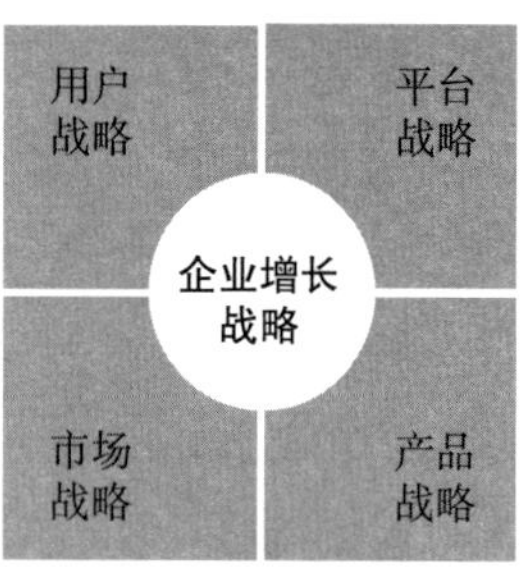

图 2-20 企业增长战略

1. 用户战略

用户战略主要包括如下要点：确定目标用户、确定产品核心价值、用户增长、用户留存、用户成长、用户分级运营和分群运营，如图 2-21 所示。

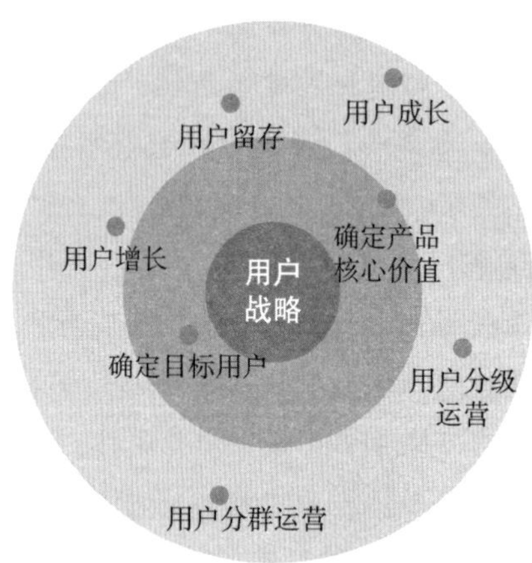

图 2-21 用户战略

1）**确定目标用户：**目标用户属于什么群体，都有哪些特征，最好能勾勒出准确的用户画像。如“男，31 岁，互联网从业者，已婚，月收入 2 万以上，爱美食，团购达人，喜欢看电影，爱踢球，有一定的理财意识”。这样一串描述即为用户画像的典型案例，即用户信息标签化，通过提取这些特征就能预测出用户的需求，有针对地展开运营。

2）**确定产品的核心价值：**产品的核心价值在于给用户提供什么样的服务，解决用户什么样的核心需求。只有确定了产品的核心价值，增长战略都围绕核心价值展开，才能实现健康持续性增长。

- 知乎的核心价值是给用户提供高质量的内容，所以他们做的所有事情，都是围绕着这个核心目的展开的。在优质内容输出方面，通过知乎日报、知乎周刊、知乎 Live、付费问答等多种手段向用户传递产品核心价值；产品功能上通过点赞系统，让用户以投票的方式来筛选优质内容，形成一整套的内容输入和输出体系。
- 百度核心价值是连接人与信息，为用户提供快速、高效的信息搜索服务。通过搜索、新闻、图片、地图、知道、文库、贴吧、阿拉丁等多种产品形式构建信息内容体系，帮助用户快速获取信息。
- 滴滴核心价值是提供便捷的出行方式。滴滴解决了用户的一站式出行需求，提供了出租车、专车、快车、拼车、巴士、代驾、租车、试驾等多种产品和服务，解决用户不同场景下的出行需求。

3）**用户增长：**确定了目标用户之后，我们就要分析他们主要聚集和活跃在什么地方，即获客的重点渠道，包括线上渠道和线下渠道。找到目标用户和所在渠道之后，需要分析渠道属性、用户特征及产品的核心价值与卖点，将三者有机结合在一起，在渠道上通过广告投放、内容输出、联合活动等推广手段获取目标用户。

4）**提升用户的留存和活跃，促进用户成长：**单次交易用户无法给企业带来持续性价值，属于无效增长。只有用户在平台上留存、活跃并成长起来，产生持续性的消费才能给企业带来真正的增长。因此，用户获取只是开始，留存和成长才是关键。

5）**用户的分级运营、分群运营：**当平台用户增长到一定量级之后，就需要展开精细化运营，提升运营效率，用户分级和分群是两个重要的运营手段。

用户战略是本书最核心的内容，将在后面章节详细论述。

2. 平台战略

平台战略是指平台为更好地满足用户需求、达成交易，而不断增加更多的内容、服务及创建新的产品方案。

平台的生态圈达到一定规模后，平台连接的任意一方的增长都会带动另一方的增长，供需两端形成强大的网络效应。一个成功的平台不仅仅是提供中介服务，核心在于打造完善的价值链生态体系，围绕供需两端的需求进行生态建设，最大化地撮合交易的达成。

平台战略是为用户构建一个一站式服务平台，如天猫是一个一站式的购物平台、美团是一个一站式的本地生活服务平台、滴滴是一个一站式的出行平台等。平台战略包含了平台提供哪些内容和服务，这些内容和服务由谁来提供、怎么提供。在交易类商品中常见的品类战略、商户战略等都属于平台战略的范畴；内容平台上常见的 UGC、PGC 等内容生产、分发的方式也属于平台战略的重要组成部分。

平台有两种模式：自营平台模式和开放平台模式，如京东的自营部分就属于自营平台模式，天猫就属于开放平台模式。自营模式需要企业既做好供应链，又做好用户运营，业务链条相对较长；开放平台模式主要是通过招商或合作的形式引入优质供应商，帮助他们提升在开放平台的运营能力，将平台流量转化成各个合作伙伴的用户，用户端做好与供应商的匹配。相对于自营模式，开放平台模式的业务链条更短，更侧重于商家运营，在服务好商家的情况下，可让商家提供更加优质的内容与服务。

以美团网为例，它构建了一个 T 型品类发展的平台战略。其以电影为流量品类、餐饮为主要核心品类，横向拓展休闲娱乐、酒店旅游等其他品类，打造一个本地生活服务的一站式消费平台。在品类战略的基础上，延伸出商户战略。商户战略先采取长尾战略，尽可能地增加商户端的有效供给，尽可能多地覆盖用户需求，实现用户增长，然后逐步过渡到头部战略，重点抓核心头部商户，提升供给质量，并通过头部商户供给能力，反向形成强大的用户获取能力，形成两端拉动循环增长。

3. 产品战略

产品战略是指企业如何对产品进行类别划分，以更好地满足用户需求、提升企业运营效率，开发新的产品功能或服务，制定良好的产品发展战略。

产品战略主要围绕以下几个因素制定：解决用户痛点、提升用户体验、降低用户决策成本、提升交易转化率、时间 / 成本 / 质量、运营效率，如图 2-22 所示。可以将产品分为下面几类，不同产品有不同的战略侧重点。

- ❑ **工具类产品：**解决用户工具性需求，围绕易用、省时、解决用户具体问题展开。
- ❑ **交易类产品：**降低用户购买门槛和决策成本，辅助用户购买决策，提升用户交易转化率。
- ❑ **内容类产品：**提高内容生产的质量，降低用户获取内容的门槛，提升内容分发的效率。

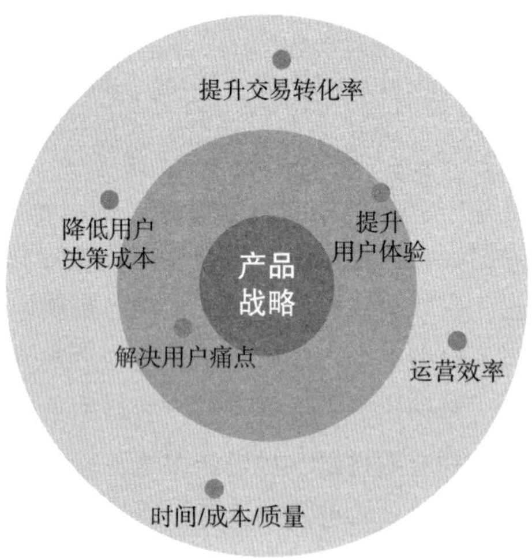

图 2-22　产品战略

- ❑ **社交类产品：**提升用户沟通效率，降低沟通成本，让用户快速有效添加好友并有效获取信息。
- ❑ **运营类产品：**促进运营目的的达成，提升运营效率，如红包、满减、秒杀、满返等。

4. 市场营销战略

市场营销战略是企业的市场营销部门根据战略规划，在综合考虑外部市场机会及内部资源状况等因素的基础上，确定目标市场，选择相应的市场营销策略组合，并予以有效实施和控制的过程。

（1）市场营销战略的种类

1）**市场渗透战略。**这种战略的目的在于增加老产品在原有市场上的销售量，即企业在原有产品和市场的基础上，通过提高产品质量、加强广告宣传、增加销售渠道等措施，来保持老用户，争取新用户，逐步扩大产品的销售量，提高原有产品的市场占有率。市场渗透战略可以分为以下几类：

- ❑ 向现有顾客销售现有产品或服务。挖掘现有客户需求，通过活动促销、场景建设、需求匹配等方式增加客户的购买频次和客单价，实现增长。
- ❑ 向现有顾客销售新产品或服务。增加新的品类或商户，满足现有用户的更多需求，通过增加有效供给来实现增长。

2）**市场开拓战略，又称市场开发战略。**它包括两个方面：一是给产品寻找新的细分市场；二是为老产品寻找新的用途，在传统市场上寻找、吸引新的消费者，扩大产品的销售量。

- ❑ **向新顾客销售新产品或服务：**进入新的细分市场，开发新产品或服务来满足更多用户需求，在现有产品线基础上做延伸。开发新的产品来满足潜在顾客的需求。
- ❑ **向新顾客销售现有产品或服务：**当平台出现供大于求的情况时，需要不断获取新用户来实现增长。找到购买现有产品或服务的新的细分市场或新的消费场景，重新配置现有产品或服务以适应新顾客群体需要；组合现有产品或服务，以吸引消费者的方式出售。

3）**市场发展战略，又称新产品市场战略。**企业为了保持市场占有率、取得竞争优势，并不断扩大产品销量，就必须提高产品质量，刺激、增加需求。

4）**混合市场战略。**为了提高竞争力，企业不断开发新的产品，并利用新的产品开拓新的市场。

（2）市场营销战略的实施步骤

第一步：分析市场机会。

在进入一个目标市场之前，企业需要从消费者、市场供应情况、竞争状况等角度进行调查研究，识别、评价和选择市场机会。

- ❑ **消费者分析：**这个市场的主要目标用户是谁，他们的核心痛点是什么，他们是否愿意为此进行付费或者是否有付费能力。

- **市场供应分析：**针对目标用户的痛点，当前市场所提供的解决方案是什么，存在哪些优缺点，是否具有可替代性。
- **价值状况：**目标市场的竞争是否激烈，是红海期还是蓝海期。如果企业进入这个市场，竞争对手是谁，优劣势是什么，还有可能存在哪些潜在的竞争对手。如果是蓝海市场，企业进入市场之后预计有多长时间留给企业发展。从当前互联网的发展竞争状况来看，一个新的市场最多3个月就可能成为一个红海市场，在如此短的时间内，企业是否能建立起竞争壁垒，这些都是企业需要思考的问题。

在以上分析的基础上，还需要对企业自身的能力、市场竞争地位、企业优势与弱点等进行全面、客观的评价，检查市场机会与企业的宗旨、目标、任务的一致性。

第二步：选择目标市场。

目标市场的选择是企业营销的战略性策略，是市场营销研究的重要内容。企业首先应该对进入的市场进行细分，然后分析每个细分市场的特点、需求趋势和竞争状况，并根据本公司优势，选择自己的目标市场。

第三步：确定市场营销策略。

企业增长是一套组合拳背后的综合结果。传统的市场营销经典理论——“4Ps”营销理论（Product 产品策略，Price 价格策略，Place 渠道策略，Promotion 促销策略，再加上策略 Strategy）在互联网时代依然适用。

- **产品策略：**注重开发的功能，要求产品有独特的卖点，把产品的功能诉求放在第一位。通过什么样的产品功能解决用户什么样的需求。比如去哪儿提供机票搜索比价的产品功能解决用户低价购票的需求；大众点评提供 LBS 定位的餐厅内容点评功能，解决用户查找美食的需求；滴滴出行提供手机 APP 叫车功能，解决用户一站式出行需求。

- ❑ **渠道策略**：渠道是流量的来源。企业流量的来源分为两个部分，一个是用户主动搜索，即品牌流量；另一个是通过渠道匹配用户需求，找到与产品定位匹配的用户群体，与用户建立联系。渠道策略主要分为以下几个步骤。

1）确定推广渠道，找到目标群体用户的所在地。

2）找到与推广内容相匹配的素材：素材写什么，文案写什么，用户进来的心理预期是什么，落地页面推什么，通过数据分析进行效果优化。

3）运营优化，提升各个环节的转化率，降低获客成本，提升运营效率。

- ❑ **价格策略**：根据不同的市场定位，不同的营销目的，制定不同的价格策略。互联网上常见的价格策略就是“爆款策略”，通过打造爆款进行引流，从而实现转化。其背后的本质是流量品类的营销逻辑。“流量品类”来源于传统零售，零售商根据品类不同的贡献，建立不同的角色模型，流量品类扮演的是吸引客流的角色。通过选取一些单价低、销量高、用户价格敏感的商品进行补贴，将价格做到很低，从而获取更多流量。我们将在后面的章节详细讲述这部分内容。另外，针对不同的渠道，可以制定差异化的价格策略。比如针对特殊渠道进行特殊优惠，从而联合渠道进行大力推广，获取更多用户。
- ❑ **促销策略**：包括品牌宣传、广告、公关、促销活动等在内的一系列营销行为。由于互联网极强的连接属性，促销活动和品牌活动可以短时间内爆发式地传播，是拉动用户增长最有效的利器之一。最经典的案例，如天猫的“双十一”和京东的“618”等电商节日。促销策略需要搭建一个完整的体系，比如确定在什么时间点做什么样的促销活动，以及做什么样的品类规划等。

促销活动一般要遵循行业的规律，符合应季、应景的特性，比如团购行业在秋冬季的火锅、在夏季的水上乐园，电商行业在秋冬季和夏天不同的品类规划等。超大型的节日就是全品类的促销。常见的促销活动分类如下：

- 品牌活动：主要目标是品牌宣传。
- 拉新活动：主要目标是获取新客。
- 全网大型节日：双十一、618。
- 用户教育活动：常用于某一重要功能上线的情况，比如滴滴代驾上线，宣布首次代驾免费；再比如如何提升 UGC 评价数量和质量，策划一个提升用户 UGC 评价的活动有效刺激 UGC 内容的提升等。
- 提升某个时间段的某项指标：比如如何提升周末销量、提升产品日活。
- 品类活动：如火锅节。
- 网站自身重要节日：如周年庆。
- 造节：百度糯米的 37 女生节、517 吃货节。
- 行业热点营销：如某大型电影上映、某热门事件借势。
- 节日活动：如圣诞节、春节等。

2.4 案例：制定互联网金融理财平台增长战略

本章前面的内容分析了互联网金融行业的特征、商业模式及核心增长指标，本节将以互联网金融行业为案例，进一步介绍通过指标拆解来制定增长战略。

1. 行业特征分析

我们先来回顾几个关键问题：

- 互联网金融的特征：本质是金融、风险控制及风险定价。
- 互联网金融的 4 大特性：时间性、流动性、收益性和安全性。

2. 互联网金融的商业模式 & 运营模式

互联网金融的运营模式：大客户模式、电商场景化、积分、邀请模式。

互联网金融的商业模式：在一定风控条件下，低息获取用户资金，高息往外投资，赚取利差，当然还要考虑风险损失。

3. 拆解核心指标

- 互联网金融的核心指标：利润、资金规模、投资优质资产数量、活跃投资用户数。
- 拆解互联网金融的核心指标：**利润 = 资金规模 × 期限 × 利差 − 成本 =（平台流入资金 − 平台流出资金）× 期限 × 利差 − 成本**。

在利差一定的情况下，资金规模越大，利润越大；用户投资时间期限越长，利润越高。因此，要想增加企业利润就需要做大资金规模和提升用户投资时长，降低运营成本。

我们再分别对资金规模、用户投资期限做进一步拆解。

资金规模 = 用户投资金额 − 用户提现金额

投资期限 = 用户持有一笔资产的期限

用户的资金具有一定的流动性，只有留存在平台的资金才能产生投资价值。平台管理的资金规模就等于用户投资金额减去用户提现的金额。要想资金规模增长，一方面是要增加用户的投资金额，另一方面要减少用户的提现金额。平台管理资金时间越长，收益越高。

接下来再对用户的投资金额和提现金额做进一步拆解：

用户投资金额 = 投资用户数 × 客单价

用户提现金额 = 投资用户数 ×（1− 复投率）

用户投资金额、提现金额都与投资用户数、客单价密切相关。客单价一定的情况下，用户规模越大，投资金额越大；用户规模相等的情况下，客单价越高，投资金额越大。因此，要想提升用户投资金额，一方面要使用户数量增长，另外一方面要提升用户的客单价。

投资用户数 = 新增投资用户数 + 老投资用户数

若想新用户增长则需要不断做开源，提升流量来源和转化；同时提升老用户活跃度，并减少老用户的流失率。要减少用户提现，一方面是要引导用户投资更长期限的资产，降低用户资金的流动性，另一方面就是增加用户到期续投的福利，提升用户复投率。

我们对新增投资用户的增长做进一步的拆解：

新增投资用户数 =UV × 注册转化率 × 投资转化率

新增投资用户数的增长与 3 个指标相关：

- **UV，即渠道 PV× 点击率**。UV 即流量来源，要想增加流量来源，就需要扩展更多的流量渠道，提升在渠道获取的流量点击转化率。
- **注册转化率，即注册用户数 /UV**。除去渠道自身的用户属性外，提升注册转化率需要优化渠道投放的落地页面，强化新用户注册活动刺激，简化产品注册流程。

- **投资转化率，即投资用户数 / 注册用户数。**增加新手投资引导及新手首次投资福利，加速用户投资转化，并设计复投策略，提升用户留存。

提高利润的另外一方面就是要控制成本，包含以下几个方面的成本：

- **获客成本：**获客成本 = 营销总费用 ÷ 新增投资用户数，新增投资用户数 =UV × 注册转化率 × 投资转化率。要想降低获客成本就得提升注册转化率和投资转化率。一方面优化产品流程，提升转化率；另一方面，寻找优质渠道，获取精准用户，提升在优质渠道的费用支出。
- **资金成本：**是指每新增单位资金（如每一万元）所要支出的费用，包含活动费用、用户投资利息收益。活动费用是指为了刺激用户投资所做的加息、发放红包等营销活动产生的费用。要想降低资金成本，一方面要降低营销活动的成本，另外一方面要降低用户投资收益，这取决于平台的品牌、运营能力等多方面的因素。平台的品牌知名度越高，获取用户的资金成本就越低。
- **运营成本：**是指企业在用户运营过程中产生的成本总和，包括促进用户成长和留存、老客户关怀及召回流失用户等成本。运营成本是一个杠杆，运营成本在一定范围内越高，整体的资金成本便越低。运营成本影响活跃投资用户的规模，因此，需要找到一个合理的运营成本的支撑点，最大化地发挥运营成本的杠杆作用；
- **人力成本：**各项人员成本和员工福利。
- **风控成本：**这个包含防患发生坏账所准备的拨备资金，以及资产坏账所产生的损失成本。要想降低风控成本，就得寻找更加优质的资产，提供资产的准入和风险审核标准。

4. 制定增长战略

（1）用户战略

相对于银行理财，互联网金融给用户提供的理财产品收益率更高、资金流动性更好，且有更广的应用场景，若是大的平台还具有很强的信任背书。余额宝的诞生是整个互联网金融行业发展的标志性事件，开启了互联网金融的爆发式增长，启发了大多数人投资理财的意识。随着余额宝收益率的逐渐下降，给了很多新兴平台机会，通过价格策略就能吸引到大量的用户。同时，很多用户的投资意识逐渐成长起来，也会主动寻找新的投资机会。在互联网金融爆发之前，还有很多记账类的软件，一些金融类的工具产品没有很好的变现方式，互联网金融爆发后，给这些工具提供了非常好的变现渠道，这些都是互联网金融行业重要的用户来源。

在渠道获客方面，搜索、在线广告等流量平台依然是重要的渠道。另外，由于金融的安全性，导致信任感极其重要，故好友邀请模式也是一个非常重要的手段。金融行业是典型的头部客户驱动增长的行业，“二八定律”效应非常明显，因此需要根据用户的累计投资金额对用户进行分级，做好大客户营销。

（2）平台战略

互联网金融是典型的供给驱动型业务，驱动业务增长的核心在于是否能给用户提供收益率更高、安全性更高、流动性更好的产品和资产。因此，互联网金融的平台战略就围绕这几个因素进行产品的设计和资产的组合，从而能给具有不同风险偏好、不同资金量级的用户提供相匹配的投资收益产品组合。

（3）产品战略

- 活期类产品，主打随存随取。这类产品是流量型产品，在品类结构中承担的是用户获取和首次转化的职责，其特性是投资门槛低；收益比银行活期高，比宝宝类产品高，比定期低；受平台知名度大小的影响，平台必须比宝宝类的产品有更大的价格优势才会刺激那些在资金安全性和收益性之间更偏向于收益性的用户发生投资的转移。

- 定期类产品主要是固定收益类理财产品，针对的是有一定闲散资金，短期或中长期对资金流动性没有要求，同时又有资金增值诉求的用户。这围绕安全性、收益率、时间性和流动性进行组合设计的理财产品。
- 债权转让，针对定期理财资金流动性设计的产品。投资定期理财产品，就相当于让渡一定时间周期的资金使用权，资金的流动性受到限制。在银行存定期理财，如果着急用钱，需提前支取，这笔钱将被按照活期的利率来计算，非常不划算。互联网金融在这一点做了一个很大的产品创新，开辟了一个二级市场——“债权转让”，这充分释放了资金的流动性，且保证了投资的收益性。
- 浮动收益类产品：这个产品主要定位的是增强用户的参与感，充分利用社会热点，通过游戏化的方式来刺激用户投资。金融本身是冰冷的，除了投资收益以外用户几乎没有太多的参与感。用户每天登录网站只会看一下平台有没有跑路，今天赚了多少钱，虽然用户访问黏性很强，但是不可能每天都参与投资。比如懒投资公司旗下的斗牛计划，该产品让投资理财跟很多热点相结合，增加了非常多的场景，也增加了投资的趣味性。对赌类的产品收益是浮动的，赌错了就拿原始最基本的收益，没有任何损失；赌对了收益则可能会比较高。高利率会刺激很多人想去赌一把，这样能把很多非刚性投资用户拉进来，这极大地增加了产品的参与感。
- 电商场景类产品：正如我们前面懒投资案例中讲到的，电商场景类产品是设计出来的集消费与理财于一体的全新理财产品。这类产品是银行类产品应用最为广泛的一种产品形式。

- 股权众筹类产品：主打高风险、高收益、不保本。一种高门槛、高客单价、潜在高收益的理财产品类型，主要目标群体就是高净值用户，吸引的是数量大、投资回报率高、带有很强逐利性的资金。

（4）市场战略

- 价格策略：活期类产品要在同一类型平台下保持优势，在用户对比过程中保持优势，可给用户设计一定的价格特权，促进新用户转化。针对大客户设计更高的收益率，做差异化价格，促进更多用户成长为更高金额的投资用户。
- 促销策略：金融行业的一大特点是资金的流通，这个跟全社会的资金流动有很大的关系。比如双十一的时候是购物的场景，大家很可能都提现去购物了。在年末发年终奖的时候大家都有钱，这个时候就是获取用户资金最好的时候。月初发工资的时候用户手里有更多资金，有投资需求，是获取用户资金非常好的时机；月末的时候用户手里没钱需要提现，是资金流出的关键时间点。促销的策略就需要在这些关键的时间点进行，才能事半功倍。
- 渠道策略：除了传统的搜索、在线营销等方式以外，社交红利及我们前面提到的金融类应用 APP 也是重要渠道来源。

综上所述，互联网金融财富管理平台的增长模型有几个关键点：利润的增长靠资金规模增长的驱动，资金规模的增长靠用户规模增长的驱动和客单价提升的驱动，用户规模的增长靠新用户的增长和减少老用户的流失驱动。新用户的增长靠渠道流量增长驱动以及转化率提升驱动，客单价靠供给驱动，平台提供优质的高收益的投资资产才能刺激用户投入更多资金。这些驱动增长的指标都可量化，如此能够清晰地识别出增长的瓶颈在什么地方，最终通过数据驱动。另外，不可量化的是品牌对于转化率的影响，但互联网金融首要解决的就是品牌和安全性的问题。品牌是一定要投入去做的，品牌知名度的提升会带来渠道转化率的提升，最终也能反应在数据指标上。

2.5　本章小结

本章重点讲解了如何分析行业特征，在结合行业特征的基础上制定相应的运营模式和商业模式。根据不同的商业模式制定增长的核心指标，按照业务流程和营销漏斗模型两种方式对核心指标进行拆解，以此制定出企业的增长战略。增长战略包含 4 个部分，即用户战略、平台战略、产品战略和市场营销战略。从下一章内容开始我们将从产品冷启动开始，讲解如何从零开始实现用户增长。

第 3 章 产品冷启动

大多数互联网产品在冷启动阶段都会遇到“先有鸡还是先有蛋”的问题：平台上线初期，产品不完善，没有优质的供给或内容，很难获取用户；没有用户基数又很难吸引到优质供给方加入，这是一个悖论。那如何破局呢？如图 3-1 所示是几种常见办法。

图 3-1 产品冷启动的 6 种方法

3.1 名人效应

产品内测期或上线初期，邀请有社会或行业知名度的名人使用产品，并通过媒体发布他们的使用心得，利用名人的知名度吸引更多用户关注。名人通常能带来“羊群效应”，可以在短期内吸引到大量的用户关注，为产品正式上线积蓄势能，开放使用后会带来用户快速增长。如果名人本身的人格特征、个人品牌类型和产品的气质相吻合，那带来的目标用户群体会更加精准。

需要注意的是，邀请的名人的人格特征最好跟产品的气质相吻合，名人的粉丝群体跟产品的目标群体相吻合。这样不仅能起到产品宣传的作用，还能引导名人的粉丝给产品倒流，实现用户增长。比如知乎最早是以发布与互联网相关的话题起家的，最初邀请的都是知名的企业家和评论家，这些人的知识专业性和权威性跟知乎的知识分享社区的产品性格很吻合，因此有利于营造早期的社区氛围。

名人效应主要有 3 种操作方式：

- 靠创始团队自身的人脉关系，免费邀请到名人站台或试用产品，发布试用心得体会。
- 通过付费的方式邀请。
- BD 合作，相互进行资源互换。比如 Uber 在刚才进入中国的时候就跟佟大为合作策划了一起“佟大为当 Uber 专车司机”的事件营销。广告中，明星佟大为驾驶着售价近 100 万元的特斯拉电动汽车，作为一名 Uber 的司机满市转悠着拉客。该事件的视频迅速在网上疯转，为 Uber 赢得大量的品牌曝光。

名人效应冷启动的操作步骤如下：

1）接洽名人，沟通合作的意向，不管是免费的还是付费的，都需要有明确的合作点。在产品的核心功能点需要跟对方详细沟通，如果产品能打动名人，让他们发自内心喜爱这个产品，这会激发他们原始的传播动力，这样的传播会更加自然，因此产品的核心竞争力仍然是第一位的。

2）明确希望对方做什么。名人一般都会很忙，我们需要清晰地告诉对方，需要他们做什么、怎么做。这个地方需要为下一步的传播做铺垫，故要考虑到什么样的行为会更具有传播性。

3）推广和传播。名人效应最大的作用是示范，因此，传播是最为关键的环节。一方面要利用名人自身的资源，如微博、微信等自媒体账号，另一方面要利用产品方的推广资源，有必要的话花钱做专门的传播推广，形成事件传播。

利用名人效应进行冷启动，需要花费很大的精力，这种方式适用于有资金实力和有一定社会资源背景的创始团队。

羊群效应

羊群是一种很散乱的组织，平时在一起也是盲目地左冲右撞，但一旦有一只头羊动起来，其他的羊也会不假思索地一哄而上，全然不顾前面可能有狼或者不远处有更好的草。因此，“羊群效应”就是比喻人都有一种从众心理。

【案例】新浪微博冷启动

新浪微博就是典型的利用名人效应进行冷启动的例子。微博前期都是靠拉名人入驻然后把这些名人推成超级大 V，再通过这些大 V 的标杆效应吸引更多用户关注。新浪微博，利用自己多年积累的媒体优势和人脉，为自己拉来了很多各行各业的知名人士和意见领袖，包括大量的娱乐名人。每一位名人开通微博都会将自己的粉丝天然地迁移到微博平台，而微博在上线之初也不遗余力地推大 V，让他们成为标杆，从而吸引其他明星大 V 加入。我们能看到最初的粉丝之王，如李开复、姚晨等，在非常短的时间内获得了几百万的粉丝，这都是微博和名人效应双重效果打造出来的。平台跟明星相互借势，平台靠明星的自带粉丝获取用户，明星也需要平台带来更多的粉丝，扩大自己的宣传效果。

【案例】“雕爷牛腩”冷启动

“雕爷牛腩”在开业前也采取了名人效应的方式进行冷启动。雕爷牛腩餐厅在开业前，进行了长达半年的“封测”，第一个阶段为预热阶段，邀请各路大V前来试菜，为正式开业积蓄品牌势能。他们当时邀请了京城各界数百位美食达人、媒体、影视明星前来免费试吃，只有受邀请的人才能来吃，乃至圈内明星皆以获得雕爷牛腩“封测邀请码”为荣。受邀试吃的明星大V们，往往会因为收到邀请和本身餐厅菜品、环境和服务等不一样的体验而主动发微博或者微信说说自己的消费感受，于是，在微博上形成了强大的预热传播。

第二个阶段为开业前夕，雕爷牛腩又利用名人效应在微博策划了“留几手在雕爷牛腩偶遇苍井空”的事件营销，营造爆发式营销效果，如图3-2所示。

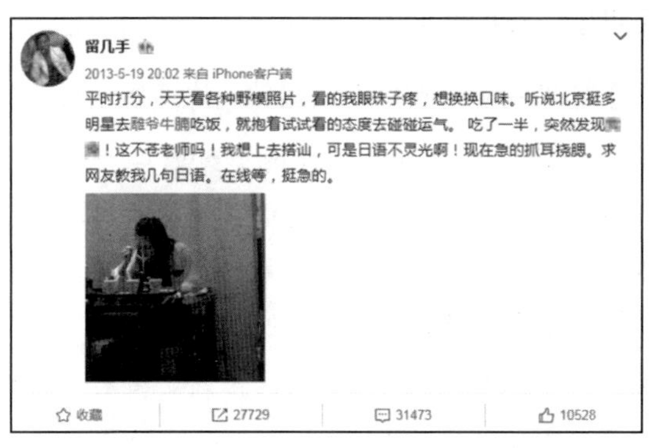

图3-2 雕爷牛腩冷启动留几手偶遇苍井空

雕爷牛腩邀请苍井空到店体验，被微博大号留几手“偶遇”并发微博，苍井空自己在微博上证实之后又引发了网友4.5万次转发，成了当天微博热门话题，为开业烧了最后一把火。经过不断微调，餐厅于 2013 年 5 月 20 日正式对外营业，并大受食客热情追捧。

3.2 打造爆款

打造爆款，塑造明星商户，是冷启动阶段取得市场突破口的一种重要手段。通过打造爆款既能快速获取 C 端用户，又能产生标杆商户，形成示范效应，进而有效获取 B 端商户。爆款产品能够快速破局，快速解决先有鸡还是先有蛋的难题。

“爆款”一词来源于电商，是指在商品销售中，那些销量特别大的某一个单品或某一类商品，现已广泛应用于电商、O2O、金融、保险等各行各业。打造爆款，是通过为一个通用性强的商品设定一个非常有竞争力的价格，快速形成巨大的销量，给用户一种销售火爆的印象，通过价格弹性和从众心理效应降低用户的购买决策成本，吸引更多购买用户的行为。爆款塑造有利于平台知名度的快速提升，以及供给资源的获取，进行快速撬动两端用户。

【案例】糯米网上线首单即成爆款，快速建立行业知名度

2010 年，千团大战初期，糯米网上线的第一款商品就成功成为一个超级爆款。“原价 176 元的成龙耀莱国际影城观影套餐，糯米团购价仅 40 元”，用户以 2.3 折优惠的价格享受了这家亚洲最大的五星级影城的观影服务，如图 3-3 所示。

该套餐上线当天就有超过 15 万人完成了团购，相当于上线第一天就 0 成本获取了 15 万个购买用户，还不算未完成交易的注册用户。通过这一单糯米网就完成了平台用户的原始积累，迅速打开了局面。有了标杆商户，再去谈其他商户的时候也就更容易了。成龙耀莱影城也获利颇丰，影院人气爆棚，去排队看电影的人从电影院外沿着马路排到了 1 公里以外。

图 3-3　糯米网上线成龙耀莱电影院双人套餐团购

这个案例就是典型的借用第三方资源，双方共同打造爆款，对于双方用户获取和品牌知名度的提升都实现了立竿见影的效果，这也为双方后续赢得更多的合作做了很好的标杆示范效应。

爆款商品有以下几个方面的特征：销量高、单价低、折扣力度大、通用性强等。一般爆款商品也会根据这几个特征来进行筛选。

爆款的打造模式：一种是合作的模式，借用第三方平台的资源来共同打造爆款；一种是平台自己补贴的模式，将毛利做到最低，甚至是战略性亏损。

联合第三方打造爆款的模式优点在于几乎零成本，非常适合平台型公司，即自己不生产商品和服务，全部由第三方提供商品和服务，通过商家来提供爆款商品用于平台拉新，但同时平台也会将用户和流量向提供爆款商品的商家做倾斜，一举双赢。

打造爆款的方法和步骤如下：

1）选取符合爆款特征的商品。

2）对商品进行合理定价，保证价格有非常强的竞争力，一定要在同类产品竞争中保持绝对的价格优势。

3）集中流量做推广。通过线上和线下等多种渠道进行推广，快速形成大量购买，形成销售火爆的用户印象。一旦形成爆款就会具备很强的口碑传播效应，就能快速获取大量用户。

注意事项

在冷启动阶段，最好一开始就能形成一个爆款，一鼓作气，宁可多补贴一些也要将产品推出去，形成传播效果。将补贴成本折算到获客成本和渠道成本里面去，还是非常划算的。**要切记，不可一味低价，因为一旦价格过低，会吸引过多的非目标用户，这会导致后续用户留存和持续转化效果大打折扣。**

【案例】百度糯米“一毛钱吃麦当劳”

用户对一个新平台的认知需要一个切入点，爆款就是导入用户非常好的手段之一。只有让用户快速产生第一次的交易，才有机会形成复购和留存，才会带来更多的销售转化。笔者在百度负责糯米运营工作期间，团队策划过一个超级爆款“麦当劳麦辣鸡腿堡”，其采用自己补贴的方式将价格降至最低，上线了“一毛钱吃麦当劳”的活动，如图3-4所示，在全国麦当劳门店进行线下推广。

图3-4　百度糯米1毛钱吃麦当劳

为什么要选择麦当劳作为爆款？

首先，麦当劳符合爆款的几个重要特征：销量高、单价低、用户对于价格敏感度高、通用性强。

其次，一个汉堡也就10多块钱，平台补贴低至1毛钱，也不会补贴特别多，相当于获取一个新用户才10多块钱。麦当劳全国门店都能做推广，省去了渠道费用，这是相当划算的。低价、爆款、人流量大，效果非常明显。

最后，麦当劳在全国门店覆盖范围广、品牌知名度高、覆盖核心商圈。

团购跟电商最大的区别在于：实物商品可以一对多，一个商品卖全国。但团购是一个地域性和空间性极强的业务，有着非常强的LBS属性。根据我们的大数据分析发现，用户的消费范围80%以上都集中在以上班地点和居住地点为圆心，以2km为半径的范围内。其中这个区域又以大型的shopping mall为主要消费场所。因此，团购的爆款商品要想获取大量的用户就需要这个商家的门店覆盖更大范围的用户，门店数量越多，覆盖核心商圈越多，覆盖的用户范围就越广，用户获取数量就越容易。麦当劳无疑是最佳的选择，全国没有几家餐饮商家的门店能超过麦当劳的。

最早我们在做团购的秒杀的时候就遇到过这个问题。在选品的时候，最初选了一个北京朝阳区单个门店的电影院，1块钱的价格秒杀，秒杀开始后发现居然没有被很快抢光，这是为什么呢？后来我们分析发现，虽然价格很有诱惑力，但单个门店能覆盖的用户少之又少，况且平台还处于大量获取新用户阶段，不能覆盖足够多的用户，导致效果很差。最后，我们将其替换成一个北京市连锁的门店，其是覆盖了北京各个核心商圈的影院，活动立马就非常火爆了。这就是门店覆盖对于团购这种业务来说的核心价值点。

3.3　马甲效应

所谓“马甲效应”是指平台在冷启动的阶段，此时没有用户，也没有供给或内容，由自己的员工扮演用户的角色，参与到平台的互动中，建立有效连接。

早期内容的产生，与用户的交流等都是由平台方自己模拟用户的身份来完成的，或直接雇佣第三方完成，解决冷启动阶段供给端的问题。类似的马甲效应也广泛应用于社区运营、游戏运营等行业。很多社区在发展初期，运营人员都会有很多马甲账号，自问自答，自己在社区铺设一些内容，直到达到一个平衡的临界值，用户开始自己在社区玩起来，这个时候马甲账号才开始退出。这是平台初期解决供需不平衡经常使用的手段。在网络游戏里面，游戏开发者经常会有很多机器人在游戏里面，游戏玩家一般不会察觉，就是为了解决上线初期游戏人数不够的问题，避免游戏玩家兴趣下降或因为氛围不够而流失。

【案例】Uber雇佣司机解决新开城市冷启动问题

Uber 刚到一个新的城市，因为司机少，乘客打不到车，所以下单成功率低，而且即使打到车也要等很久，体验很差，乘客很容易流失；司机端，因为乘客少，司机接单量也少，体验也不好。于是 Uber 首先雇佣一批全职司机强制派单，保证初始阶段的供给能力。然后通过发放代金券搞补贴来快速获取用户。有了大量用户之后，再吸纳社会运力就容易多了，且新进入的司机因为单量足够多也容易留存下来，从而实现了相互循环拉动。这种情况直到有一天过了供需平衡的“临界值”，大家体验就开始越来越好了，不但流失率下降，原来流失的司机和乘客也会回来。

一个业务开展初期人很少，但需要解决的问题很多，故需要聚焦精力解决核心问题。在 Uber 的这个案例中，他们先通过自己创造供给的方式，快速解决了首批司机获取的问题，然后再集中精力解决乘客端，快速实现供需互动。司机端实际运作成功，再通过补贴的方式加速司机端和乘客端的获取，这种高举高打的策略在冷启动阶段非常有效。

当前比较火的直播应用也充分运用了马甲效应来解决主播的冷

启动问题。当一个新人开始直播，很快就会有 10 到 20 个用户的关注，其实这些都是平台设置的机器人，直播者会以为是真实用户，这会大大增加用户端的留存。如果一个直播者开始直播，很久都没人关注，直播者会产生很强的挫败感，直播动力将会大打折扣，很可能就流失了。

3.4　种子用户特权机制

产品上线初期，企业都会想办法寻找一些种子用户，让他们来体验产品和反馈问题，以达到改进产品的目的。更为重要的是，让种子用户爱上产品后，可激发他们成为产品的第一波布道者，成为用户增长的原生内核，通过他们使传播产生裂变的效果。

激发种子用户自主传播的动力主要源于两个方面：一方面是产品本身解决了用户某方面的痛点，带给用户超预期的产品体验；另一方面是从精神和物质两个方面着手，设置激励机制，让机制驱动用户传播。

精神层面，通过设定等级或象征特殊身份的标识等方式，刻意强调种子用户的特殊贡献，让种子用户感受到一种特殊的尊荣感和专属感，这可以极大地激发用户炫耀的心理，从而产生分享传播的动力；物质层面，通过特权身份可以享受某种特权福利，比如新品优先购买权、专享特权价、专属特权服务、加息、分享好友购买返利（不仅仅对好友有利，对自己也有利）等方式，让用户切实感受到物质上的特权，让这种动力变成一种长效机制。

【案例】小米手机的100个梦想赞助商

MIUI 系统研发初期，大多 Android 系统都存在卡顿、软件质量低（相对于 iOS）、耗电高等突出问题。MIUI 团队深度优化了这些问题。他们从机锋、安智等 Android 论坛找了 100 名手机发烧友过来体验 MIUI，并将这些人作为第一批种子用户。在当时能够给 Android 手机刷机的人，基本上都是智能手机用户中的佼佼者，很多人是周围人群的意见领袖。

MIUI 凭借良好的产品体验、快速的迭代速度、极具参与感的互联网论坛开发模式（每周五在论坛发布最新测试版，这些版本的需求迭代都来自论坛用户的反馈和投票，基本上代表了大多数用户的需求。测试版优先提供给“荣誉开发组”成员尝鲜，由他们发现和反馈问题，修改 bug 之后再对外发布正式版），让 MIUI 用户数量得到了飞速增长。

MIUI 恰恰就把产品的最初用户群定位为这些发烧友群体，让他们充当了产品的代言人。体验过并认同 MIUI 的发烧友就会通过论坛、微博、微信、口口相传等方式向周边的人推荐，形成了第一波的用户增长。

为了表达对这 100 个种子用户的感谢，MIUI 官方团队策划了“100 个梦想家”的活动，将这些种子用户的名字显示在 MIUI 第一版的开机画面和官方论坛致谢帖中，并且在 2013 米粉节拍摄成微电影《100 个梦想的赞助商》，如图 3-5 所示，向曾经帮助小米的这 100 名用户致谢，他们是小米梦想的赞助商！

图 3-5　小米的《100 个梦想的赞助商》

这些荣誉用户还有机会得到小米独创的 F 码，即小米手机的优先购买权。由于小米手机最初阶段存在严重的供不应求问题，故他们给予特殊贡献者赠送邀请码，且数量通常有限，这更加凸显荣誉用户的身份特权。

小米手机这个案例，在精神和物质两个层面都采用了激励手段，这充分体现了种子用户特权机制在冷启动过程中的运用。

【案例】金蛋理财，种子用户永远加息1%

“金蛋理财”在产品上线初期，策划了一个白金加息卡的活动。活动声称，前 1 万名投资用户可享受永远加息 1% 的特权，并且在 APP 的个人中心有非常明显的特权身份标志。白金卡一上线，立马吸引 20 多万用户疯狂预约。这个活动从物质和精神两个层面对用户产生了很大的激励作用。物质上给用户加息，带来的是金钱上的激励；特权身份的标志很好地满足了用户的虚荣心，他们会不断向周围人炫耀，从而达到推广的目的。在产品上线后的 2 年里，这一万名用户始终都是最忠诚的用户群体。

为了更好地激发这批种子用户的传播动力，凡是邀请好友加入的用户还能享受好友投资额 50% 的特权本金和额外 1% 活期加息福利，如图 3-6 所示（特权本金，是指平台赠送的理财金，理财金不能提现，但可以免费享受这笔资金的利息收益。设定为一个比例而不是固定的金额，这个策略的目的是激发邀请者说服被邀请者投资更多金额，因为邀请者享受的特权本金额度随着被邀请投资的额度增加而增加）。

同时，被邀请的用户也有特权，可以享受新用户 5 万元免预约投资额度、5000 元特权本金和 90 天白金卡加息福利，通过物质激励把邀请者和被邀请者同时串联起来了，如图 3-7 所示。新加入的每一名用户都可能成为新的传播者，进而形成病毒式营销。

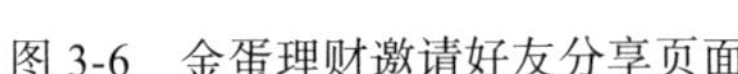

图 3-6　金蛋理财邀请好友分享页面

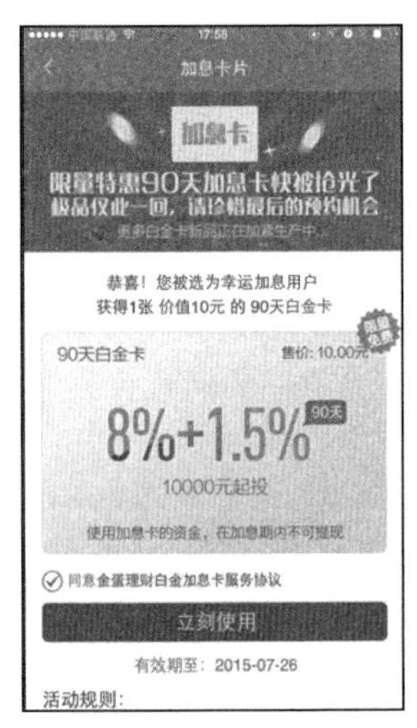

图 3-7　金蛋理财加息白金卡

【案例】360“你财富”通过内测和补贴方式在集团内部获取第一批种子用户

2015 年 8 月，奇虎 360 正式宣布进军互联网金融。360“你财富”发布首款互联网金融理财产品“活期宝”，在产品正式发布上线之前，“你财富”通过在 360 集团内测，就已经解决了冷启动的问题。他们采取的也是种子用户特权福利的方式。

在对外宣布上线之前，你财富在 360 集团内部封闭测试，宣布内测期间，360 集团员工可以享受活期年化收益 8% 的特权福利（当时行业平均活期收益率在 4% 左右）。活动消息一发布，在公司内部就取得了非常好的反响，员工争相购买，迅速取得了成功。内测 3 天销售额就破亿，5 天破 10 亿，创造了互联网金融平台最快破 10 亿元的销售纪录。

在这个案例中我们可以看到，前期通过设置内测用户特权和短期补贴，短时间内迅速获取到第一波种子用户，并且刷新了行业纪录，360“你财富”的品牌知名度也第一时间获得了广泛传播，为后续产品正式上线埋下了重要的伏笔。2016 年，你财富正式上线一周年，平台交易额突破了 600 亿，创造了其他平台几年才能达到的交易规模，内测期的第一批的种子用户依然是平台最为忠诚、活跃的投资用户群体之一。

这个策略最大的成功之处有两点：

- **种子用户的选择**。互联网金融首要解决的是信任问题，把内测用户限定在 360 公司内部是一个非常明智的选择。有 360 公司做背书，员工的对自己公司推出的新业务还是比较信任的，这就把最核心的问题解决了。当面向全网用户开放的时候，已经有一定的品牌知名度，信任问题就会被逐渐弱化，并且 360 的“安全”标签还能成为核心竞争优势。
- **给种子用户物质奖励**。通过用户特权加息的方式对一部分用户进行补贴，引起轰动性效果，产生极强的传播力，让外界形成极大的关注度，但又不能买，形成持币待购的势能。这种方式短期成本会比较高，但把这笔成本平均分摊到每名用户的获取成本和品牌传播成本上，就显得非常划算了。根据公布出来的数据看，内测用户客单价达到了 5 万以上，这说明这部分用户都是非常高价值的用户，再次证明这个活动是一笔非常划算的买卖。平台正式上线后，又策划了邀请好友返利活动，进一步刺激了种子用户的分享行为，带来第二波增长。

这个活动充分体现了在种子用户选择方面，通过设置优先购买权、种子用户专属加息特权的方式有效地解决了冷启动的问题，极大地缩短了冷启动的周期。

3.5　邀请机制

知乎和糗事百科最早都是使用邀请码机制来完成初始用户积累

的，小米也用了类似邀请码来做种子用户的激励和粉丝用户运营。邀请码机制在内容型和社区型产品中被广泛应用。

邀请码设计的目的是希望前期定向邀请目标用户，保证首批用户的质量，打造良性的社区氛围和文化，同时还能营造出一种神秘感，为产品开放注册营造用户关注度和品牌势能。人们通常会认为稀缺的资源往往意味着品质的优良，越得不到的越能激发人们的好奇心。其次，由于邀请码的稀缺性，获取成本比较高，而一旦获得，人们就会更加珍惜这种难得的机会，会更积极主动地使用产品，也会更好地宣传产品。

邀请码不仅能起到定向邀请、控制用户质量和用户增长速度的作用，还能作为一种工具，起到促进用户活跃，提升内容质量及促进用户病毒式扩散的作用。

邀请码最初是由平台定向发放，然后逐步开放申请，符合一定条件的用户都可获得邀请码。通过邀请码的稀缺性激发用户活跃，只要用户活跃度达到一定的条件就可以自动获得平台赠送的邀请码。**以前邀请码的发放只有平台一个节点，建立用户连接的点是有限的，用户增长的瓶颈是非常明显的。将邀请码赠送给活跃的用户后，就可由活跃的用户建立第二层用户连接点，他们成为成新的传播节点，以此类推，就会产生裂变的效果。**同时，还是由于邀请码的稀缺性，发放者会有选择性地赠送邀请码，这样保证了再次被邀请进来的是自己熟悉和认可的人，这样既建立了社交属性，又保证了新加入的用户的质量不被稀释。

【案例】知乎封闭测试，邀请码发挥大作用

知乎在发展头两年，一直用邀请注册的方式维护社区的专业性和内容质量。他们先向专业人士发邀请码封闭测试，再通过活跃用户发邀请码产生裂变式增长。知乎的冷启动主要包含两个阶段：

第一阶段：完全靠平台自主邀请完成。

知乎在初始阶段几乎是全封闭的，外界很难拿到邀请码。早期的种子用户靠创始团队成员邀请而来，几乎全部来自IT圈。用户主要有互联网的专业人士，还有知名的企业家和评论家，例如李开复、徐小平、周鸿祎、Keso、雷军等IT名人，这个小圈子开始“互问互答”，贡献了各种高质量的回答。知乎以此完成了原始阶段的冷启动积累。早期的种子用户以互联网人群为主，话题也多以互联网相关的内容为主。

互联网人群天生就具备对新鲜事物好奇、爱传播、爱分享的特质，这非常符合知乎知识分享社区的产品定位，也因此奠定了社区的专业、严谨、高质量的基调，为后续更多话题扩展和用户增长做了很好的铺垫。

同时，知乎不断通过名人效应对外发声，营造神秘感，又严格控制邀请码的发放，制造稀缺感，让更多用户渴望加入，而又无法轻易得到邀请码。这样既保证了早期社区良好的氛围不被破坏，又保证了用户的质量不被稀释。正因为如此，用户一旦获得邀请码，就会非常珍惜，积极参与社区互动，极大地提升了用户活跃度。

第二阶段：通过用户邀请用户，带来病毒式有序增长。

通过第一阶段严格控制人数的方式保证了内容的质量，知乎开始逐步给活跃的用户赠送邀请码，赋予他们邀请别人加入的机会。如果用户想要得到邀请码就必须更加活跃，这样邀请码就起到了刺激用户活跃和用户裂变式增长的双重效果。

知乎会根据每个用户的活跃度、贡献力度来分配邀请码，因此每个人在知乎得到的邀请码个数是不一样的。具体来说，得到的邀请码个数受如下因素影响：

- 提问题的数量（知乎需要更多好问题）；
- 回答问题的数量（知乎也需要更多好答案）；
- 被关注数（这是个人影响力的一种体现）；

- ❑ 编辑数量（知乎需要大家共同维护，比如给问题加上合适的话题）；
- ❑ 回答的答案，被顶的次数总和（知乎希望合适的人来回答问题，其他知友给予的投票是最好的认可）；
- ❑ 其他因素，比如问题被删除、答案被大家认为“没有帮助”、邀请过来的朋友如果提问和回答质量很低等。

因为社区的内容质量高、氛围好，大家也发自内心热爱这个社区，都不想这种氛围被破坏，都希望能邀请到能对知乎有贡献的人进来，希望能持续营造这样高质量的内容社区。当一个活跃用户获得邀请码，在邀请别人的时候也会非常慎重，会优先邀请高质量的好友加入。这样，用户增长的节点就从知乎官方一个节点，变成了平台认定的所有活跃优质用户无数个节点，既带来了用户裂变式的增长，又尽可能地降低了随着用户不断增长质量被稀释的风险。

回顾知乎这个案例，我们看到了邀请码不仅解决了冷启动的问题，还成为一种机制，成为有效调节社区内容质量、用户活跃度及用户裂变式增长的营销工具。深挖单一营销工具价值，形成一种运营机制，小工具产生大效果，是非常值得每个运营从业者深思的事情。

邀请机制需要注意的是：前期一定要控制好邀请的数量和质量，保证产品的纯粹性和调性，邀请的人最好是意见领袖或者名人，这样能够起到很好的示范效应和传播效果。

3.6 媒体报道 / 新媒体运营

媒体报道是大家最常见的一种品牌宣传形式，一篇深度媒体报道不仅能带来品牌上的宣传，还能带来很多合作机会及短时间的用户增长。以前这种方式多适用于大中型公司，有钱有资源，有专门的市场公关团队来做媒体关系，媒体也更愿意去报道一些比较成熟的或者明星项目。刚起步阶段的项目几乎无人问津。

但随着互联网和移动互联网的发展，越来越多的人开始关注早期创业项目，包括天使投资人、媒体、创业项目平台、孵化器、投资机构等，也出现了一些类似 36Kr 这种专注于早期创业项目的科技类媒体，与他们合作，寻求报道，也可以带来不少种子用户。有数据显示被创业媒体报道后的产品，无论在 APP 下载量上还是在吸引投资人和人才上都得到非常大的提升，如图 3-8 所示。

Q: 被36氪报道之后，会有什么效果？

A: 1. 统计显示，36氪报道过的2000多家公司中，86%的公司在访问量或者用户量上会有2倍的增长，10%的公司会有10～30倍的增长，少数公司会有50倍以上的增长。
2. 投资方面，近80%的公司会收到投资人的约见请求，48%的公司收到的邀约超过5家，还有约6%的公司因为36氪的报道直接获得融资。
3. 特别迅速的，比如这家：36氪WISE Talk一分钟demo项目当场获得真格基金百万级美元投资

Q: 如何才能提高被报道的机率？

A: 1. 通常我们的作者每天要看几十个项目，那么一封报道邮件的标题是否足够吸引人就会起很大的作用。请用一句话非常明白的讲清楚你们在做的事情。
2. 邮件正文尽量简洁，我们不希望看到非常官方的介绍，这只会增加我们的阅读成本，不会有助于理解你的产品。假设当你跟一个投资人介绍你一个朋友的项目时，如果只用几段话，你会怎么介绍？那么就那样来介绍你自己。
3. 你可以找朋友向我们的作者推荐，这需要你先知道我们哪位作者关注你所在的行业（可以通过我们网站上的文章来判断，每一篇文章都有作者的Profile链接）。
4. 不要试图联系我们每一个人，那只会浪费精力和资源。
5. 提交真实的信息，而不是夸大到难以让人相信的信息。我们更想看到客观的描述和呈现。

Q: 36氪报道需要费用吗？

A: 1. 36氪所有报道是免费的，与我们作者联系时请认准 @36kr.com 后缀的邮箱，这是最能证明作者身份的联系方式。
2. 任何人跟您说可以收费让您的文章出现在36氪网站上，或只有收费才能报道时，请先确认他的身份，并截图发到 ceo@36kr.com 举报。

图 3-8　免费获得 36kr 报道

如何才能获取媒体报道？

创业公司想基本上只要符合以下一个或者几个因素就具备被报道的条件。

- 做出好的产品。好的产品才有被报道的价值。那什么才是好的产品呢？可以是好的创意，别人没有想到的；产品有

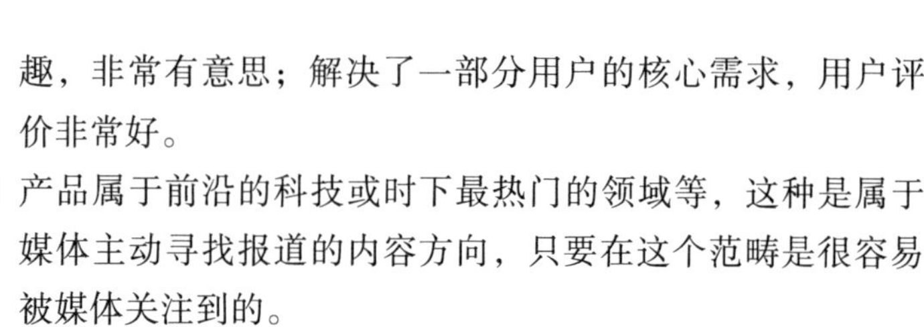

趣，非常有意思；解决了一部分用户的核心需求，用户评价非常好。

- ❑ 产品属于前沿的科技或时下最热门的领域等，这种是属于媒体主动寻找报道的内容方向，只要在这个范畴是很容易被媒体关注到的。
- ❑ 真诚地讲述企业或产品的故事，包括产品来历或创始人的故事，还可以是创始团队的故事。例如，创始人（团队）是什么背景、为什么会选择做这样一款产品、想解决什么样的需求、大家是抱有什么样的理想或情怀、大家都克服了哪些困难、解决了哪些难题最终呈现出了这样一个产品等。
- ❑ 发布有趣的数据报告或者有趣的案例研究。产品在日常运营过程中肯定会遇到很多的用户，要善于去挖掘和发现一些有趣的现象或者案例，对其进行包装，形成一些可传播和报道的素材。

怎么样寻求报道？可以通过以下几种形式：

- ❑ 创始团队自己的人脉关系，或自有公关团队，通过公关团队的媒体关系进行发布。
- ❑ 主动联系相关行业媒体，邀请媒体来采访。
- ❑ 直接给媒体投稿。
- ❑ 通过自媒体传播。

确认获得报道之后应该做什么准备？

- ❑ 在确认被报道后，一定要咨询平台对外报道的时间，提前跟各部门做好沟通，做好准备。在被报道后，短时间内会引发用户的主动搜索和下载，这个时候要保证服务器能承受住压力，避免短时间内用户增长过快，导致服务器崩溃用户无法访问，从而导致用户流失。
- ❑ 在被报道后会用户会从各个渠道去寻找，企业一定要想办法在主流的渠道保证自己能被搜索到，且搜索的产品名称不要被别人劫持。

- ❑ 做好收集用户反馈的准备。

随着微博、微信的快速崛起，自媒体开始大行其道，媒体的格局也发生了巨大的变化。以前中心化的媒体方式变成了碎片化的媒体形态，每个人都可以成为自媒体，而且自媒体用户群体也更精准。在自媒体时代，“主流媒体”的声音逐渐变弱，人们不再接受被一个“统一的声音”告知对或错，每一个人都在从独立获得的资讯中，对事物做出判断。如果在创业初期有一个自己的自媒体阵地，对于项目冷启动也将会大有裨益。

比如懒投资的创始人张磊，在创办懒投资之前创办了一个“大玩家”的自媒体账号，讲述年轻人的旅行、消费和投资的话题，内容 100% 由作者张磊原创，主要围绕银行、信用卡、旅行、投资相关的知识，帮助大家用低成本体验高品质的生活。通过长期发布高质量的文章他积累了不少与投资理财、旅行相关的高质量粉丝，这些都是日后懒投资高度匹配的精准目标用户。懒投资刚一上线的时候，他就通过“大玩家”账号发布公告，并通过给粉丝投资礼包的形式快速实现从自媒体向懒投资导流，很快就解决了冷启动的问题。大玩家的自媒体平台也承担了持续为懒投资导流的重要作用，2 年的时间，懒投资的交易额就突破了 100 亿的规模。

当然，也不是人人都能有一个自媒体平台，大家也可以跟相关的自媒体进行合作，这也会带来意想不到的效果。

除了垂直媒体和自媒体之外，目标用户重叠度高的 SNS 社区、QQ 群和论坛也是获取种子用户的重要渠道。注意，一定要选择那些目标用户聚集的社区，而不是任意社区，只有目标用户在的地方，才有可能拉来种子用户。

比如笔者的公众号“大虫运营心经”主要是发布一些与运营相关的文章，笔者的目标群体就是与互联网产品和运营相关的人群。最初笔者的公众号是没有粉丝的，需要做外部引流，笔者就把文章有针对性地发布到互联网产品经理社区 PMCaff，这个社区的用户主要是产品经理和运营相关的从业者，由于文章质量不错，很快就获取了第一波种子用户。后续通过持续的内容更新，吸引了更多的垂直社区和行业媒体关注转载，这就实现了粉丝的快速增长。就在笔者写书期间，公众号长时间没有内容更新，每天都依然会有很多粉丝增长，这些都是来自于早期在各个渠道发布的内容的粉丝转化。

媒体报道是一种宣传渠道，它与流量获取渠道的区别在于，媒体可以有比较多的篇幅去详细讲述产品的故事、卖点，很容易通过内容打动读者获取到一些目标用户。但媒体报道可能会把产品很多不完善的地方暴露在公众之下，因此，在是否选择媒体报道、什么时候选择媒体报道方面，需要掌握好尺度，尽量让获取来的用户都能留存下来。

媒体报道会带来自然新增用户，但既然产品在冷启动阶段，用户不宜增长过快，我们在本书第 1 章里面就讲过用户过快增长的危害。因此，在寻求媒体报道的时候也要注意控制好节奏，不宜发力过猛，而应该循序渐进。前期通过少量、精准的媒体报道，获取少部分精准种子用户，让这些人来体验产品，反馈意见，进而实现产品快速迭代。当产品打磨完善后，且在用户留存率和稳定性都比较好的情况下，可以集中寻找媒体报道，来一次跳跃式的用户增长。

冷启动的方法还有很多，例如：

- 交叉推广、地推：滴滴打车。
- 事件营销：西少爷肉夹馍（通过一篇《西少爷自述：我为什么要辞职去卖肉夹馍》的文章火遍朋友圈）。
- 小游戏：围住神经猫。

- 邮件营销：linkedIn 中国。
- 故事营销：Roseonly，一生只送一人。
- 借势营销：Airbnb 借势总统大选。
- 体验式营销：日本护肤品牌 DHC 免费试用。
- 直接召开大型发布会。
- ……

总之，推广方式看似纷繁复杂，其实只要记住一条就够了：**充分发挥自身的优势，寻找目标用户重叠度高的渠道，找到适合自己的冷启动方法（可能是一种也可能是多种方法组合，在实战中不用刻意追求是哪种方式），把每个细节执行到位，就能取得很好的效果**。冷启动的核心还是产品，方法和渠道都是辅助和放大效果，用户获取仅是一方面，留存率才是冷启动阶段最需要关注的指标。留存率越高，未来开放渠道获取更多用户时才能实现健康的增长。否则，再多的用户也于事无补。

3.7　本章小结

本章我们重点围绕产品冷启动讲述了 6 种方法，分别是名人效应、打造爆款、马甲效应、种子用户特权机制、邀请机制和媒体报道 / 新媒体运营。产品冷启动阶段是验证产品模式和运营模式的阶段，需要找到第一波用户来破局，让他们提出反馈意见，以此来迭代和打磨产品。冷启动的每一种手段都有他的优点和局限。冷启动阶段的用户不需要太多，关键是要有反馈，并且要精准，找到那些真正热爱产品的用户，才是冷启动阶段最需要的。冷启动的方法也不局限于某一种，而应根据创始人自己的优势找到最适合自己的方法。在下一章内容中，我们将围绕如何规模化获取用户、如何将用户留下来及如何对用户整个生命周期展开运营进行详细讲解。

第 4 章 用户的拉新、留存与转化

前面我们讲了驱动增长的战略要素，从本章开始，我们将从战术执行层面详细讲解如何实现用户增长。第3章讲到了冷启动，冷启动是在整个用户增长过程中最初期的一个阶段，但用户增长是一个持续的过程，拉新也是一个源源不断的过程，接下来的内容分别就如何做好B端、C端用户的拉新和留存展开讲解。

4.1 B端用户拉新4步曲

B端用户拉新，主要的方法和步骤如图4-1所示。

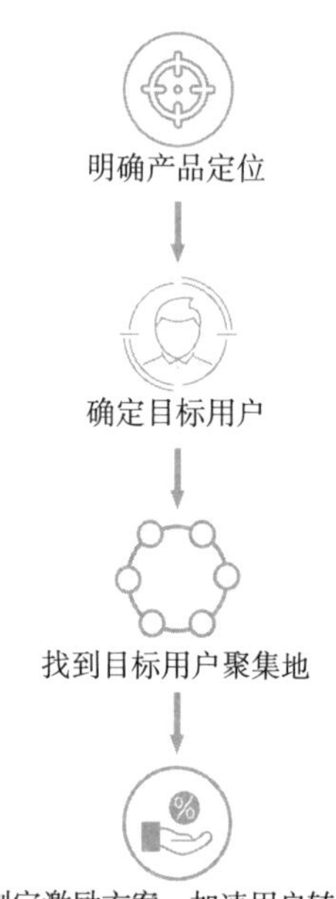

图 4-1 B端用户获取4步曲

4.1.1　第一步：明确产品定位

分析用户痛点和核心需求，明确需要提供什么样的产品功能或服务来满足目标消费者或目标消费市场的需求。

比如餐饮行业，有的商户客流量大，高峰期排队等位的时间长，造成客户体验差，容易流失。他们的痛点就是如何降低用户排队等位的时间，从而减少用户流失，扩大营业额。有一款专门帮助用户提前排队等位的产品“美味不用等”，提供的就是这样的服务。用户可以提前用手机取号，并且可以随时查看排队的状态，合理安排自己的时间，这样就极大地减少了无聊的等位时间，又解决了商家在高峰期的会员管理问题。

4.1.2　第二步：确定目标用户

明确产品的目标用户是谁，他们都有哪些群体特征等。

在运营过程中，目标客户需要不断通过销售实践来进行修正，正确地找到了目标客户，就开启了实现业绩增长的大门。一般来说，目标客户具备以下几个特征：

- 年龄、性别、职业和所在地。如：某女性佩饰网站的目标用户就是 25 ～ 40 岁的白领女性，主要集中在北上广一线城市；
- 有哪些基本需求，使用产品主要解决哪些方面的问题；
- 使用频率 / 周期。大概多长时间使用一次产品，是高频还是低频；
- 使用特征。如：是固定使用习惯，还是一次性使用，是个体需求还是团体需求等；
- 关注因素，哪些因素影响客户的使用或消费决策。如：价格、便利性、体验、评价等；

- ❑ 支付能力如何，是否具备一定的支付能力。

4.1.3　第三步：找到目标用户聚集地

分析目标用户都在什么地方，找到他们的聚集地（包括线上和线下），采取相应的手段将他们转化为平台用户。

比如，线下经常采用的B端用户获取方法有展会、展览、行业峰会、地推等方式，像团购、外卖、打车等早期都是通过线下地推的方式进行拉新。线上可以通过红包分享、PR宣传、异业合作、广告投放等方式进行拉新。

4.1.4　第四步：制定激励方案，加速用户转化

在拉新时往往需要配合一些激励政策，有利于加速新用户获取。

包括但不限于：现金奖励、实物奖品、抽奖机会、返利、分成、其他优惠政策、免费营销资源等。比如团购行业在商户端拉新时承诺给予商家线上补贴或者大额预付金、出行领域对司机端的疯狂补贴、邀请司机加入返现金等，都是通过激励方案加速B端用户决策，以达到快速转化的目的。

【案例】家庭共享厨房——“回家吃饭”如何获取家厨

“回家吃饭”的产品定位是一个家庭厨房共享平台，致力于挖掘美食达人，与身边人共享家庭美味。商家端解决的是美食达人利用闲散时间分享美味同时赚取一定收入的需求；用户端解决的是忙碌的上班族没时间下厨，但又想吃到安心可口的家常菜的需求；解决对健康饮食的需求与富余生产力的对接问题，创造一种全新的生活方式。

这也是一个典型的双边型业务，产品上线前首要解决的是家厨端的供给数量问题，要有一定数量的家庭厨房供给，保证用户下单

时有的选。与外卖平台最大的区别在于：外卖平台的商户是显而易见的，大街上随便找个餐饮商家都可以合作，是一个线下存量市场，要做的就是线下商户线上化。“回家吃饭”的供给端是新创造出来的一个产物，没有已知的存量市场，需要重新开发能提供家庭厨房共享的用户，去创造一种新的供给能力。那我们首先就得去分析，什么样的人具备这样的能力，可以提供家庭厨房来做饭，分享给周边的人。家厨端的用户特征画像是：

- 有大量的空闲时间；
- 有生产美食的能力；
- 愿意分享给周围的人。

“回家吃饭”的创始团队来自阿里巴巴当年的“中供铁军”，有着丰富的地推经验。最开始他们把家厨端目标锁定在了已退休、赋闲在家的大爷大妈这个群体身上。因为他们有大把的空闲时间，并且具备丰富的生活阅历，能做出来自于他们家乡的美味，也比较符合“回家吃饭”倡导的“家乡的味道”的定位。于是他们把重点放在大爷大妈们身上，通过地推发放传单的方式，获取了第一波家庭厨房。随着时间的推移，他们分析发现，通过地推方式挖掘的家庭厨房留存率非常低，次周留存率只有百分之十几，而且获客成本非常高，一个家庭厨房的获客成本达到了两三千元，烧钱超过五千万人民币。

后来经过内部开会讨论，分析当前家庭厨房的获取存在两个问题：

第一，目标群体定位有误。大爷大妈们虽然时间充裕，但是他们对互联网的认知和理解能力有限，需要花大量的时间和精力对他们进行培训；

第二，推广手段纯靠地推效率太低。

他们重新分析了目标群体，还有什么人群符合这个特征？后来，他们把目标锁定在了年轻的家庭主妇、追求自由职业和热爱美食分享的年轻达人群体身上。年轻人接受新事物能力更强，对互联网认知程度高，培训成本低，极大地加快了入驻上线的速度。他们热衷于分享美食，在互联网上聚集，很容易形成线上的口碑传播。

后来“回家吃饭”精简了线下地推团队，并将主要的获客方式转移到线上，目标群体也以年轻人为主，极大地提高了家庭厨房拉新效率，获客的成本降低到单个家厨只有几十元。

从“回家吃饭”这个例子中我们可以看到，在拉新开始之前一定要对目标用户有清晰的人群定位，不同的用户群体会有显著的差异，需要采取不同的刺激手段和沟通策略。一旦发现方向有误，需要及时调整。

4.2 B端用户留存：不同生命周期阶段的运营策略

有效的用户增长来自于新用户的留存和成长，只有源源不断的新用户成长起来，用户增长才有意义，才能持续不断地在平台产生价值，进而降低用户获取的边际成本。B、C两端用户都一样，都存在新手期、留存期、活跃期和流失期几个阶段。大量的用户获取进来之后，有的在新手期没有玩转平台，没有成长起来，没有产生订单，或产生的订单量不足以对他们产生吸引力，就流失了。在入驻过程中遇到一些产品问题得不到解决，也会阻碍B端用户的成长。

因此，要做好B端用户留存，我们需要从用户入驻、成长到流失的整个生命周期的维度去拆解，在不同的阶段制定相应的运营策略，建立一套完整的B端用户成长体系和价值闭环，帮助他们在平台上成长起来，源源不断地为平台贡献优质的供给，从而更好地去满足用户需求。

B端用户成长的几个主要阶段及运营策略如图4-2所示。

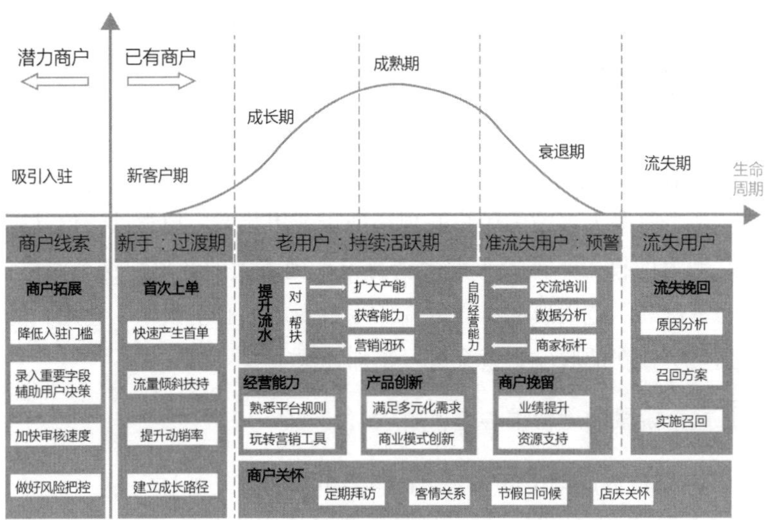

图 4-2　B 端用户全生命周期管理策略

- 吸引入驻阶段：降低门槛吸引入驻，完成开店上单。
- 新手过渡期：帮助用户快速产生第一笔交易。
- 持续活跃期：引导用户扩大产能，做好客户服务，玩转平台营销工具，发挥自身优势，形成持续盈利能力。
- 用户流失期：分析用户流失原因，制定有针对性的召回方案。对即将流失的用户进行有效挽留，流失用户实施召回。

下面我们具体讲讲这几个不同的阶段的运营方法和策略。

4.2.1　吸引入驻阶段

这个阶段的难点在于降低入驻的门槛，既要保证简单快捷，又要保证入驻时录入的关键信息字段能满足平台做风险管控和用户筛选的需要，并在这两者之间做好平衡。商家在入驻阶段所录入的信息，将会对未来 C 端用户做购买决策产生非常重要的影响，如何保证 B 端用户在入时尽可能高质量地录入相关信息，将会对未来的成交转化率产生非常大的影响。因此，在这个阶段，核心是要打造一条快速上线流程，精简录入信息，加快平台审核速度，提高B端用户入驻效率。

打造一些成功案例，形成示范效应是有效吸引用户入驻的关键。这个阶段大多数的用户心理是处于观望状态，想尝试，但又不想有太大的投入，怕投入太多精力得不到太大的产出。这个时候，成功案例的示范效应能有效的降低用户观望的心里预期，让用户能看到实实在在的收益，就会进一步加速决策。

这个阶段的运营重心是：

- ❑ 打造极简的上线流程，降低入驻门槛；
- ❑ 筛选有效信息，辅助用户消费决策；
- ❑ 快速审核，快速上线；
- ❑ 打造成功案例，加速入驻转化。

【案例】Uber快速扩张，司机急速入驻

2014年，Uber在刚进入中国市场时，一个城市的基本配置只有3个人，每天却要面对海量的司机与乘客，Uber又是如何完成这种高效的管理的呢？以深圳为例，刚进入深圳时，平均15～20分钟才能接载到客人，运营的工作就是在最短的时间内，把这个数字缩短为10分钟，甚至5分钟，并确保司机的服务质量，以及降低因为接载力不足、服务不到位而导致的行程取消。

这个APP同时服务司机和乘客，需要考虑的问题是司机增长量是否匹配用户的增长量。在要司机规模还是要司机质量两者之间权衡，他们选择把规模放在了第一位。把入驻门槛降得足够低，司机入驻信息审核直接外包给第三方。成为Uber合作车主的要求非常简单：车5年内新、价值8万元以上；司机注册的方式仅仅需要在网站上传驾驶证、行驶证、身份证件和一张与车辆的合影。一旦资料上传成功，几分钟便可完成申请，在很快的时间内即可上岗运营。

4.2.2　新手过渡期

这个阶段的难点是如何快速实现交易或某些关键指标零的突破，建立用户成长机制，指引用户成长。

新用户入驻初期对平台都会抱着尝试的心态，这个阶段他们的自信心和对平台的信任度都不高。如果入驻之后很难达成交易，很多用户可能就会放弃，然后就流失了。如果入驻后能快速产生第一笔交易，会极大地增强他们的信心和对于平台的信任度，会更有动力去自主探索如何进一步扩大交易额，并且逐步在平台成长起来。

这个时候的运营重点是帮助他们快速实现交易零的突破。在全站流量分发上，给予新用户固定展示入口，保证他们能有初始流量解决他们在平台冷启动的问题。平台端商家运营人员要重点在活动和其他资源上对新用户给予流量上的倾斜和政策上的扶持，帮助他们解决在实现交易额零的突破过程中遇到的各种问题。提供培训、营销策划、用户需求信息、产品包装 / 挑选等服务。站在平台运营的角度，一定要不断关注新增用户的动销率，如果动销率很低甚至是 0，那就需要有针对性地帮他们寻找问题原因，然后帮助他们解决，实现动销零的突破。

什么是动销率?

动销率是店铺或商家有销售的商品的品种数与本店经营商品总品种数的比率，计算公式为：商品动销率 =（动销品种数 / 仓库总品种数）×100%，用于反映销售商品品种的有效性。动销率越高，有效的商品品种越多；反之，则无效的商品品种相对较多。

这个阶段的运营重心是：

- ❑ 新手引导。对于新入住的用户给予引导和帮助，让他们快速熟悉平台的规则和玩法；
- ❑ 开单 / 开张。快速破首单，彻底解除入驻后的忧虑，可以极大鼓舞用户积极性；
- ❑ 用户赋能。赋予他们自主运营的能力，合理利用平台营销工具，开展自主经营；
- ❑ 新用户政策倾斜，给予新用户一定的流量支持，提升实际销售。

【案例】团购网站通过“每日新单”帮助新用户快速实现零的突破

团购网站有一个重要的产品模块叫“今日新单”，“今日新单”会展现刚上线的商户。在团购网站发展的早期，商户数量还不是很丰富的情况下，这个功能对于C端用户来说是一个经常访问的模块，浏览一下今日又新上线了什么商家，也承担起了为新上线的商户导流的作用，保证新上线的商户一上线就能有用户访问，快速产生交易流水，增强商户信心。不光是流量上的倾斜，在团购竞争最激烈时，团购网站对于新签的商户会给予重点补贴，以便帮助他们快速实现交易额零的突破，也会激发商户的自发推广动力，补贴会持续一段时间，培养用户黏性，并随着交易规模的增加而减少，直至取消。

4.2.3　持续活跃期

这个阶段的难点在于培养商家的自主经营能力，引导商家成长，帮助商家产生持续性收入。

引导商家持续扩大产能，做大用户规模，玩转平台营销工具和促销活动，不断提升交易规模。让商家跟随平台的成长而成长，享受平台发展红利；同时，又能实现自我节奏的成长。**能否让他们在**

平台实现持续性盈利，是实现商家端留存最为核心的因素。

这个阶段的运营重心是：

- 重点商家实行一对一或一对多帮扶，让他们进一步深度熟悉平台规则和玩法；
- 定期组织行业交流与培训，打造行业标杆商户，通过做案例分享树立榜样力量；
- 做好数据分析，引导他们通过数据发现在整个交易流程中存在的问题，不断改进和优化；
- 引导发挥各自优势，做好用户经营，不断将平台用户转化为他们自己的用户，最终实现他们自己的交易规模的提升。

【案例】荔枝FM产品创新，吸引主播入驻，帮助主播创收

荔枝 FM 是一款集录音、编辑、上传、收听、下载于一体的播客应用。它不仅节省了创建播客繁琐的准备和操作，更将创建播客的门槛从专业 DJ 降至普遍人群，让每个人都有机会创建自己的播客频道。目前，荔枝 FM 已拥有 2 亿下载量与 8000 万的使用用户，在荔枝 FM 上开设播客的用户群已超过 180 万，他们是通过什么手段吸引 B 端用户（主播）的入驻，刺激他们在平台留存下来，并且在平台持续性活跃的呢？

核心就在于，他们打造了一条降低录音门槛吸引优质主播入驻、提供运营工具帮助主播做好内容管理和粉丝互动、建立用户成长机制、设定非常明确的成长目标指引、设计商业模式帮助主播在平台产生收入、刺激主播持续性产出优质内容，逐步成长的完整的运营闭环，如图 4-3 所示。

第一步：降低录音门槛，吸引主播入驻。

以前做档网络电台节目的门槛非常高，需要主播在家搭建录音室，还要学会用 Audition 等音频剪接软件来剪接、配音、混音等。

然后通过租或者购买一台服务器存放节目，最后找渠道去宣传自己的节目。荔枝 FM 是靠录音工具起家的。录音的同时就能对周围的环境音自动降噪，对声音进行美化和回声抑制，也可以随时添加多首音乐。背景音乐在没人讲话时会自动增大音量，人一讲话就会减小，整个过程都相当简单，录制出来的效果和录音棚里的差不多，主播们发现效果很好，又有听众，自然就留下了。

图 4-3　荔枝 FM 建立完整的用户运营闭环

第二步：提供运营工具，帮助主播做好内容管理和粉丝互动。

如何经营首批用户是很多初创产品团队头疼的问题。荔枝 FM 通过调研，发现在 Podcast 和豆瓣小站上的中文播客只有两千多个，其中有持续更新节目且活跃的，约五百个。他们设法邀请这批播客来到荔枝 FM。

他们分析后发现这群播客有个痛点：当时的 Podcast 推广服务都是收费的，且大部分是国外提供的服务器，需要翻墙操作，既慢又很难操作。于是针对这个需求，他们推出终身免费 Podcast 推广的服务。主播们就通过这个服务来使用荔枝 FM 的播客管理平台，再通过该平台上传、分享、察看节目的数据跟效果。荔枝 FM 为主播们提供了一个专业服务的平台后，如图 4-4，他们就主动留下了。

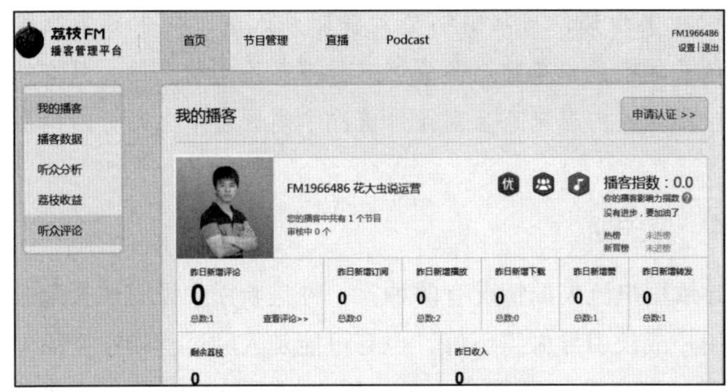

图 4-4　荔枝 FM 内容管理平台

第三步：建立用户成长机制，设定非常明确的目标指引。

注册成功后，APP 会立即收到一条 push 消息，告诉你接下来应该怎么做，每上传一期内容可以完成什么目标，上传 5 期以上内容，持续更新便有机会成为签约主播，实现商业化收入。他们还建立了播客学院，邀请了精英主播来开课，开设了很多的课程。导师们会教发音练习、普通话练习、内容策划、录音设备使用、后期制作等。

第四步：快速给新用户导流，实现某些指标零的突破。

荔枝 FM 在有了内容之后就需要做好分发，把优质的内容推荐给合适的用户。他们采取榜单加智能推荐结合的方式，逐步加入人工推荐和同城 LBS（基于位置服务）的方式。

他们提供各种榜单，如热榜、新进榜、男生榜、女生榜等，用来解决头部内容的分发，新进榜可为新加入的主播导流。

第五步：优质原创内容与主播经济，打造可持续发展生态。

他们一直坚持走 UGC 路线，引导用户生产高质量的内容。在 UGC 模式下，如果能为优质播客带来收入，就能主播产生优质节目提供动力。他们一方面采用赠送虚拟道具（荔枝）的方式来提高主播的收入；另外一方面，推出主播打榜，让喜欢的主播上榜，既能让主播产生收益，也可体现粉丝对主播的忠诚度，头部主播还可开通粉丝俱乐部，粉丝缴纳会员费即可入会，探索更多的盈利模式。从长远来说，单靠兴趣爱好来维持是不能长久的，只有让主播持续生产优质内容来产生商业价值，才能让整个生态可持续发展。

4.2.4 流失期

导致用户流失的情况有两种：一种是新用户没有成长起来，可能是用户成长引导做得不好，也有可能是入驻过程中在产品上遇到某些无法解决的问题等。关于新用户的成长与引导，前面已经讲了，这里重点讲另外一种：老用户不再活跃了。

通过分析，老用户不活跃的原因可能有几种：

1. 竞争对手恶意挖角

竞争对手有针对性地展开挖角，给用户开出非常有诱惑力的入驻条件，只要发生转移就给予一系列的优惠政策，导致用户发生转移，从而流失。

针对这种情况，首先要分析这是个案还是集体性的，如果是个案，可以考虑匹配竞争对手的资源，如果确实资源力度太大，个别用户也可以放弃；如果是集体性的，就需要整体考虑，快速跟进做好用户挽留，同时也要主动出击，针对竞争对手的用户进行有针对性的挖角，与对手展开周旋。

2. 持续性盈利问题

如果一个用户在平台上长期无法实现持续性盈利，就会失去经营动力，导致流失；还有就是，之前一直盈利的用户，因为平台政策、行业竞争环境（比如广告费涨价、分成费用涨价、行业恶性竞争等）等发生改变，转为亏损，并且短期内无法扭亏为盈，也有可能造成用户流失。

这种情况就需要进一步分析：究竟是用户自身原因导致的无法盈利，还是平台内部环境导致的无法盈利。如果是平台的问题，就需要分析这种政策上的调整是否会造成大面积的用户流失，如果出现持续性的用户流失就需要及时调整政策了。如果是行业恶性竞争导致，就需要及时出台应对策略，加大对优质商家的扶持，避免出现劣币驱逐良币的现象，最终导致平台对消费者的吸引力下降。

3. 用户反馈的问题长时间没有得到反馈和解决

这种情况需要及时处理用户反馈的问题，把问题解决掉之后对用户做挽留或者召回。并且要查看用户反馈问题的通道是否畅通，解决问题的机制是否高效，避免用户因为反馈问题得不到解决而造成流失。

4. 平台的竞争力下降

对用户的补贴力度下降、产品体验差、收费过高、某些产品功能被新平台所取代等因素都有可能造成平台某方面或者整体竞争力的下降。

竞争力是多方面的，需要随时监控市场动态，针对行业最新动向在产品策略和运营策略上随时做调整。市场是多变的，平台的运营策略必须要紧贴着市场走，如果运营策略始终一成不变，一不小心就容易被市场所淘汰，被用户所抛弃。

Tips：商家运营的 3 个核心要素

1）充分理解商家所处行业的发展趋势和规律，将互联网的运营思维和营销工具与每个行业做深度的结合；

2）充分挖掘商家的优势资源，制定有针对性的运营方案。学会“借力打力”，调动他们的积极性，帮助他们合理地运用平台的营销工具和规则持续提升营业额；

3）利用好榜样的力量，通过塑造标杆商户，打造成功案例，挖掘优秀商家的成功经验，反哺同行业其他商家，形成有层次的商家结构。

这个阶段的运营重心是：

- 持续关注用户问题反馈并及时跟踪是否有效解决；
- 通过销售数据预测潜在流失用户，做预警，有针对性地进行挽留；
- 及时关注外部环境发生的变化，监控用户活跃度。

4.3 C端用户拉新的10种方法

前面讲了B端用户的拉新、留存和整个生命周期的管理策略，本节将以大致相同的逻辑对C端用户的拉新、留存和生命周期管理策略展开讲解。

C端用户的拉新在B端用户拉新方法的基础上，略有一些不同，本书为大家介绍10种方法，如图4-5所示。

图4-5 C端用户拉新的10种方法

4.3.1　方法 1：打造流量型产品

打造与自身产品定位相符合的流量型产品，即用户高频次使用的产品功能，让用户产生黏性，再引导用户使用其他产品功能和服务。

很多互联网产品初期都是靠单点突破，通过某一个产品功能或服务吸引用户使用，形成用户黏性，再逐步增加更多产品功能和服务，满足用户的一站式需求，延长用户的生命周期。因此，如何设计好这种入口级产品功能就非常重要，我们通常称之为流量型产品。

流量型产品的特征：高频、刚需、满足大众化需求。

【案例】去哪儿机票比价搜索，解决用户机票搜索比价的刚需

去哪儿做机票比价搜索起家，逐步增加了酒店、旅游度假、门票、团购等业务。早期，去哪儿以机票搜索比价为核心，将其打造成自己的流量型产品，形成用户黏性后再将这些用户导入酒店等其他业务。相对于酒店、旅游度假等业务类型，机票是一个高频和大众化的需求，而且比价搜索满足了用户信息查询、筛选、比较的需求，用户将其作为一个重要的工具在使用，非常容易产生用户黏性，并成为购买机票的一个首选入口。

4.3.2　方法 2：打造流量品类

“流量品类”来源于传统零售，主要是指吸引客流的品类。

流量品类的特征有以下几点：**销量高、单价低、用户价格敏感、通用性强和大众化需求等，通常情况下是高曝光率品类**，可以通过流量品类吸引用户产生首次购买，再引导用户购买其他品类。

在生活中我们常见的流量品类有：

在团购行业，电影票就作为流量品类承担了拉新和为其他品类导流的重要作用。除此之外还有：麦当劳、肯德基、味多美等知名快餐连锁餐饮商家，因为具有门店数量多覆盖范围广、大众化需求、销量高、单价低、用户对价格敏感等特点，也被当做流量品类广泛用于拉新。

京东的图书品类也充当了流量品类的角色。京东最早做 3C 数码产品，客单价高，用户购买频次很低。为了提高用户的购买频率，培养用户的黏性，京东选择了进入图书品类。图书品类是一个典型的高频、低价和大众化需求强的品类，非常符合流量品类的定位。通过图书的销售，极大地增加了京东的用户购买频次和黏性，进而带动了其他品类的销售。

在线下大型超市、卖场里面经常看到的那些最先吸引消费者眼球的各种“堆头”类商品就是超市的流量品类。

如何通过流量品类拉新呢？主要操作步骤有：选品、促销、推广（线上、线下）。

1. 选品：选择拉新单品

选品上主要从以下几个维度考虑：

单品价格：单品价格通常以低价类商品为主，但可以设置价格区间，通过选择不同价格区间的单品，覆盖更多单品和更多价格范围，满足不同类型的用户需求，覆盖更多的用户群体，有效提升用户的转化率。单价高的单品带来的用户质量更高，从而使得用户支付的金额和复购率也更高，如图 4-6 所示。

误区

一味选择低价，做大力度补贴，会带来大量的非目标用户和羊毛党。

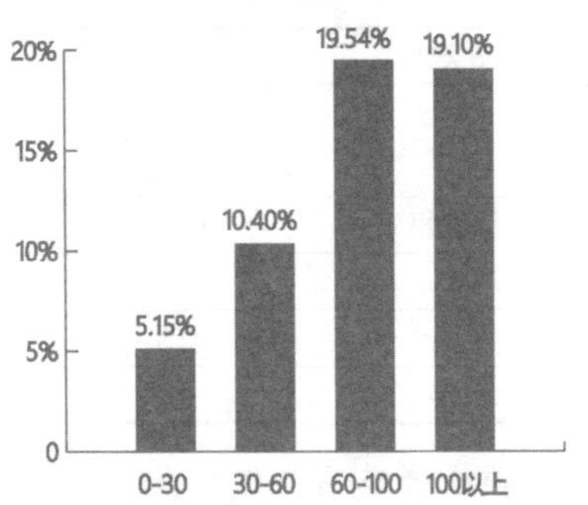

图 4-6　团购拉新单品价格与复购率的关系

单品定位：选择的单品一定要尽可能与目标用户的定位相吻合。

数量丰富：可以从多个流量品类选择不同单品，进行组合。

流通性强：单品要普适性强、变现能力强、适应人群范围广。

2. 促销

选定好单品之后，针对单品做补贴，通过大力度的补贴短期内快速吸引目标用户关注，快速获取大量用户。促销的形式通常包含：立减、满减、代金券抵扣等方式。

3. 推广

“酒香也怕巷子深”，选择了好的单品，做了补贴，一定要进行大力度的宣传，让更多人知道，在目标用户群体集中的场景或渠道进行推广，通过促销吸引他们下单，转化成新用户。

【案例】团购网站如何确定流量品类，以及如何选品、促销和推广

根据流量品类的特性和销量排名找到餐饮（二级品类是小吃快餐和甜点饮品）和电影是符合销量高、单价低且有大众化需求几个重要特征，因此选择这两个品类作为流量品类，如表4-1所示。

表4-1　流量品类选择

单价区间	品类大类	二级品类	全网销量占比
0～30元	美食	小吃快餐	10.40%
		甜点饮品	3.55%
	休闲娱乐	电影	5.47%
30～60元	美食	自助餐	8.73%
60～100元	美食	湖北菜	5.31%
	休闲娱乐	足疗按摩	2.91%

然后在这两个品类选择单品，如麦当劳、肯德基、味多美等小吃快餐，以及一些连锁型自助餐。根据前面提到的，选品时尽可能选择不同价格区间的不同类型的单品，尽可能多地覆盖用户需求，进行合理促销，而非一味地超低价补贴。在选品方面，一定要选流通性强的商家。

- ❑ 优先选KA商户，门店数量多（NKA：全国性连锁；LKA：区域性连锁）。
- ❑ 覆盖的范围比较广，尤其是在大型的ShoppingMall有覆盖，能有效地进行用户接触。
- ❑ 品类上优先于餐饮/电影等。
- ❑ 产品通用性强，最好上以代金券类为主，尽量不要选套餐。
- ❑ 数量尽可能多，满足不同类型的用户需求，如表4-2所示。

表4-2　流量品类选择覆盖数量

流量品类	立减金额（元）	价格区间（元）	团单数量（个）
餐饮、电影 （小吃快餐、甜点饮品）	9.9～19.9	10～20	1～3
	10～22	21～35	4～5
	13～22	36～45	5～6
	18～22	46～60	3～4
	22	61～100	1～2

确定好选品、促销方案之后就是在合适的场景下进行有效的推

广。团购是典型的线上线下相结合的一种业务形态，用户购买和消费在线上和线下完美融合。推广手段采用的也是线上和线下相结合的方式。线上在手机 APP 的核心位置展示，线下进行地推和商家联合推广，将线下的用户转移到线上。

线下推广：地推，选择在大型的 shopping mall，如：家乐福、沃尔玛等，在这种人流量密集且目标群体集中的地方做地推、路演活动，将用户拉到线上。

4.3.3　方法 3：营销工具创新

很多的互联网营销工具都来源于传统行业，在原有的基础上结合互联网特性进行改造和创新，然后让古老的营销工具焕发出新的活力。

下面介绍几个重要的互联网营销工具。

1. 代金券 / 红包

代金券是一个古老而又实用的营销工具，广泛应用于各行各业。例如：餐饮店在开业初期，会通过给消费者免费赠送代金券来拉新，券的数量 1 ～ 5 张不等，券的面额会根据各自的客单价和消费水平来定，每次消费只能使用 1 张，不能叠加使用，不找零。

还有一种方案：免费赠送一张，同时做满返，如消费满 100 元返 15 元，这样不仅仅达到拉新的效果，还能提升客单价，且通过返券的方式拉动用户复购。

在互联网行业，代金券广泛应用于电商、打车、旅游、金融等各个领域。近两年来，使用代金券最成功的案例非滴滴打车的“红包分享”莫属。**他们充分将营销工具创新、渠道特性、用户增长、用户活跃、跨品类用户导流完美地融合在了一起。将红包分享嫁接在微信这个超级 APP 上，充分享受了社交红利带来的用户增长。**

让我们来看下他们是怎么做到的。

用户打车成功之后可以分享红包给微信好友、朋友圈或微信群，不仅自己可以抢红包，其他好友也可以抢红包。这让每一个滴滴用户都成为了滴滴的传播者，通过红包的方式对用户进行补贴，让传播呈现出几何级数的扩散，短时间内实现了用户的快速增长。

用户分享红包的同时，自己可以抢红包，抢到红包之后就会有动力继续使用，让用户一直保持活跃的状态；同时，用户只要保持活跃就会不断分享红包，也就会一直不断地充当滴滴宣传者的角色，持续不断地对身边的好友产生影响，让更多的用户认识、了解和使用滴滴打车。

最开始做出租车业务时只是一个二维的模型，通过不断打车、分享、领取红包刺激用户提高使用滴滴打车的频次。随着快车和专车的发展，滴滴开始逐渐减少出租车红包的发放，开始大量发放快车和专车红包，把用户从出租车导向专车和快车，短期内又实现了专车和快车业务用户规模的增长，如图 4-7 和图 4-8 所示。

后面的顺风车、代驾、试驾等新业务也是如法炮制，屡试不爽。通过红包分享让用户对平台产生粘性，同时也为每个新业务快速导流，实现了新业务快速增长，极大地降低了获取用户的边际成本。用户增长模式如图 4-9 所示。

用户在首次使用滴滴打车时需要注册，滴滴每推出一个新业务的获客成本就只是用户使用红包的成本，每推出一个新业务，用户获取的成本就分摊一次，用户获取的边际成本不断降低。用户也从使用一个业务，变成了使用多个业务，使用的业务越多，用户的忠诚度越高。

代金券在电商和金融等行业也被广泛应用，基本逻辑大致与打车类似。其核心思想在于通过代金券的形式对用户补贴，实现了拉新、复购、跨品类导流等重要作用。其主要设计逻辑从以下维度展开：券金额、使用门槛、直接抵扣、满减、品类限制、地域限制、人群限制等，以达到不同的运营目的。

图 4-7　通过发专车券实现用户从出租车往专车倒流

图 4-8　通过发专车券实现用户从出租车往快车导流

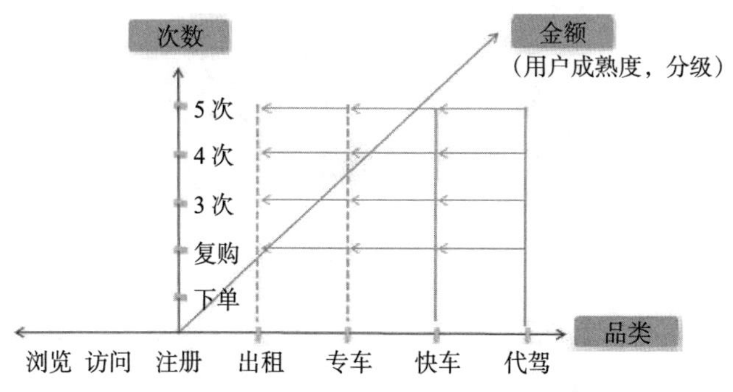

图 4-9　滴滴打车通过红包拉动用户增长模型

2. 体验金

“体验金”是互联网金融行业在传统体验式营销的基础上创新出来的一个营销工具，在拉新方面有非常显著的效果。

互联网金融平台获客面临的首要问题是如何解决用户的信任问题。如何降低用户的首次投资门槛，让用户体验平台的投资收益、快速存取等产品特性，以此来增强用户的信任度是运营的一大难点。体验金通过让用户免费体验投资理财的方式，巧妙地解决了上述问题。其主要玩法是给用户赠送一定额度的理财资本金，用户拿这笔资本金可以在平台进行投资，投资一定期限的理财产品后，将获得这部分理财投资的利息收益，并且可提现，体验金本身不能提现。其核心思路就是体验式营销，让用户通过免费体验的方式，降低用户的心理防备，快速了解平台产品特性，增强对平台的信任感，从而后续产生真实的投资行为。

体验金的发放形式一般有几种：

- 用户只要输入手机号即可免费领取，如图 4-10 所示。
- 注册成功送体验金。
- 首次投资送体验金。

图 4-10　免费领取体验金

不同的发放形式体现了不同平台对体验金的使用思路，有是直接降低门槛，让体验金作为理财的第一步；还有的就是既想让体验金发挥体验的作用，同时又激励用户完成某项任务，一举多得。

3. 抽奖

抽奖也是一种应用非常广泛的营销工具，一般是通过非常有诱惑力的奖品吸引用户参与抽奖，但需要用户完成一定的任务。如果主要目的是吸引用户注册，那活动规则可设计为注册后可抽奖；如果是希望用户完成 1 次交易，则活动规则就设计为完成 1 次交易后可参与抽奖；如果是刺激用户分享，吸引更多用户参与，那规则就设计为用户完成 1 次抽奖后，可分享给好友，好友获得抽奖机会，自己也可再获得 1 次抽奖机会。同样，也可通过赠送抽奖机会，激励用户完成其他任务。只要平台设置好固定的奖品数量和中奖概率，就能控制总的活动预算和新客获取成本。

抽奖的产品形式主要有两种：

（1）实时开奖

大转盘最常规抽奖形式，用户只要完成某项任务即可点击抽奖，且可以实时开奖。

【案例】大转盘抽奖，实时开奖

如图 4-11 所示，是某公司的注册可抽奖活动，只要用户完成注册即可参与抽奖，并当时看到自己是否中奖。

这种形式最大的优点是实时开奖，用户参与门槛低，可获得实时反馈，

图 4-11　注册可参与抽奖，免费赢 iphone

不用等待开奖时间，缺点是无法控制奖品的发放时间。

（2）非实时开奖

比如，用户完成注册流程后可参与抽奖，奖品数量固定，以时间期限或参与人数为上限，达到一定的时间期限或者参与人数即可开奖。

这种方式的优点是通过数量或者时间的方式来保证活动最低的参与人数，保证活动效果最大化，且通过规则透明的方式，让用户感受到更加公平公正，用户也会因为抽奖而实时关注平台动态，从而增加用户留存。缺点在于，奖品数量有限，参与的人越多，中奖概率越小，用户参与的动力就会越弱。

团购最早期时做了大量的抽奖活动，每一期抽奖都有高达几十万人参与。其中美团网的“美梦成真”系列抽奖活动就比较成功。用户只要注册且完成 1 个交易流程就可参与抽奖，每邀请 1 名好友可增加 1 次抽奖机会。每期活动时间一般是 7 天，7 天后无论参与人数多少都会开奖，只要奖品是苹果系列的产品，参与抽奖的人都能达到数十万人，如图 4-12 所示。

图 4-12　美团网“美梦成真”系列 0 元抽奖活动

团购网站早期就是通过这种抽奖方式，以极低的成本获取大量的新用户，这种抽奖也成为各大团购平台标配的活动。

营销工具创新小结：营销工具创新的核心在于，将工具特性和业务的特性做深度结合。什么样的业务需要是什么样的工具，在实际运营过程中需要解决哪些问题，在此基础上根据工具自身的属性，设计不同的参数，以此来调节不同的用户行为，达到企业运营的目的。

4.3.4　方法 4：好友邀请

好友邀请也是一个常用的营销手段，建立在平台口碑基础上，充分挖掘熟人关系用户只要觉得提供的产品好，就有分享给身边好友的动力，再加上一定的福利刺激，动力就更足。

邀请的模式有两种：一种是单方获益，比如只有发出邀请者可以拿到一定的奖励；一种是双方获益，邀请者和被邀请者都能得到一定的好处。如果平台每新增一个用户都邀请几个好友加入，就能产生裂变式的效果，极大地节省了流量获取成本，将营销的费用补贴到邀请上。同时，因为熟人介绍的关系，邀请过来的用户质量和转化率都会远高于渠道投放。

【案例】“你财富”通过好友邀请方式拉新

以“你财富”为例，平台的投资用户每邀请一名好友，即可享受被邀请者投资金额 50% 的特权本金（可以免费获得该笔资金的利息收益），且随着邀请人数的增加，特权本金的比例逐渐增加，直到 100%，如图 4-13 所示。

同时，为了提升邀请的成功率，用户可以给好友发送 50000 元的新用户特权本金，被邀请者可以免费获得该笔资金的利息收益，从而让双方都能获得收益，如图 4-14 所示。

同时，由于金融行业的特殊性，熟人邀请更增加了一层信任背书，极大地提升了投资的成功率。

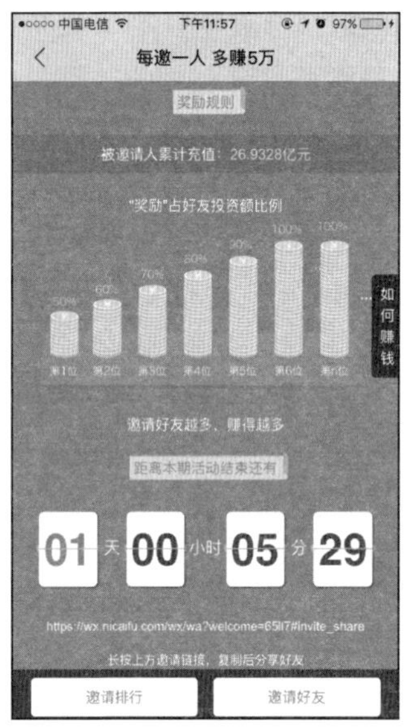

图 4-13　你财富好友邀请赠送体验金

图 4-14　赠送好友体验金

邀请在电商等其他行业也广泛应用。如图 4-15 和图 4-16 所示，天天果园和每日优鲜的好友邀请活动，设计的机制都是让邀请者和被邀请者都获利的方式，既刺激了用户发出邀请的动力，又增加了被邀请者的转化率，更能促进邀请的成功率。每日优鲜通过给好友发红包的方式不仅仅考虑到了平台的新用户，还把老用户也考虑了进去，这样增加了每一个邀请发出的流量回流，更加有效地提升了流量的转化。

好友邀请的成功有两个关键因素：一个是用户主动发起邀请动作的意愿度，这个取决于产品本身，产品口碑越好，用户越愿意主动分享给身边的好友；另外一个是被动邀请，即平台对于用户邀请的激励政策，奖励越大，邀请动力就越强。如果一个平台本身产品体验好，再加上有良好的激励政策，好友邀请的效果就会叠加。

图 4-15　天天果园好友邀请活动

图 4-16　每日优先给好友发红包各得 60 元

4.3.5　方法 5：地推

“地推”是地面推广的简称，是区别于纯线上获客的方式，在线下目标人群集中的地方通过面对面宣传，如：口头告知、路演、发传单、做活动、联合营销等方式进行推广获取用户。最常见的案例就是信用卡公司，到很多公司楼下做活动，只要办卡就送礼品，获取的都是有支付能力的精准用户。相对于线上获客，地推需要一对一地进行沟通，效率相对来说比较低。但是，在互联网时代只要有好的产品，哪怕最初接触的只是一小部分人也很快能在线上传播开来。因此，线下地推只是一种接触用户的手段，通过地推将用户吸引到线上，通过打造爆款刺激用户主动传播，从而提升整体获客的效率。还有的地推是在线下制造吸引眼球的事件，然后在线上进行广泛传播和放大，以此来获客。

做好地推获客需要重点关注以下几个方面：

- ❑ 找到精准的目标人群；
- ❑ 打造有吸引力的爆款；
- ❑ 宣传语 / 传单设计简单，用户利益点明确；
- ❑ 线上线下联动。

4.3.6 方法 6：异业合作

异业合作是指非同类型业务企业，有着相同的目标用户群体，相互合作，分别将自己的用户以相互发代金券等方式给对方导流的一种交叉推广营销手段。比如，在 ShoppingMall 里面，买电影可以免费获赠某家餐厅的抵用券；八达岭长城风景区，买门票免费赠送 1 张纪念照摄影照片，把游客导流给照片冲印的商家，进行二次转化。

异业合作有的是两个企业之间合作，也有可能是多家企业联合推广，比如早期微博和微信公众号之间的互推，经常能看到某个公众号推荐了一系列相关的公众号，其实就是这几家公众号在合作进行相互倒流。在移动互联网早期，比较流行的 APP 换量，也是异业合作。两个不同类型的 APP 之间相互约定以下载或激活为同一个标准，相互给对方按照相同数量或约定的数量进行相互带量。

做好异业合作需要重点关注以下几个方面：

- ❑ 跟同一个目标用户群体的产品合作；
- ❑ 跟同一个量级或比自身用户量大的产品合作；
- ❑ 互推手段尽量要结合对方的产品特性做做深度功能结合，而非单纯广告导流。作为一个产品功能是既能满足对方用户的需要，同时又能导流，能形成一种长期的合作形式。

纯广告的形式大多数就是一次性的，量级越大的产品越需要从产品层面考虑做功能性的结合。

4.3.7　方法 7：物质激励

物质奖励常用的方法是通过任务激励的形式来完成。只要用户完成某一个或几个关键动作，就可以获取一定的奖励。通过设置一个物质奖品，激励用户完成注册或首次成交。比如，只要注册即可免费领流量、免费领体验金、免费抽奖、免费领红包，等等，如图 4-17 所示。

图 4-17　物质激励式拉新，注册送流量

- 做好物质奖励需要重点关注以下几个方面：奖励的内容跟业务本身要有一定的关联性。比如，同样是送手机流量，不同的业务带来的效果是截然不同的。互联网金融网站送手机流量，带来的绝大部分不是精准的投资用户，因为投资理财的用户相对来说都是高价值用户，对于流量不敏感，因此采取这种方式效果就不好；但免费 wifi 类的产品，送流量带来的就都是精准的目标用户。免费 wifi 类产品的用户本身就对流量有很大的需求，且对价格敏感，因此，做送流量的活动就很容易吸引到精准的用户。因此，在设计奖励内容环节，一定要尽可能跟业务有一定的关联性。

- 要奖励关键动作，避免被薅羊毛。在设置任务环节，既要考虑到用户的参与度又要考虑到新用户的转化。比如，注册就送，门槛很低，带来的注册用户数会很多，但很可能导致后续的付费转化很差；如果改成下单成功送，门槛会高很多，转化率会低很多，但带来的都是真实的下单用户。也可以是层层递进，用户每完成一步奖励加大，直至达到企业最想用户达到的步骤。以上三种方式，都需要在实际过程中结合业务自身的特性和数据分析，找到成本最低，效果最好的方式。

4.3.8 方法 8：内容化

内容化获客是指企业以图文、音频、视频等形式在微博、微信公众号、今日头条、新闻媒体、视频网站、直播 APP 等网站持续性地输出与产品相关，且围绕用户核心需求展开的内容，通过高质量的内容吸引用户关注，形成转化。

内容化获客有以下几个特点：

- 内容是最精准的“广告”。因为内容而聚集的用户天然的精准，内容能有效地筛选用户。内容本身就已经过滤掉非精准用户了，对内容不感兴趣的用户，也不是产品的目标用户。内容是同时围绕产品和用户需求展开设计的，只要对内容感兴趣的用户就是产品的目标用户；
- 低成本，高转化。内容是最便宜的“广告”。随着互联网流量成本逐渐的走高，内容获客是一条低成本运作的极佳的方式。相较于传统的广告投放获客的方式，内容获客的成本只是生产内容的人力成本。通过内容吸引过来的用户对产品会有认同感，且因为用户精准转化率也会远高于广告投放所带来的用户。

- 长尾效应。优质的内容本身就能引发用户传播，有长期、多次、深度挖掘商业变现价值的空间；广告投放的获客方式是需要持续不断地投入才能保证新客的来源，一旦停止投放新客获取立马就归零。而生产出来的内容会因为其广泛的传播和沉淀，会源源不断地为企业带来新客户，形成长尾效应，质量越高的内容生命周期越持久。

【案例】Keep通过优质内容获客

Keep 是一款移动健身教练应用，在豆瓣、知乎、微博、百度贴吧、健身 QQ 群、各大健身社区里，围绕如何吃、练、健身、减肥、增肌、塑形等话题，通过 KOL 持续性地输出相关内容，引出科学的健身计划，吸引大量用户关注。对这些内容感兴趣的用户本身就是精准的目标用户，并且几乎是零成本。Keep 通过内容化的方式以非常低的成本获取到大量的精准用户，实现了快速的用户增长。

4.3.9　方法 9：活动拉新

我们在第 1 章“活动驱动增长”部分讲到了，互联网公司通过策划大型活动，拉动业务短期爆发式的增长，活动期间优惠力度大，新用户转化率会更高，渠道进行投放的效率也会更高。新客专属活动是大型活动中必不可少的一个环节，在大型活动中设置新客专属活动模块，承接新用户流量转化。每一次大型促销活动都会伴随大量的外部广告投放，必然会伴随大量的新访问用户，需要专门针对新访问用户设计活动模块，有效地承接这部分流量的转化。

笔者在负责百度糯米产品运营的时候，我们分析过一组数字，分析发现每天移动端 DAU 用户构成里面有几十万用户是非当日下载，但从未下单的用户。这个数据说明了什么问题？说明的是用户对百度糯米比较感兴趣，但是缺乏下单的动力，而且这个用户的量级还不是一个小数目。那就迫切需要在 APP 首页做好的新手活动转化，设计新手特权，刺激用户完成首次下单的动作。因此，我们推动产品上线了新手活动专区，在 APP 首页强化展示。上线之后新客量和新客转化率大幅度提升。

4.3.10 方法 10：机构获客

与目标群体重合度较高的机构进行合作，获取目标用户。比如，GrowingIO 是一家专门提供数据分析服务的公司，他们的客户都是企业客户，因此他们最好的拉新方式就是与目标用户集中的机构进行合作。虽然他们的客户是企业，但这些企业的决策者或者产品的使用者都是以个人形式存在的。而这些人多数是企业高管、产品经理、运营、数据分析师等角色，这些人在互联网上集中的地方包括：知乎、PMCaff、混沌研习社、一些商学院等，因此，GrowingIO 选择与这些机构以培训、讲课、内容输出等方式进行合作，免费获取精准目标用户。

拉新的方法很多，每一种方法都有自己独有的优势和适用场景，希望读者们能在充分了解自身业务的基础上，选择最适合的营销方式，有效获取目标用户。

4.4 C 端用户留存：不同生命周期阶段的运营策略

在整个用户增长体系中，大多数企业都把时间、精力以及预算都投入到拉新上，不太关注用户留存，导致用户的增长建立在需要持续不断地获取新用户上，一旦停止新用户的获取，增长就陷入停滞，这样的增长模式非常不健康。

一个健康的用户增长体系，既要搭建优质的新用户获取渠道，

又要做好用户在整个生命周期的留存和运营，让用户持续在平台上活跃，搭建一条完整的用户成长体系。只有用户在平台上成长起来了，才会产生持续的消费。本节内容主要讲如何根据用户生命周期的不同阶段制定不同的运营策略，从而有效提升用户的留存，降低用户获取成本。

C 端用户生命周期主要分为：新客户期、成长期、成熟期、衰退期和流失期。如图 4-18 所示。

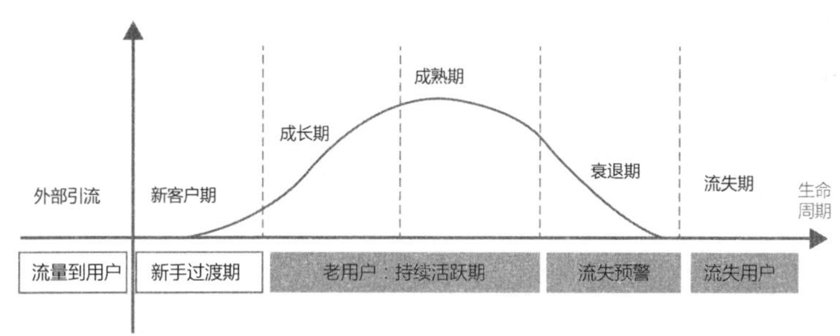

图 4-18　C 端用户生命周期管理策略

4.4.1　新手购买转化期：提升新用户购买转化和成长

1. 新用户运营的 2 个误区

（1）新用户只是一个节点而不是一个过程

很多互联网公司对新用户的定义都是以发生首次交易的那个非常短的时间点作为分界点，用户角色的转变就在发生支付前后的那 1 秒钟。只要用户完成了首次支付，就被视作老用户了。殊不知新用户的成长有一个时间周期，而非一个点。单纯从一个节点上去定义新用户，很容易导致新用户运营工作的缺失。

（2）仅从交易行为一个维度去定义新用户

大多数公司对于新用户的定义只有“交易行为”一个维度，只要用户完成了 1 次交易，不管用户支付了多少钱、购买了什么、从注册到购买间隔了多长时间等，都不再视其为新用户了。

但真实的情况是，随着用户的成长，购买次数不断增加，金额逐渐增加，购买的时间间隔也越来越短，购买的品类也更加丰富。因此需要从次数、金额、品类、购买时间间隔等多个维度去分析一个新用户是否真正转化成为平台的忠诚用户。

2. 重新定义新用户

（1）把新用户定义从一个节点转变为一个过程

从购买金额，购买次数，购买品类、购买时间间隔等多个维度引导用户认知平台，如图 4-19 所示，对平台产生黏性，快速度过新手期，这个对应的就是在 RFM 模型的基础上进行延伸。

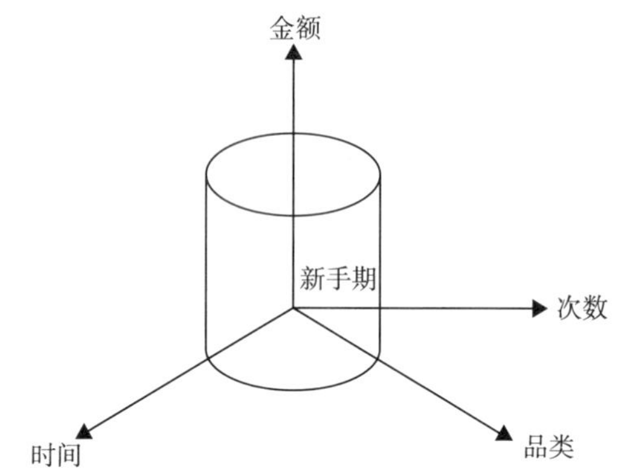

图 4-19　重新定义新用户：从一个节点到一个过程的转变

RFM 模型

衡量客户价值和客户创利能力的重要工具和手段。该模型通过一个客户的近期购买行为、购买的总体频率以及花了多少钱三项指标来描述该客户的活跃度和价值。

（2）平台新用户 VS 品类新用户

平台新用户：不管是单一业务类型还是多元化业务类型，用户只要完成首次注册即成为平台新用户。

品类新用户：品类新用户是从购买的角度去区别于平台新用户。一个用户因为某一个业务注册并且发生了交易，不代表用户会对其他业务感兴趣，因此，在平台新用户的基础上，重新定义一个品类新用户，即全平台只要未购买过该品类的用户都定义为品类新用户。

一个用户在平台首次购买的内容会让用户产生刻板效应，用户后续购买同样商品的几率会非常高。如果是多品类业务，每个品类对于用户来说都相当于是首次购买，虽然不用重复注册，但用户也需要一次新的认知，因此，拓宽新用户的定义，设定“品类新用户”，每个品类的首次购买用户都可以定义为该品类的新用户。

表 4-3 是某网站的新用户复购品类特征数据，从表中我们可以看出，首次购买酒店旅游品类的用户，60% 的人会复购该品类，29% 以上的用户会复购买美食品类；首次购买美食品类的用户，复购该品类的几率高达 87%，还有接近 10% 的用户购买了休闲娱乐品类；首次购买生活服务品类和休闲娱乐品类的用户的复购数据规律也基本一致。这表明，用户在一个网站发生的首次购买会对用户形成一个很深的刻板效应，用户会默认为这个网站提供的该项服务是最好的。

表 4-3　新用户复购特征数据

	品类	复购购买品类			
		酒店旅游	美食	生活服务	休闲娱乐
首次购买品类	酒店旅游	60.00%	29.47%	1.05%	9.47%
	美食	0.37%	87.89%	2.18%	9.55%
	生活服务	0.24%	46.84%	41.02%	11.89%
	休闲娱乐	0.44%	37.89%	1.74%	59.93%

3. 解决新用户留存难题

（1）设计激励机制

图 4-20 是一家互联网金融公司“简理财”刺激新用户提高首次投资金额的活动方案。用户首次投资的金额越高，获赠的体验金越高。

首次投资

序列号	投资金额	赠送体验金
1	投资≥1000元	1000元
2	投资≥2000元	2000元
3	投资≥5000元	5000元
4	投资≥10000元	10000元
5	投资≥20000元	20000元
6	投资≥30000元	30000元

图 4-20　新用户首次投资金额激励

（2）缩短用户购买时间间隔

如图 4-21 所示，仍然是“简理财”在新手转化的活动，刺激用户在注册 15 天内完成首次投资就可获赠体验金，并且在 15 天内完成二次购买还可获赠体验金。实际上就是通过体验金的方式激励用户缩短注册到首次购买，以及首次购买到复购的时间，加速用户转化。

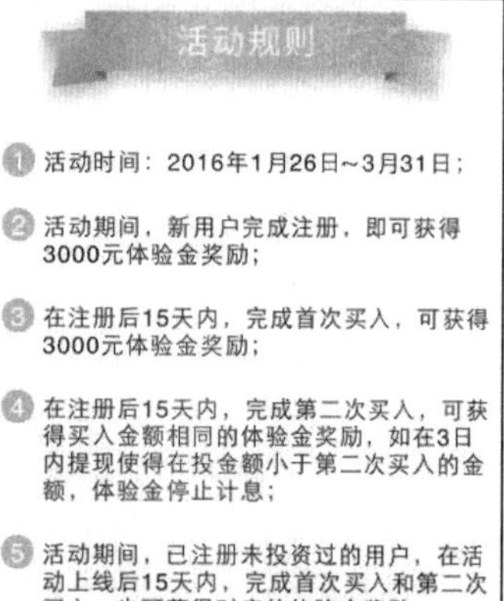

图 4-21　刺激用户缩短购买时间间隔

（3）每个品类都设计新手特权

以陆金所为例，根据活期、定期、时间周期、起投金额等设置了非常丰富的新手特权，每个新品类都设置了新手特权，引导用户尝试不同类型的资产投资，如图 4-22 所示。

图 4-22　陆金所品类新用户特权

（4）提升用户的交易次数

仍然以陆金所为例，在新用户成长转化过程中，一次给用户发多张券，分不同的面额和投资门槛，引导用户多次投资，如图 4-23 所示。

图 4-23　投资券发放提升投资次数

4.4.2　成长期：提升用户黏性

用户成长中有 2 个魔法数字：

- ❑ **1 次复购**，留存率提升 30% 以上；
- ❑ **5 次购买**变忠诚，留存率提升至 60% 以上。

1. 1 次复购，用户留存率提升 30%

新用户存在 2 个月品牌认知期（不同的业务时间可能会略有不同），如图 4-24 所示。

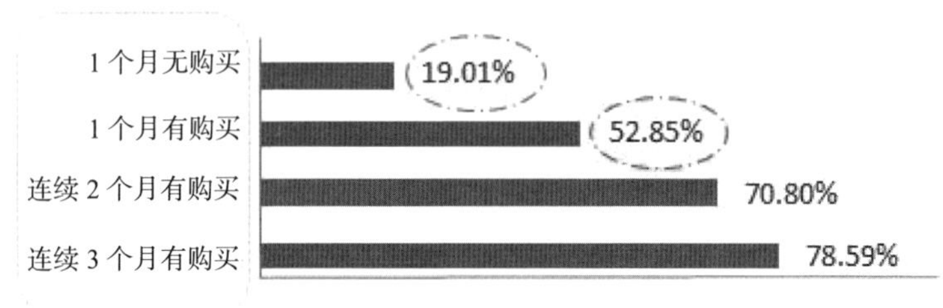

图 4-24　1 次复购用户留存率提升 30%

一个新用户在首购 1 个月内无复购行为的用户其留存率只有 19%，1 个月内有复购行为的用户其留存率能达到 50% 以上，首购后连续 2 个月有购买行为的用户其留存率能达到 70% 以上。因此，新用户进来后前 2 个月的培养，是提高留存的关键。提升一次新用户的复购，能大大加强用户的品牌认知。

如何提升新客复购：

- ❑ 同一品类重复购买：前面我们讲到用户对于一个平台的认知存在刻板效应，因此提升用户的复购时尽量优先用户在单一品类的复购，在用户成长起来之后，再逐渐向其他品类导流。
- ❑ 其他还有一些刺激复购的方法，包括：定向品类补贴、定向红包发放、关联推荐、任务引导等，更多关于如何刺激用户完成复购的内容，我们将在本书用户成长体系部分详细讲解。

2. 5 次购买变忠诚，留存率提升至 60% 以上

“5 次购买变忠诚”这个定律广泛地应用于各行各业，包括很多传统行业都能见到这个魔法数字的出现。

首先我们来看一下，为什么 5 次购买用户就能变忠诚。

如图 4-25 所示，一个用户购买率的数据，我们能看到用户在 5 次购买时购买率已经达到了 60% 以上，并且随着次数的增加购买率也在逐渐增加，直到 5 次及以后购买率的数据增长逐渐趋于平稳。因此，我们可以得出，5 次购买让用户变成了平台的忠诚用户。

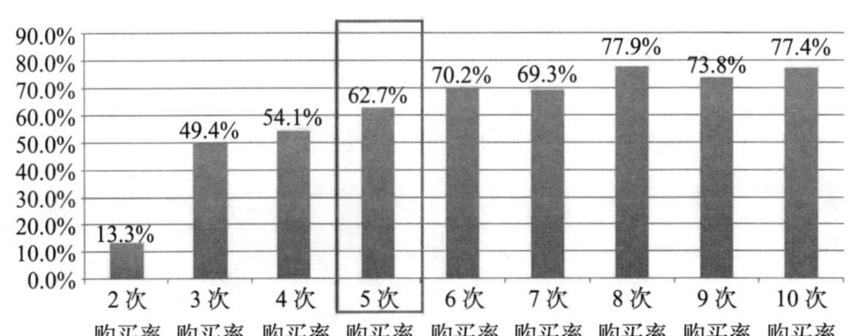

图 4-25　用户成长中的魔法数字，5 次购买变忠诚

在我经历过的团购行业和互联网金融行业，我都做了类似的数据分析，发现这个留存率数据惊人一致。下面我们举例来看看，我们生活中还有哪些案例用到了这个魔法数据。

【案例】花旗银行信用卡活动

花旗银行在线下通过地推做用户拉新，他们设计的活动规则是：新开卡用户 30 天内消费满 5 笔，且每笔满 88 元赠送 200 元咖

啡券 1 张，如图 4-26 所示。

图 4-26　花旗银行新用户开卡刷满 5 笔赠送 200 元咖啡区

这个案例不仅体现出了“5 次变忠诚”这个定律，还充分地体现了我们前面讲到的“重新定义新用户”里面的逻辑，满 88 元，实际上就是从价格的维度提升新用户成熟度的转化。

【案例】某餐厅新开业，免费吃“霸王餐”

某餐厅开业，为了拉新和提升用户留存，策划了一个吃“霸王餐”的活动，如图 4-27 所示。

图 4-27　某餐厅开业活动充值 4 倍消费金额当次免单

活动规定：只要用户当次消费满 50 元以上，且充值当次消费金额的 4 倍，即可享受当次消费免单。很多用户会为了享受吃一顿“霸王餐”而选择办卡充值。当用户完成充值，按照当次消费金额的客单价预估还会再来消费 4 次，加上当次的消费，用户在这家餐厅大概能消费 5 次，消费完 5 次，就变成了这家店的忠诚用户。并且，办卡成为会员还可以享受打折，变成忠诚用户之后，还会因为可以打折成为一个长期持续性消费的用户。

笔者亲身经历了这个餐厅的开业活动，也因为这个活动被转化成他们忠诚用户，并且还顺带邀请了身边很多的朋友一起去就餐。通过这个活动，这家餐厅在一个月内就实现了营业额和客流量的快速增长，经常都得排队，生意十分火爆。

4.4.3 成熟期：提升用户 ARPU 值，提高用户购买频次和客单价，跨品类导流

随着用户在一个平台购买的次数越来越多，金额会越来越高，购买的时间间隔也会越来越短。一个用户度过了新手期和成长期之后，便进入了成熟期，这个时候运营的重点目标就是提升用户的客单价，增加用户购买的品类数量，如前面在新手期提到的，把成熟用户转变成更多其他品类的新用户和其他品类的成熟用户。

这个阶段的运营重点有以下 7 个方面：

1. 建立用户成长体系和激励机制

这个部分的内容我们将在第 5 章进行阐述，并将重点围绕“建模型、搭通道、促成长”三个主题分别讲述如何制定用户成长体系和激励措施。

2. 提升用户活跃，增加用户访问频次

用户的购买首先是建立在用户访问的基础上，因此首先要解决用户访问频次的问题。在 PC 时代体现的数据指标是网站的 UV，在移动互联网，体现的指标就是 DAU（手机 APP 的日活跃用户数）。提升 APP 日活需要打造一些高频次的产品功能或高频次交易型业务，提升用户主动活跃，以及加强 APP 触达用户的手段，如：push，增加被动式日活。常见产品功能包括：签到送积分，连续签

到可以享受更多福利、每日完成某项行为就送。我们在前面讲到的流量品类，本质上高频次交易型频次，以此来拉动 APP 的日活。

【案例】金蛋理财砸金蛋

每天都可以砸一次金蛋，享受活期加息，如图 4-28 所示。

图 4-28 金蛋理财砸金蛋

只要每天打开金蛋理财 APP 就可以参加砸蛋，每天都可以享受活期加息福利，通过这个拉动 APP 的日活，同时刺激用户分享，实现邀请拉新。

3. 深挖用户需求，打造强大的供给能力，以供给驱动增长

提供更加丰富的产品品类和商品种类，满足不同价格区间，不同用户的购买需求。

前面在拉新部分讲到了流量品类，实际上流量品类只是整个品类结构中的一个环节，根据不同品类的贡献，需要建立一个完整的品类角色模型，如图 4-29 所示，支撑起用户从新手转化，到成长，再到成熟的生命周期历程。同时，也要支撑起平台整体的盈利目标和成长型目标。

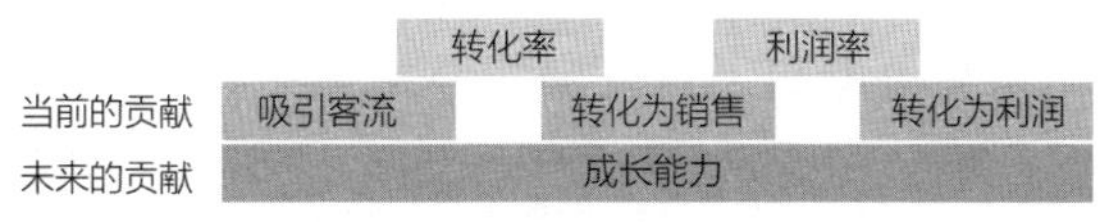

图 4-29　零售品类结构

【案例】如何规划不同的投资品类以及丰富的投资产品

以互联网金融理财业务为例，主流的网站基本上都涵盖了以下几个品类。

- 活期：随存随取，针对资金流动性要求比较高的用户；这类产品是流量型产品，在品类结构里面承担的是用户获取和首次转化的职责，其特性是：投资门槛低、收益比银行活期高，比宝宝类产品高，比定期低。
- 定期：固定收益类理财产品，针对的是有一定闲散资金，短期或中长期对于资金流动性没有要求，同时又有资金增值诉求的用户。这个品类是主要的利润贡献品类。
- 债权转让：投资定期理财产品，就相当于让渡一定时间周期的资金使用权，资金的流动性就受到限制。在银行存定期理财，如果着急用钱，需提前支取，这笔钱将被按照活期的利率来计算，非常不划算。互联网金融在这一点上做了一个很大的产品创新，开辟了一个二级市场“债权转让”，充分释放了资金的流动性，且保证了投资的收益性。这就是高效转化品类的角色。

- 浮动收益类产品：通过对赌的方式实现收益的波动，增强用户的参与感。
- 消费金融类产品：用户只要存入一定期限的定期资金，就可以免费白拿一个实物商品，相当于提前支取了利息，将这部分利息换成了等价实物。
- 股权众筹类商品：高门槛、高客单价、潜在高收益性资产类型。这个品类的主要目标群体就是高净值用户，吸引的是资金量大、投资回报率高、带有很强的逐利性的资金。

讲完了品类结构，我们再以定期为例，讲一下某个品类里面商品种类的深度。定期品类在时间维度上结合流动性可划分成不同收益率的理财产品，满足不同类型的用户需求。

4. 跨品类交叉购买

建立跨品类导流的手段和机制，引导用户跨品类购买，比如通过关联推荐或者交叉发红包的形式。以团购为例，用户在购买电影票的场景下，天然具有购买周边美食的需求，购买完电影票后关联推荐周边的美食，并且辅以相应的优惠，这种场景很容易带来转化和相互导流。还有一种方式就是购买美食品类赠送电影品类的红包，进行交叉品类导流。

5. 增加购买频次

随着用户购买频次的增加，用户的黏性会越来越强，用户购买的时间间隔会越来越短。增加用户购买频次主要有以下几种手段：

1）设计丰富的购买场景。用户的需求是多种多样的，有的是刚性需求，有的是冲动型消费。尤其是女性用户的冲动型消费更多，因此如何设计更多的场景化导购，是增加用户购买频次的重要手段。

表 4-4　根据不同产品属性制定不同运营策略

产品属性					供需关系	运营策略		目标用户
周期	收益性	流动性	风险性	品类		C 端	B 端	
无限制	低	高	小	活期	供大于求	扩大用户规模，利益刺激，降低首次购买门槛高	提供尽可能多的新手特权	散户，试探性投资者
短期	低	高	小	定期	供不应求	吸引用户从活期转为定期	提供首次购买定期用户特权标的	对平台略有认知的投资者
中期	中	中	中	定期	供不应求	吸引活期或者短期转长期，且支持转让，鼓励用户转让交易	增加有效供给	谨慎型号投资者
长期	高	低	高	定期	供不应求	吸引活期或者短期转长期，且支持转让，鼓励用户转让交易	增加有效供给	有钱，追求高风险高收益

2）做好关联推荐。根据用户的购买记录、浏览记录推荐给用户相关的产品。这在电商领域是运用最为成熟的一种增加用户购买频次的手段，而且转化率非常高。关联推荐的核心在于数据挖掘。

3）不定期促销活动。促销活动是拉动用户购买的有效手段。根据不同的时令、季节、节日等展开多种形式的促销活动，也是增加用户购买的重要手段。

6. 提高用户客单价

提高客单价的方式有很多种，电商领域最常见的满减活动实际上就是在鼓励用户凑单，从而提升用户的客单价。比如麦当劳的第二杯半价，其背后的逻辑是对于单一用户，第二件的边际成本很低，通过这个活动可以刺激本来只想购买一杯的用户购买两杯，这样就直接提升了用户客单价。电商网站常见的如：满 200 元减 20，实际上用户的客单价是低于 200 元的，满 200 元就减价是在刺激用户提高购买客单价。

如图 4-30 所示，这个活动中，通过设置大客户专区、土豪专区，以价格“歧视”的方式刺激用户提升客单价。同样一笔 93 天和 160 天的资产，不同的起投金额设计了不同的收益率，这样刺激用户选择收益率更高，但投资门槛更高的资产。这样也能有效提升用户的客单价。

7. 活动固定化和常态化，搭建活动体系

主要针对节日营销以及用户购买欲望强烈的时间点展开重点营销活动。比如，团购是消费类，一年中最好的两个季节是暑期和冬季。暑期学生放假了，正是消费欲望最旺盛的时候，这个时候的电影和餐饮是需求最旺盛的两个品类，这个时间点就需要重点去做活动，提升用户的活跃。冬季是火锅等品类的旺季，这个时候就应该重点展开这个品类的促销活动。投资类的正好跟消费类的相反，投

资类的要在用户最有钱时做活动，比如用户刚发工资时。因此，不同的业务需要结合自身用户的特点以及行业的特性规划好自己的活动体系，顺势而为，是最容易成功的。

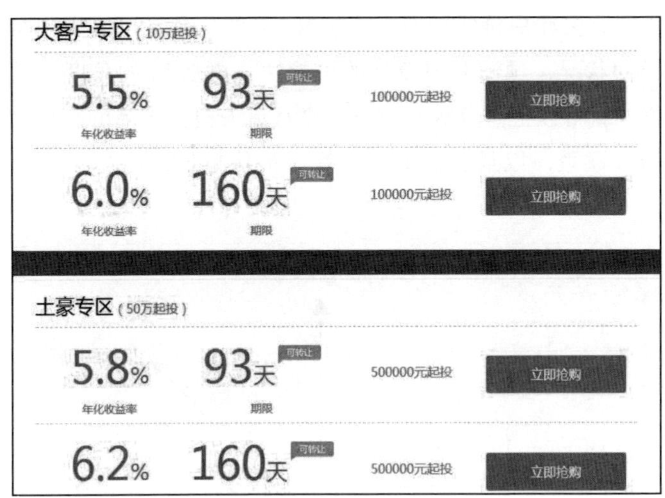

图 4-30　通过提高投资金额门槛，提升用户客单价

4.4.4　衰退期：流失用户预警

通过 RFM 模型（Recency：最近一次消费，Frequency：消费频率，Monetary：消费金额）监控用户活跃情况，对潜在流失用户进行预警，并且采用相应的挽留和激活手段。建立有效的用户流失预警、分析和挽留工作机制，不仅有利于分析和掌握流失原因，提高服务质量，还有利于细化营销管理体系，有利于掌握和开发高价值用户资源，对公司持续稳定发展具有深远、重要的意义，也是提高营销服务质量的重要手段。

1. 建立流失用户预警机制

流失预警分析：根据用户的购买时间间隔、购买金额、购买次数对用户进行细分，当用户出现购买时间间隔过长、购买频次降低、购买金额减少等情况时，就需要对这部分用户做出预警，并且详细分析原因，采取有针对性的挽留措施。

潜在流失客户价值判断：通过R、F的变化，可以推测客户消费的异动状况，预测客户流失的可能性，再从M的角度来区分用户价值，就可以把重点放在贡献度高且流失机会也高的客户上，重点拜访或联系，以最有效的方式挽回最优价值的客户，如图4-31所示。

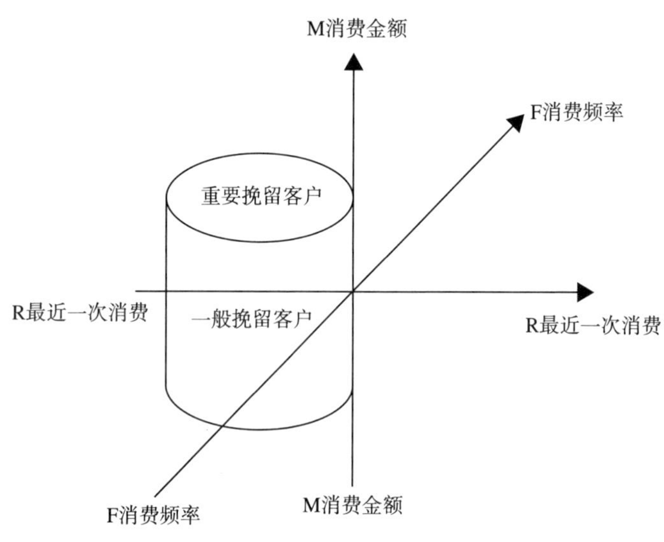

图4-31　RFM分析模型：流失用户分析

2. 预警分析流程

预警分析的详细流程如图4-32所示。

首先要判断是否满足预警条件，如果满足预警条件，立即启动预警机制。启动预警之后，对用户进行分类，了解用户属于什么成长阶段的流失用户，启动不同的挽留策略。根据用户的价值高低进行优先级排序，高价值用户优先挽留。最后根据反馈的结果建立用户档案，以便于后续持续跟踪。

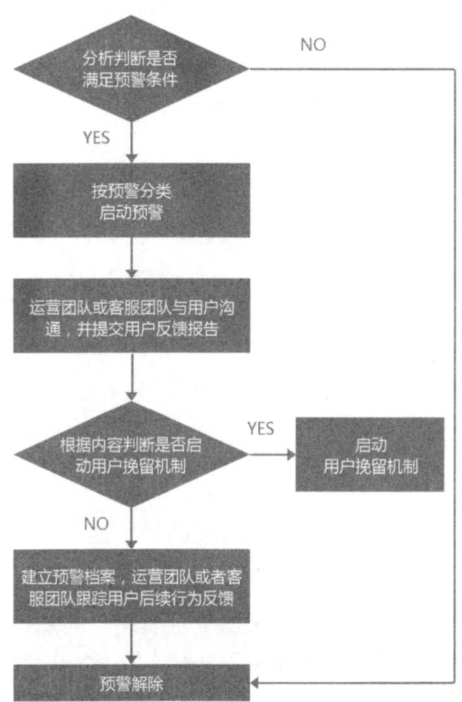

图 4-32　流失用户预警流程

3. 潜在流失用户挽留策略

首先根据预警数据，分析清楚造成预警的真正原因，再采取相应的对策，制定适合本公司的挽留措施。

- **服务策略：**通过电话回访、上门走访、赠送纪念品、赠送优惠券等形式，加强与用户的沟通，了解用户的消费心理和业务需求，努力挽留用户。
- **产品策略：**针对不同需求的用户群体，依据公司提供的不同业务产品，为用户提供差异化、个性化的不同业务种类。

- **价格策略**：针对用户的消费偏好，依据公司制定的价格政策，提供有竞争力的产品，以及针对潜在的流失用户提供有针对性的补贴价格。
- **组合营销策略**：通过多业务、多项资源的整合，满足用户个性化、差异化需求。

4.4.5　流失期：定义问题、确认类型、诊断召回

流失用户，是指那些刚成为企业用户的新用户或发生过多次交易行为的老用户对企业渐渐失去兴趣或由于网站不再满足自我的需要逐渐远离网站，进而彻底脱离的用户。

企业一定会存在流失用户，企业在发展过程中新老用户交替不可避免。流失用户的比例和变化趋势能够反应企业保留用户的能力、业务经营的状态以及未来的发展趋势。这里主要介绍如何分析企业真正拥有的有价值的活跃用户的数量以及网站保留这些用户的能力，用流失用户的变化趋势来衡量企业用户的总体流失情况，用新用户流失率衡量企业留住新用户的能力，而分析活跃用户数的比例和变化趋势能够衡量企业现有用户的质量和价值。

【案例】某电商网站用户流失数据反映企业运营过程中出现的问题

流失用户数量是网站历史运营状态的晴雨表，如表 4-5 所示是某电商网站的月度流失用户数据，我们看到在 4 月和 5 月份的 90 天流失用户突然出现大幅度的增长，5 月和 6 月 120 天的流失用户出现大幅度的增长，且 5 开始流失用户数的绝对值增长也开始增大。那我们就需要回溯 3 个月和 4 个月去看，当时网站在渠道、业务变化、产品等方面做了哪些事情，导致用户出现了大规模的流失，且后续的用户持续在流失，说明网站在用户长期留存方面出了

问题。用户流失相对应的是用户留存，因此流失的数据反应的不是当前业务的现状，而是过往业务经营的数据反馈，反应的是用户留存度的好坏，最能反映出业务是否处于健康的发展状态。

表 4-5　用户流失数据反推业务经营状况

月份	90 天流失用户	新增 90 天流失用户	90 天流失用户增长率	120 天流失用户	新增 120 天流失用户	120 天流失用户增长率
1 月	862			677		
2 月	1 118	256	30%	796	119	18%
3 月	1 550	432	39%	1 049	252	32%
4 月	3 255	1 706	110%	1 491	442	42%
5 月	6 503	3 247	100%	3 268	1 777	119%
6 月	8 997	2 495	38%	6 372	3 103	95%
7 月	11 643	2 645	29%	8 874	2 502	39%
8 月	13 310	1 667	14%	11 480	2 607	29%

单纯分析总流失用户数量没有意义，因为大部分情况下这个数值是一直递增的，我们需要计算总流失用户数占总用户数的比例及新增流失用户数，观察它们的变化趋势，才能反映出整体用户流失是否在正常的范围内。

如表 4-6 所示，新增流失用户数的绝对值虽然不多，但是流失用户数的比例接近总用户数的一半，那说明整个网站的用户留存能力非常差，这样的业务是非常不健康的。

表 4-6　用户流失率反映网站用户留存能力

日期	总用户数	流失用户数	新增流失用户数	用户流失率
2016 年 8 月 1 日	48 854	22 845		46.76%
2016 年 8 月 2 日	48 919	22 893	47	46.80%
2016 年 8 月 3 日	49 018	22 951	58	46.82%
2016 年 8 月 4 日	48 945	23 002	52	47.00%
2016 年 8 月 5 日	49 037	23 062	60	47.03%
2016 年 8 月 6 日	49 127	23 121	59	47.06%

（续）

日期	总用户数	流失用户数	新增流失用户数	用户流失率
2016年8月7日	49 224	23 167	46	47.06%
2016年8月8日	49 278	23 222	54	47.12%
……	……	……	……	……

1. 定义流失用户

（1）流失用户定义误区

沉默用户不等于流失用户。以互联网金融为例，用户投资的频次很低，一个用户一旦投资一笔长期资金项目，很可能到期之前都不会再投资，属于沉默用户，但用户账户里还存在非常多的资金，不属于流失用户。因此，每个业务场景不同，定义流失用户的标准和方法也不尽相同。

（2）流失用户定义的类型

流失用户的定义一般有以下几种：

- **电商（交易）类：**用购买行为定义，用户多久未再次购买算作流失；
- **资讯类：**用访问行为定义，用户多久未访问/登录算作流失；
- **互联网金融类：**以账户留存资金定义，账户余额小于多少钱算作流失。根据业务类型划分用户群体，找出定义不同用户群体流失的关键维度和数据指标，根据发生该关键行为的时间间隔判断用户是否流失。

2. 确定用户流失

从用户类型、用户行为、用户时间几个维度去确认用户流失，再从用户价值维度确认工作的重心，将重点人力、物力投入到有价值的客户召回上。

（1）确定用户流失类型

流失用户分两种：一种是新用户流失，一种是老用户流失。

第一，新用户流失。

在网站尚未成长起来就已经流失的用户。网站能否保留住新用户就在于是否能够不断地降低新用户的流失率。

新用户流失率 = 当天的新用户流失数 / 当天的总用户数（或总新用户数）

计算出每天的新用户流失率，并观察它的变化趋势，如图 4-33 所示。

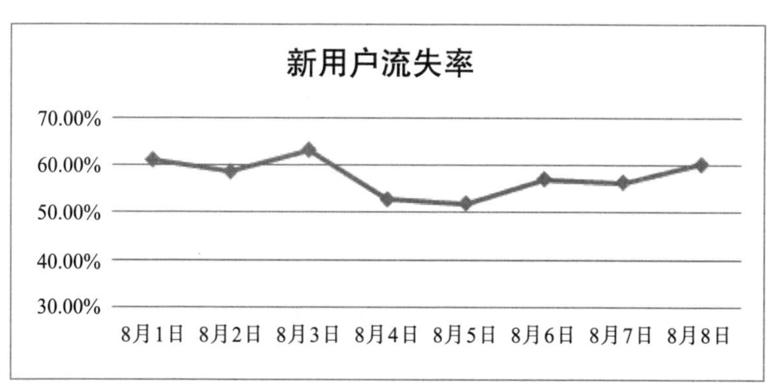

图 4-33　新用户流失率趋势图

也许你的网站已经吸引了一批新的访客，他们成功注册并且下单成为了网站的用户，你有了一个好的开始，已经成功了一半，那么另一半呢？就是如何留住这些新的用户，让他们在网站成长起来，持续地产生购买行为，为网站贡献价值。当用户成长起来，通过购买产生的利润大于用户获取的成本时，网站才能盈利。如果新用户流失，就不能产生持续性购买，那么新用户的获取成本大于所贡献的利润，网站就会入不敷出。这就是分析新用户流失率的意义。

新用户流失主要包括以下几种：注册未购买、首次购买后未复购、购买未达 5 次及以上，这几类用户根据我们前面章节提到的，都是属于未成长起来的用户。

第二，老用户流失。

据行业数据统计，获取一个新用户的成本是维护老用户成本的 5 ～ 6 倍。换句话说，一个老用户的维护成本只有新用户获取成本的 1/5，而且老用户的利润贡献是新用户的好几倍。我们来拆解一下其中的逻辑：

用户价值（给网站贡献的利润）= 购买次数 × 客单价 × 毛利率

老用户的购买次数和客单价都要远高于新用户，老用户的价值也要远大于新用户。因此，如何有效减少老用户流失对于一个网站来说至关重要。

用户的购买次数与用户的留存密切相关，要想提升用户对网站的贡献就要延长用户的生命周期，增加用户的购买频次和客单价。

平均用户成本 = 推广成本 + 运营成本 + 时间成本

一个用户的总成本需要用户在一定时间周期内去分摊，会在某一个时间点实现盈亏平衡（用户贡献的利润 = 用户的总成本），过了这个时间点用户的边际成本就会越来越低，利润越来越高。因此，我们要根据用户的留存时间计算用户的终生价值。

计算公式：

用户终身价值（LTV）= 每个付费用户平均收入（ARPU）
× 用户生命周期（duration）
= 顾客终身购买次数 × 客单价 × 毛利率
= 某个客户每个月的购买频次
× 客单价 × 毛利率 ×（1/ 月流失率）

ARPPU = 总收入 / 付费用户数量

duration 用户生命周期 = 1 / 流失率（churn）

churn 流失率 = 1 － 留存率（retention）

说明：

用户生命周期价值 LTV（Life time value）：用户在整个生命周期内为网站贡献的总价值。

ARPU（Average Revenue Per Pay User）：每个付费用户平均收入。ARPU 注重的是一个时间段内从每个用户所得到的收入。很明显，高端的用户越多，ARPU 越高，用户的留存期越长 ARPU 越高。ARPU 值高未必说明利润高，因为利润还需要考虑成本，如果每用户的成本也很高，那么即使 ARPU 值很高，利润也未必高。

留存率（Retention）：在第一个月（或者周、季度）使用你网站的用户，在第二个月（或者周、季度）还在使用的比例；比如一月份你的网站有 100 个用户，二月份这 100 个里面有 80 个还在使用，那么留存率就是 80%。

流失率（Churn）：定义是 1 减留存率（1−R%）。比如某 APP 的留存率是 80%，那么 APP 的流失率就是 20%。

用户生命周期：是流失率的倒数（1/ 流失率），如果 APP 的流失率是 20%，那么 APP 用户的生命周期是 5 个月（一个用户留在你 APP 上的平均月份）。“1/ 月流失率”是得出平均每个客户在该平台能够留存的总时长是多少月。

（2）区分用户价值

找出高价值流失用户，让运营目标更有针对性。当流失用户预警失效后，就变成了流失用户，我们就需要根据 RFM 模型把高价值的流失用户找出来，并且以最高优先级进行召回，如图 4-34 所示。

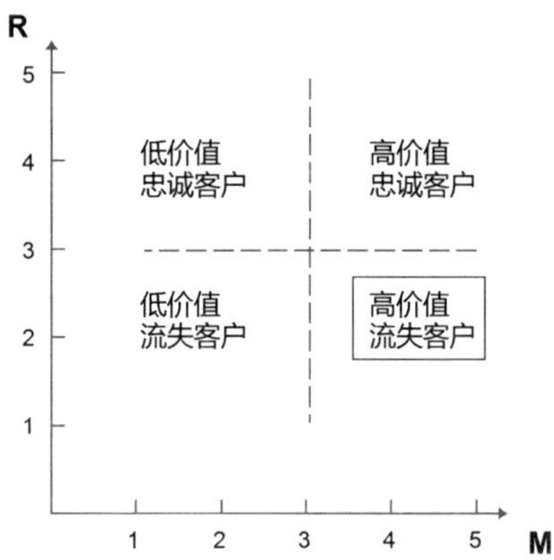

图 4-34　RFM 模型：R 和 M 相结合找出高价值流失客户

如图 4-34 所示，M1 ～ M5 代表用户价值从低到高，M 越大代表用户的价值越大；R1 ～ R5 代表用户的消费间隔时间从长到短，R 越大代表用户间隔的时间越短。右下象限的顾客意味着是高价值且消费间隔时间长的用户，属于高价值的流失用户，需要重点关注并对其进行挽留。

（3）确定流失时间

用户的流失可能并不是永久的，也许用户在一段时间内对网站确实没有任何需求，那么他会远离网站一段时间；或者流失用户也会因为网站的某次营销或者网站质量的改善而重新回来。因此，我们需要从多个时间周期去看流失用户，如前文的图表和案例所示，我们需要从 120 天、180 天、365 天等多个时间周期去看流失用户数。具体时间临界值的设置可根据每个业务的用户购买频次和时间间隔进行划分。

以注册未购买为例：

我们可认为新用户注册后就完成首次购买，那么简单地定义新用户流失，就是用户在注册后一段时间内都没有购买行为，即

当前时间点 - 用户注册时间点 ＞ 流失临界时间间隔

比如我们定义用户的流失临界时间间隔为 1 个月，也就是在注册后的一个月内未购买的用户意味着已经流失，那么就可以计算每天的新注册用户流失数，即注册时间为 1 个月前的那一天，而从注册到当前没有购买过的用户数。这个用户数与 1 个月前的那一天的总注册用户数的比例就是新注册用户的流失率，其他几个类型的用户类型的计算方法与此一致。

在计算流失临界时间间隔上，**应该以网站大多数用户的行为时间间隔为准**，而非平均值，平均值会因为少部分用户而拉长。因为用户的分布是属于集中分布，而非正态分布。

如图 4-35 所示，某电商网站的用户从注册到首次购买的时间间隔分布，大多数用户都在首次注册当天就完成了购买，这个数占到了 67%。在一周内完成购买的用户数能达到 80% 以上。如果要算平均值，这个数值可能会接近一个月，而实际值应该是 7 天最合理。

图 4-35　用户注册到首次购买时间间隔分布

（4）确定流失行为

用户流失行为分为主动和被动两种。被动行为是指用户不再发生某项行为，如访问、购买等；主动行为是指用户把账户余额全部提现，要求注销账户等。

【案例】中国移动如何定义流失用户

当发生下列情况之一时，被定义为流失用户：

- A、B、C、D 类大客户连续两个月消费额没有达到相应级别的；
- 单机话费 35 元 / 月以上的用户，连续三个月单机话费下降累计达 40% 以上的；
- 预付费用户余额不足 5 元的或 3 个月没有话务量的；
- 后付费用户发生欠费的，启动催缴费的；
- 197201 校园电话当月无话务流量的；
- 宽带停用用户连续两个月无流量的；
- 使用其他运营商长途业务，话务量超过 40 分钟 / 月的；
- 一月内故障申告两次及两次以上的；
- 投诉用户对投诉处理结果仍不满意或勉强同意的；
- 即将拆迁的；
- 协议用户还有 2 个月到期的；
- 独网接入出现它网接入迹象的；
- 凡办理移机业务不能提供的；
- 大客户业务需求不能满足的。

通过以上案例我们可以看到，对于不同类型的用户，在不同的时间周期内，某项用户行为没有达到某个数值即被认定为流失用户。

3. 常见用户流失原因

常见的用户流失原因主要有以下 3 大类：刚性流失、受挫流失、市场环境流失。

（1）刚性流失

刚性流失可以进一步分为新用户水土不服型和老用户兴趣转移型，或因为网站业务发生重大变化导致的用户流失，这部分流失用户是无法挽留的，基本可以放弃。我们应该尽量将这部分用户剥离出来，避免不必要的投入。

（2）受挫流失

受挫流失主要是指用户在网站使用过程中遇到了无法解决的问题，从而产生了流失，又可以分为以下几类：

第一，新用户的问题。新手引导不足，理解和使用困难、缺乏新手激励。

第二，产品问题。产品有 bug 或体验性不好。

可能是应用体验、服务体验、交易体验、商品体验等，总之就是在使用产品或服务的过程中，感觉不爽，就流失了。对于我们而言，要找到哪个环节让用户感受到了不爽，并及时维护，尽最大程度减少体验流失。

比如某互联网金融平台，产品交互体验特别差，密码特别复杂，投资后，连资产到期日都没有，笔者在对方大额的红包奖励下进行了投资，但最后还是因为产品体验太烂果断放弃了。

第三，产品功能不满足用户的需要。

（3）市场环境流失

市场环境流失往往很难控制，主要是外部竞争环境所致。还是以互联网金融为例，外部环境可能会影响用户流失的几个因素。比如同类型竞争对手的利率长期高、活动多、资产丰富等因素，很可能就会导致用户发生转移从而产生流失。还有就是非同业的竞争，比如股票行情好，就会影响到投资平台的资金流入。

4. 流失用户召回

召回一个老用户的成本和带来的效益要远大于一个新用户的获取成本。流失用户虽然已经流失，但在流失之前他很可能是网站的一个忠诚用户，与网站建立过深度的信任关系，只要分析清楚了用户流失的原因，有合适的契机召回的效果是立竿见影的。一个网站如果想要短时间内提升业绩，除了提升现有用户的购买以外，流失用户召回也是一个非常有效的手段。新用户成长起来需要一个持续的过程，如果需要靠新用户去冲业绩，花费的成本要远大于流失用户。

流失用户召回也需要根据前面提到的不同的用户类型，不同的流失原因，进行有针对性的召回。召回时要注意以下几个方面：

（1）召回前提

解决用户流失的问题。比如新用户流失是新手激励的问题，那就在新手激励方案上线时针对新用户进行召回；如果是老用户流失，就分析老用户流失原因，然后解决老用户的问题后进行召回；比如网站体验不好，可以通过客服收集大量用户反馈，产品 bug 解决之后对用户进行召回。

（2）召回手段

常用的包括，电话召回，主要针对大客户和重点客户；短信召回，面向于批量性的客户，也是最常用的手段；APP 的消息 push 也是一种召回手段，只有在没卸载的情况下才能生效；PR 和品牌宣传召回，常见的比如网站发生重大改版，发布重大产品功能，上线重大促销活动等。当用户彻底流失，PR 文章有助于用户详细了解网站信息，对于用户召回也是一种非常有效的手段。

（3）召回内容

针对流失用户进行物质激励也是重要的有效召回方式，常用的包括发红包、抵用券等。另外，大型促销活动和新品发布会也是召回流失用户的有效手段。

本节内容以用户生命周期为主要线索，分解了不同阶段的用户特征，以及主要的运营策略。其中重点使用到了 RFM 模型，通过这个模型将用户生命周期模型从一个一维的模型演变成了一个多维的模型，这对于用户的定义和运营将更有针对性，对实际业务的开展更有指导性。

最后，不同的业务可能会因为行业差异会有所不同，本书讲到的策略以交易型的用户运营为主，但思路基本上可以复用到各个领域。只是读者在使用时，一定要根据自己业务的特征定义清楚用户和指标，然后再进行策略落地，才能做到有的放矢。

4.5 用户转化和运营过程中常见的 9 大难题

用户运营和转化过程中会经常遇到以下 9 个方面的问题，如图 4-36 所示。

（1）注册转化率低

企业在很多渠道进行广告投放，由于受投放素材、渠道用户质量、人群匹配、产品落地页、注册流程等因素影响，用户只是访问了一下，或者尝试了注册流程但没成功，导致最终的注册转化率很低，在从 UV 到注册环节流失了大量的用户，这些用户也就无法进行后续的运营转化。

（2）首次购买转化率低

企业通过市场宣传、渠道投放等方式获取了大量的注册用户，出于各种目的用户产生了注册，但平台缺乏引导，用户没有产生深度使用行为，大量沉淀在平台，成为了“僵尸用户”。很多企业在这个环节也缺乏有效的后续运营手段，这也是导致用户首次购买转化率低的原因之一。

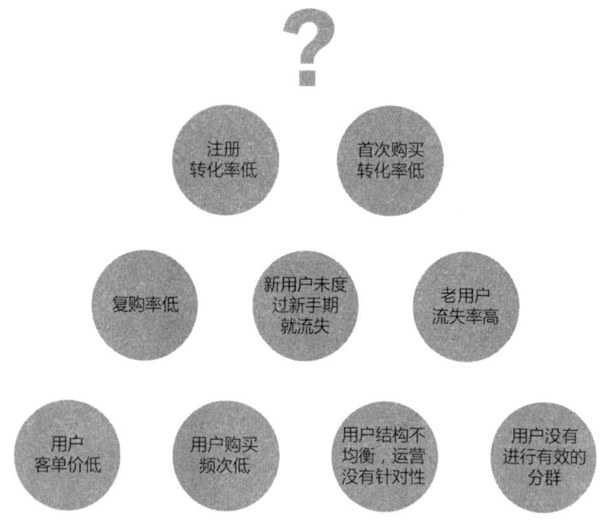

图 4-36　用户转化和运营过程中常见的 9 大难题

企业或者用户运营的团队，为了完成用户增长的指标，在操作过程中，很容易出现为了完成指标，采取很多以拉动注册为导向的运营行为，这些行为可以在短时间内快速拉动注册用户规模的增长，但实际上这些用户很难进行有效的购买转化。

（3）复购率低

用户只产生了 1 次购买，就再也没有后续的购买行为了。用户的复购率低有以下几种原因：

- 运营手段主要是为了刺激用户完成首次购买，在拉新环节重点补贴，吸引了大量的非目标用户，甚至“羊毛党”和

“黄牛党”，这些用户占完便宜就跑了，不可能产生后续的复购行为。

- 正常过来的用户缺少引导和成长激励，导致用户没有在有效转化时间内完成复购，从而产生流失。
- 渠道用户质量不精准。

因此，归结起来主要是三方面的因素：**用户激励**、**获客手段**、**渠道质量**。

（4）新用户未度过新手期就流失

新用户普遍存在一个新手期，如果在新手期缺乏有效的激励机制和引导，很容易就会流失。

（5）老用户流失率高

新客获取和成长转化的成本远高于一个老用户的维护成本，且一个老用户贡献的 ARPU 值也要远高于新用户。由于市场竞争激烈，如果产品不能快速适应市场环境的变化，老用户就很容易发生转移，从而产生流失；用户也需要关怀，尤其是忠诚用户对于产品的认可度高，热爱产品，更喜欢反馈产品的问题，如果老用户反馈的问题得不到改善和解决也容易产生流失；还有就是老用户缺乏关怀也很容易流失。

（6）用户客单价低

用户客单价的提升是随着对平台的信任度和忠诚度的提升而提升的。因此，要想提升用户的客单价，首要解决的就是用户对平台信任度的问题，以及提升用户购买黏性的问题；其次，用户购买客单价的提升也是需要通过对于用户的需求分析，购买分析，设计不同的运营策略，如满减、满返等策略有针对性的提升用户客单价。

（7）用户购买频次低

新用户对平台缺乏忠诚，没有建立起信任感，在有购买需求时很难跟网站建立有效联系。老用户缺乏有效的刺激和引导，访问频次、产品功能黏性、运营手段单一等都会影响用户的购买频次。

（8）用户结构不均衡，运营没有针对性

用户结构最常见的问题就是新手期的用户占比非常大，沉默用户增长快，以及流失用户增长快，真正有价值的用户增长缓慢。其核心原因还是新用户的增长并没有形成有效的转化，没有成为忠诚的用户，导致用户的增长并没有转化成为平台业绩的增长。最理想的用户结构是形成一个柱形的用户结构，每个成长阶段的用户都是相对均衡的，就代表每个成长阶段流失的用户数很少，如图 4-37 所示。

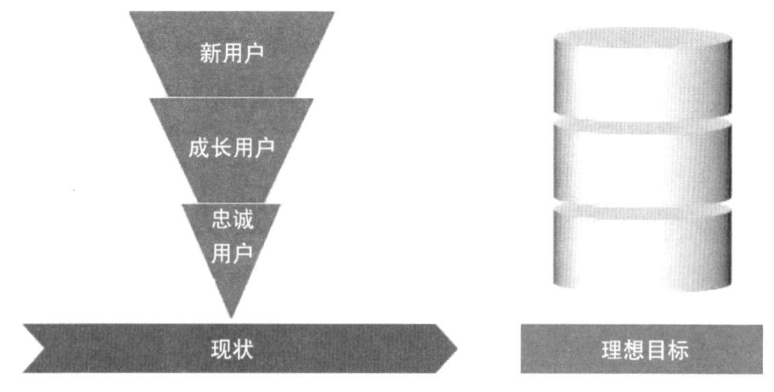

图 4-37　合理的用户结构

（9）用户没有进行有效的分群，不同类型的用户群体具有明显差异化的诉求点

不同的用户群体有着显著的差异，需要选择不同的运营策略。以团购为例，团购最典型的两个用户群体有两大类，一类是学生，一类是普通的白领。学生消费最旺盛的季节是暑假和寒假，这个时候是一年中最好的季节，那对于学生获取最好时就是开学，在开学时需要重点进行拉新活动，才能在旺季形成有效购买。白领的消费

就是典型的周末经济，在一线城市，周中是最低的，周末是最高峰的，而且白领用户的主要聚集点是写字楼和大型的 shopping mall，两个用户群体获取的手段和地点都有显著的差异，因此需要分群运营。

以上的问题点基本上会贯穿于整个用户运营的过程，本书也将针对于以上问题，从用户的生命周期、用户的成长体系、用户分级运营、分群运营等几个运营模块进行讲解如何解决。

4.6　本章小结

本章主要围绕 B 端用户和 C 端用户的获取、转化以及不同生命周期的不同阶段的运营策略展开了详细的讲解。B 端的用户运营的重点是给商家赋能，让他们学会更多的自主运营能力，C 端的用户运营更多的是增强用户黏性，培养购买习惯，这是两者之间的区别；他们相通的地方在于，都需要分析每个阶段用户的需求是什么，根据用户的需求展开有针对性的引导和激励，让他们长时间的留存下来。

下一章我们将重点围绕如何解决用户获取之后持续性成长的问题，详细讲解如何搭建一套用户成长体系。

第5章

搭建用户成长体系：建模型、搭通道、促成长

5.1 什么是用户成长体系

5.1.1 用户成长体系的定义

用户成长体系是建立在用户数据模型的基础上，通过找到用户成长的关键路径、核心驱动力，搭建用户成长的激励通道和连接用户行为的触达通道，而形成的一整套驱动用户成长的运营机制。

一个好的用户成长体系是以产品为核心，以帮助用户解决更多需求为原点，让用户从产品中实现自我满足的需要。用户成长体系是将用户行为以积分、经验值、成长值、等级等方式数值化，以此作为判断用户活跃度、忠诚度、贡献度的标准，通过物质或精神的激励来调节用户行为，促进用户成长，从而实现企业增长的目的。

所谓用户成长，顾名思义是指用户在产品使用过程中的不同阶

段，平台希望用户达到的不同状态。

不同业务类型会有不同的划分标准和侧重点，主要包括以下三种类型：

- ❑ 交易型产品：从累计交易金额、交易频次、交易类型、交易质量（如：买家、卖家好评度）等维度进行划分，形成用户成长路径图。
- ❑ 内容型产品：从用户参与度、内容贡献度、用户活跃度等维度进行划分，形成用户成长路径图。
- ❑ 工具型产品：从用户活跃度、用户 ARPU 值、用户访问时长等维度进行划分，形成用户成长路径图。

以上成长维度在产品中的主要表现形式有以下几种：积分、经验值 / 成长值、等级、勋章、证书等，拥有不同的荣誉，享受不同的特权服务。用户成长体系主要包括以下三个方面，如图 5-1 所示。

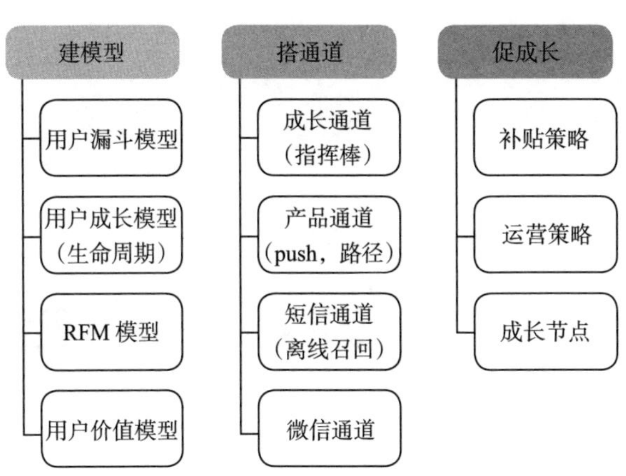

图 5-1 用户成长体系，建模型、搭通道、促成长

- ❑ **建立用户模型：**建立用户漏斗模型、用户生命周期模型、

RFM 模型和用户价值模型来定义用户成长，识别用户的活跃度和贡献度。

- ❑ **搭建连接用户的通道：**包括建立用户成长的激励通道，即激励手段和工具，以及建立高效触达用户，提升用户活跃和转化的通道；
- ❑ **促进用户成长：**根据用户不同生命周期的成长节点制定不同的运营策略或补贴策略，通过营销工具激励用户成长。

5.1.2 用户成长体系的 3 个重要作用

1. 影响用户获取成本

大多数互联网公司的商业模式都是先亏损后赚钱。前期花钱买用户阶段，属于亏损期，当用户成长起来形成持续性的价值贡献，达到盈亏平衡临界点之后，平台才开始赚钱进入盈利期。如图 5-2 所示。

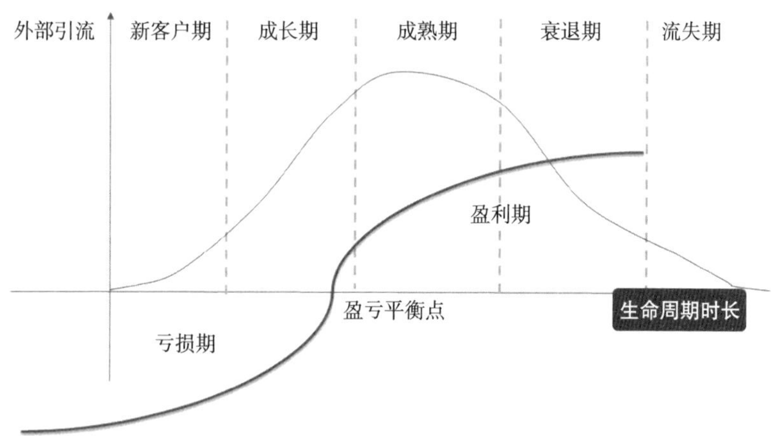

图 5-2 用户成长与成本、收入之间的关系

对于平台来说，每一个用户都有 2 条重要曲线：

- 一条是用户成长的生命周期曲线，包含从外部渠道引流到新客户期、成长期、成熟期、衰退期和流失期；
- 一条是用户价值曲线，包含亏损期，成本回收期，实现盈亏平衡和盈利期，两条曲线密切关联。

在用户生命周期早期平台需要付出获客成本和用户补贴等成本用户价值是负数，随着用户成长起来，成为忠诚用户，贡献的价值越来越大，用户的生命周期越长，用户的价值越大。

没有成长起来的用户在用户价值曲线部分就只有成本，很少有价值产出，属于沉没成本。成长起来的有效用户将会分摊该渠道引流付出的所有费用。因此，同一个渠道成长起来的用户量越大，该渠道的人均有效用户成本越低，成长起来的用户量越小，人均有效用户成本越高。如图 5-3 所示。

渠道	注册用户数	成本	投资用户数	投资用户成本	有效投资用户数	有效用户比例	有效投资用户成本
A	10 000	100 000	1 000	¥100	520	5.2%	¥192
B	10 000	100 000	2 000	¥50	1000	10%	¥100
C	10 000	100 000	3 000	¥33	1310	13.1%	¥76
D	10 000	100 000	5 000	¥20	510	5.1%	¥196
E	10 000	100 000	4 000	¥25	2640	26.4%	¥38
F	10 000	100 000	8 000	¥13	1590	15.9%	¥63

图 5-3 用户成长对于用户获取成本的重要影响

A ～ F 6 个渠道，假定每个渠道过来的用户数量和成本都一样，渠道的质量和用户运营策略会影响有效投资用户的数量，最终会影响到该渠道的人均获客成本。以渠道 D 为例，按照总投资用户数算成本是 20 元 / 人，仅次于渠道 F 的 13 元 / 人，但渠道 F 的有效用户比例是 15.9%，渠道 D 的有效用户比例只有 5.1%，最终计算单个有效投资用户的成本，渠道 D 的人均成本高达 196 元 / 人，是最高的，而渠道 F 的人均有效投资用户成本只有 63 元 / 人。有效用户比例越低，实际人均获客成本越高，反之亦然。例如，渠道 E 的有效用户比例最高，人均有效获客成本也是最低的。

沉没成本

是指由于过去的决策已经发生了的，而不能由现在或将来的任何决策改变的成本。在经济学和商业决策制定过程中会用到“沉没成本”的概念，代指已经付出且不可收回的成本。沉没成本常用来和可变成本作比较，可变成本可以被改变，而沉没成本则不能被改变。

用户成长对于渠道获客成本、企业收入和用户增长都有重要的影响。

2. 影响平台收入

我们在前面讲到了用户的生命周期越长，用户价值越大，不断摊薄早期的运营成本，平台运营边际成本越来越低。

我们在第 4 章讲用户生命周期管理策略的内容中提到了，引导用户成长变成忠诚用户需要提升用户的购买频次，提高用户客单价，引导用户跨品类购买。有数据显示，随着用户越来越忠诚，购买时间间隔会越来越短，购买金额会越来越高，购买品类也越来越丰富，为平台贡献的收入也越来越高。因此，用户成长与平台的收入密切相关。

3. 提升传播和扩散的作用

当一个用户在平台成长起来之后，就会对平台产生忠诚度，会主动邀请身边的好友加入，产生自传播的效果，为平台带来更多用户。

笔者曾经对通过邀请手段获取的用户增长做过一个数据分析，我们发现，80% 以上的邀请者都是平台的忠诚用户。这些用户邀请过来的新用户的贡献占整体被邀请进来新增用户 80% 以上的金额。从这个数据中可以看出，用户成长对于提升用户传播的重要作用。

5.2　建模型：不同用户模型在用户成长体系中的应用

5.2.1　用户漏斗模型

用户成长体系在本质上是一个长漏斗体系，以渠道为起点，平台为终点，构建起外部引流，用户转化和用户成长的一套用户增长体系。从用户获取、注册转化、购买转化、到逐渐成长为一个成熟的用户，每个环节都可能会存在流失。用户成长体系的目标就是要尽最大可能减少每个环节的用户流失，才能实现持续性增长。

如图 5-4 所示，图中表达的是某个产品的新增用户和留存堆积图，横轴代表时间，纵轴代表周活跃的总人数，最外面的曲线代表总人数的不断增长，随着时间的变化，我们可以看到不同层级的颜色，经过一段时间变成平稳的一条线，这说明我们的客户有一部分留存下来，整个这一条曲线就是一条“长漏斗”，每个环节都会有用户流失。

一个平台的增长是否健康主要取决于他的新老用户结构是否合理。健康的增长模式是：新用户不断增长，且不断成长为老用户，长期在平台留存下来，新用户源源不断的增长，源源不断的成长，老用户长期活跃。如果一个平台完全靠新用户拉动，没有用户成长就非常危险，一旦停止拉新平台就面临死亡。

要分析这一条长漏斗每个环节的转化，就需要对其做拆分，搞清楚哪些是平台自身的共性问题，哪些是渠道因素的问题。

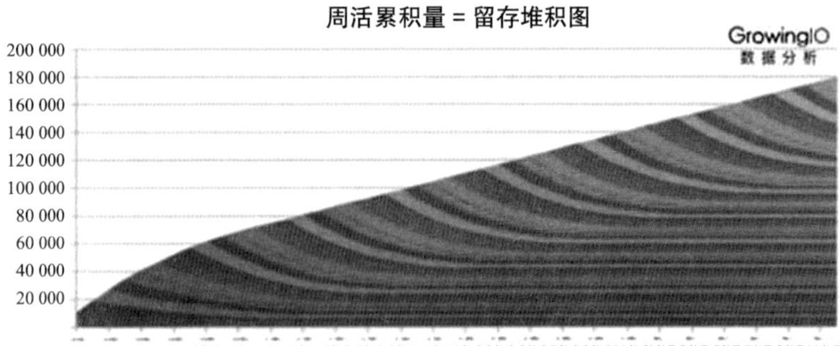

图片来自 GrowingIO

图 5-4 有效用户留存

如图 5-5 所示，左侧是互联网金融理财平台的用户从注册到实名认证再到绑定银行卡最后到投资层层递进的用户漏斗图，反映的是平台从用户获取到转化成投资用户的每个关键步骤运营效率；右侧的柱形图代表的一个理想目标，提升每个环节的用户转化，减少用户流失。

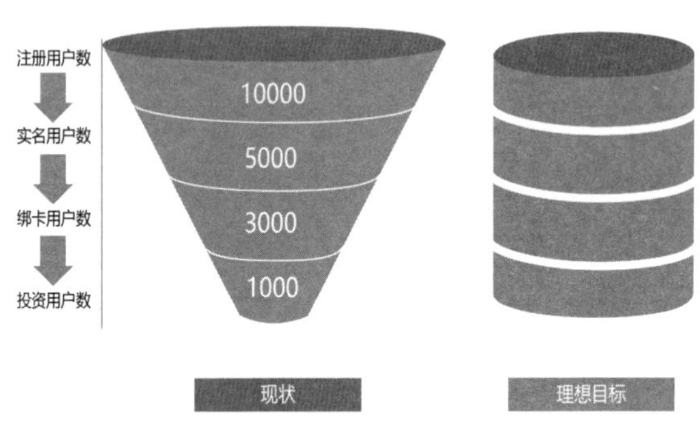

图 5-5 平台用户增长漏斗模型

用户漏斗模型包括两个维度：

（1）整体用户漏斗

整体用户漏斗模型能分析一些平台共性的问题，比如绑卡转化率低，这个主要就跟支付通道有关系，注册转化率低可能是产品注册流程有问题等。要想了解清楚更多影响用户转化的因素还需要再往前拆解，以每个渠道为源头，搭建漏斗模型，分析每个渠道的用户质量和转化及成长情况。

（2）渠道漏斗

渠道漏斗，就是以每个渠道为源头往下进行拆解，把用户留存和成长情况跟渠道拉新策略紧密结合起来，找到影响用户成长的关键因素，分析有效用户数低是因为渠道本身用户质量的问题，还是渠道的获客手段的问题。

如图 5-6 所示，不同渠道在不同的转化环节会有显著的差异，导致这种差异的有以下几个方面的因素：

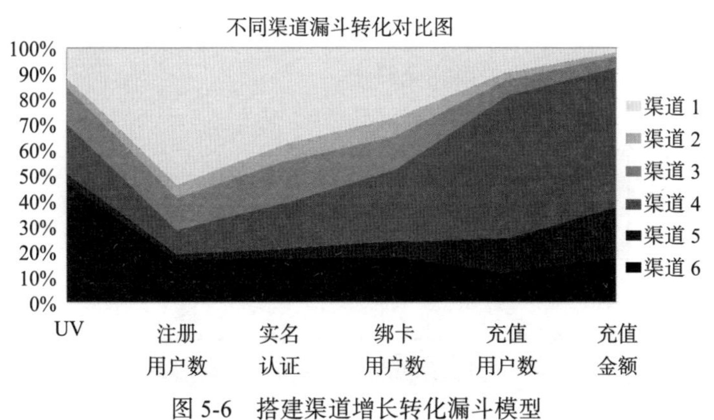

图 5-6　搭建渠道增长转化漏斗模型

第一，不同渠道的用户属性不同，越接近于目标用户转化率越高；

第二，不同的获客手段。在相同或不同的渠道，采取不同的拉新手段，最终的转化率也有明显的差异。

有的获客手段偏重于其中的某一个环节，比如注册，就会导致注册转化率更高，但不代表最终的成交转化率也会很高。有的偏重于最终的成交，但前期的注册转化率就会很低。渠道漏斗模型的作用就是能够在不同或相同渠道之间做不同拉新手段和渠道用户质量等因素之间进行综合性的对比分析，最终选择一个最优的获客手段。

5.2.2 用户生命周期模型

用户生命周期模型，如图 5-7 所示，是从企业与客户建立业务关系到完全终止关系的全过程，是客户关系水平随时间变化的发展轨迹，它动态地描述了客户关系在不同阶段的总体特征。客户生命周期可分为新手期、成长期、成熟期和衰退期和流失期 5 个阶段。新手期是客户关系的建立期，成长期是客户关系的快速发展阶段，成熟期是客户关系的理想阶段，衰退期是客户关系水平发生逆转的阶段，流失期是客户关系完全终止。

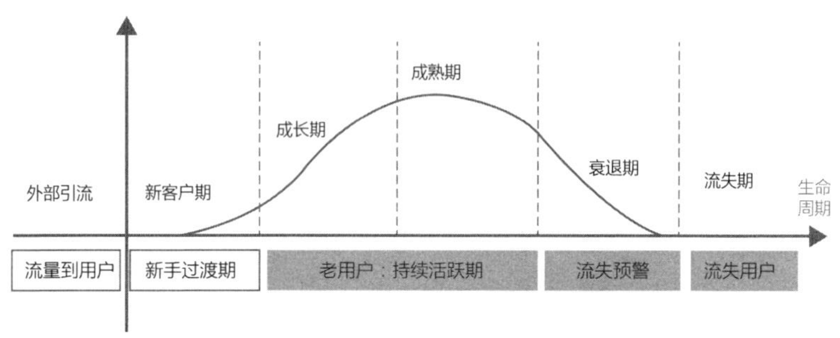

图 5-7　用户生命周期模型

- **新手期**，是从流量转化成用户的阶段，用户从一个访客变成首次购买用户，与平台开始建立初步的关系，这种关系很不稳定，这个阶段的用户很容易流失，用户更多的抱着试探的心理，这个阶段需要降低用户的购买门槛，打消用户的消费顾虑，快速引导用户向成长期发展。这个阶段用户对企业的价值不大；

- **成长期**，是平台与用户逐步建立更深度连接的过程。需要引导用户发生更多次的购买，提升用户的购买金额，让用户变得更忠诚，与平台的关系变得更稳定。这个阶段用户开始为企业贡献价值，企业收入逐渐大于投入，开始盈利；
- **成熟期**，是用户已经跟平台建立起了稳定的信任关系，培养起了用户固定的消费习惯，用户的购买频次越来越高，购买时间间隔越来越短，客单价也越来越高，用户的价值也越来越大。企业开始获得较高的利润；
- **衰退期**，平台为逐渐不能满足用户的需求，或者用户消费习惯发生变化等因素，导致用户购买频次越来越低，间隔时间越来越长，为企业贡献的价值也逐渐减少；
- **流失期**，用户完全脱离平台，不再为企业贡献价值。

根据用户生命周期理论，本质上是用户与平台逐渐建立深度连接的过程，用户与平台的关系水平随着时间的推移，从新手期到成长期、成熟期直至退化期依次增高。同时，用户价值随着生命周期的发展不断提高，新手期最小，成长期次之，成熟期最大。

不同生命周期阶段的用户数量反映出一个企业的经营状况和盈利能力。成熟期的用户越多企业的经营状况越好盈利能力越强；新手期的用户占比过大，企业的盈利能力越差；衰退期和流失期的用户占比过大说明企业的经营状况出了问题，盈利能力会持续的下降。

在激烈的市场竞争环境中，应该针对用户的生命周期的不同特点，提供个性化的服务，制定差异化的运营策略，详细的用户生命周期模型的管理策略我们已经在第四章进行讲解，在此不再赘述。

5.2.3 RFM 模型

RFM 模型是衡量客户价值、创利能力、活跃度的重要工具和手段。该模型通过一个客户的近期购买行为、购买的总体频率以及花了多少钱三项指标来描述该客户的价值及活跃状况。

RFM 模型在用户成长中主要是用于监控用户的活跃度及流失可能性。利用 R、F 的变化，可以推测客户消费的异动状况，监控客户流失的可能性，再从 M（消费金额）的角度来识别用户的重要程度，重点放在贡献度高且流失几率也高的用户上，重点拜访或联系，以最有效的方式挽回更多的用户。具体案例在第 4 章有详细阐述。

笔者在传统 RFM 模型的基础上新增了一个品类维度，结合用户生命周期组成了一个立体式的用户模型。对于单一业务型平台，只有一个品类，但是对于平台型业务来说，品类多种多样，每个品类的发展情况都不一致，因此，正如前文提到的平台新用户和品类新用户，从平台角度和从品类维度去看会有很大差异，因此在使用 RFM 模型时要根据自身的业务特性选择如何使用。

RFM 模型如图 5-8 所示，在用户生命周期的各个阶段都会用到，并且在各个阶段的重点会有所不同。新手期主要通过购买频次监控用户的成长情况，成熟期通过购买金额识别用户的价值以进行用户分级，流失期通过用户

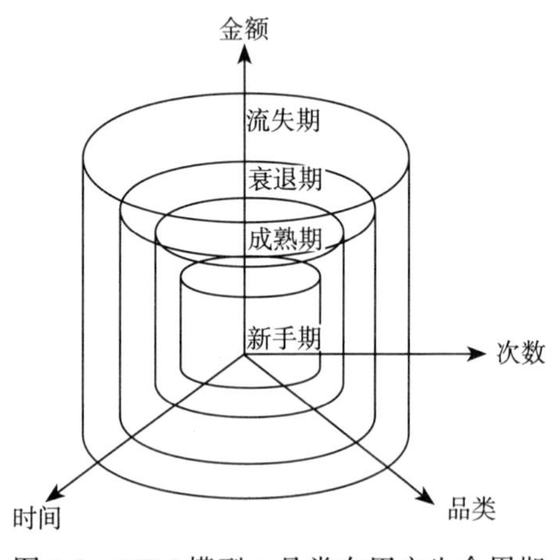

图 5-8 RFM 模型 + 品类在用户生命周期各个阶段的运用

的购买时间间隔监控用户的活跃度，根据用户的购买金额和用户价值进行高优先级挽留和召回。

5.2.4　用户价值模型

用户价值模型如图 5-9 所示，建立在用户生命周期基础上，通过用户当前和历史的消费金额、信用度、行为轨迹等数据，预测用户终生价值、剩余价值，以及用户的忠诚度、影响价值等，从而建立一套综合性的价值评估模型。包括整体用户的“28 定律”法则和单个用户维度价值细分。

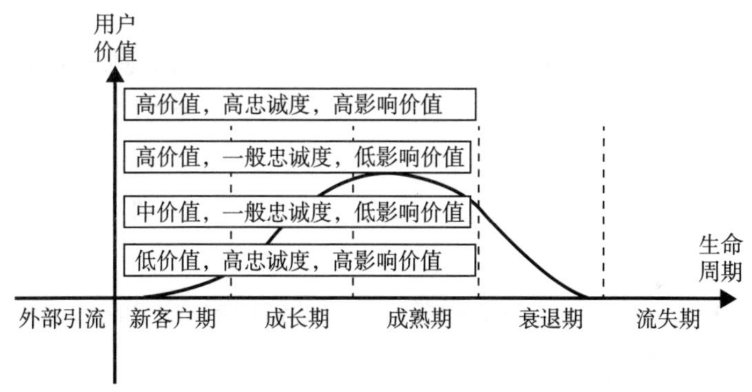

图 5-9　用户价值模型

用户价值主要分为用户的商业价值和影响力价值。如前文用户生命周期模型中所述，用户的商业价值随用户生命周期从新手期往成熟期发展而逐渐增加，到衰退期逐渐递减，直至流失期终止为零；用户的影响力价值也是如此，用户越成熟，对平台越忠诚，影响力价值越大，而对平台忠诚的口碑传播者，会有很强的动力邀请身边的好友加入。

（1）用户价值模型的用途

- 以客户价值细分为基础，采取不同的措施保有客户，使客

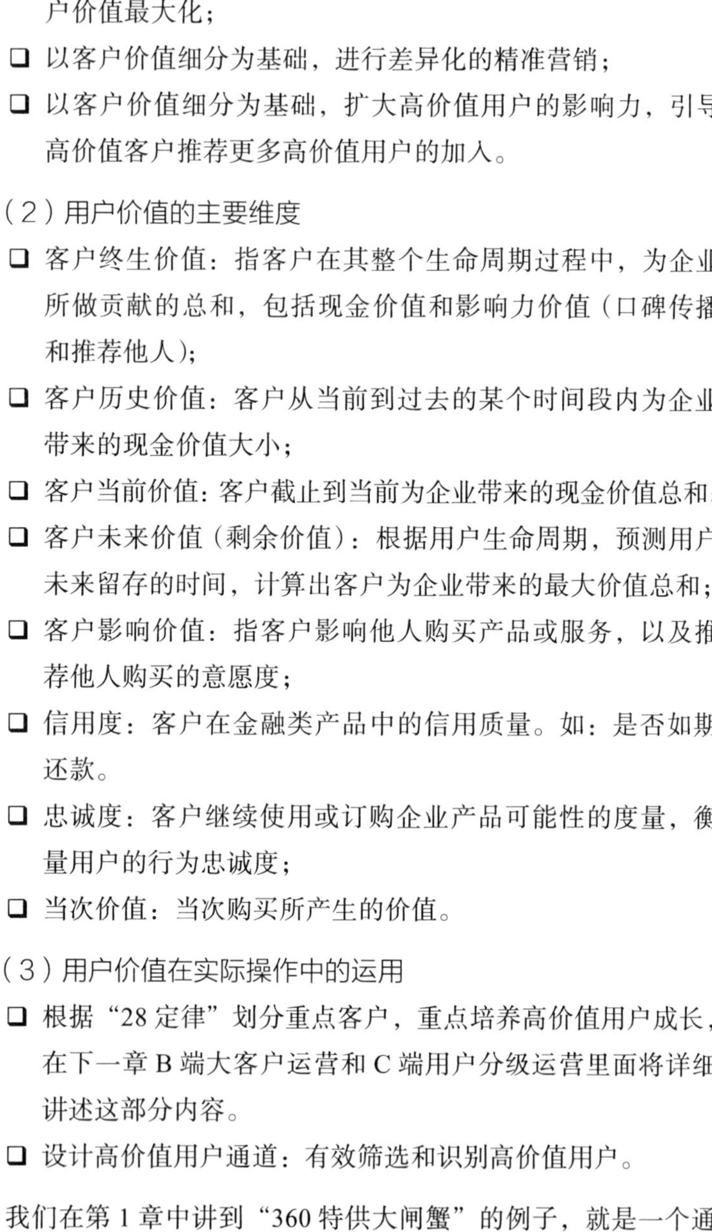

户价值最大化；

- ❑ 以客户价值细分为基础，进行差异化的精准营销；
- ❑ 以客户价值细分为基础，扩大高价值用户的影响力，引导高价值客户推荐更多高价值用户的加入。

（2）用户价值的主要维度

- ❑ 客户终生价值：指客户在其整个生命周期过程中，为企业所做贡献的总和，包括现金价值和影响力价值（口碑传播和推荐他人）；
- ❑ 客户历史价值：客户从当前到过去的某个时间段内为企业带来的现金价值大小；
- ❑ 客户当前价值：客户截止到当前为企业带来的现金价值总和；
- ❑ 客户未来价值（剩余价值）：根据用户生命周期，预测用户未来留存的时间，计算出客户为企业带来的最大价值总和；
- ❑ 客户影响价值：指客户影响他人购买产品或服务，以及推荐他人购买的意愿度；
- ❑ 信用度：客户在金融类产品中的信用质量。如：是否如期还款。
- ❑ 忠诚度：客户继续使用或订购企业产品可能性的度量，衡量用户的行为忠诚度；
- ❑ 当次价值：当次购买所产生的价值。

（3）用户价值在实际操作中的运用

- ❑ 根据“28 定律”划分重点客户，重点培养高价值用户成长，在下一章 B 端大客户运营和 C 端用户分级运营里面将详细讲述这部分内容。
- ❑ 设计高价值用户通道：有效筛选和识别高价值用户。

我们在第 1 章中讲到“360 特供大闸蟹”的例子，就是一个通过设计大客户购买专线，引导高价值用户通过电话预约通道转化，让整体的销售规模得到了数倍提升的成功案例。

- 扩大高价值用户影响力价值：引导高价值用户邀请好友使用产品。有数据显示，高价值用户邀请过来的用户价值也非常高，因此，应该大力度刺激高价值用户邀请身边的好友加入，这也是一个性价比极高的手段。

5.3 搭通道：搭建激励和连接用户的通道

5.3.1 用户成长通道（指挥棒）

1. 什么是用户成长通道

用户成长通道包含两个部分：一种用户成长的激励通道，能够像指挥棒一样，激励用户沿着平台指定的方向成长。比如QQ的用户成长通道是建立在以会员特权和勋章体系基础上的一种特权等级制度，通过不同的等级特权引导用户升级成长。**另外一种是与用户连接，触达用户的通道，包含产品本身以及将用户召回的手段。**

2. 常见的用户成长激励通道

（1）秒杀/限时抢购

常用于电商、O2O、互联网金融等交易类平台。限时抢购通过价格补贴的方式，提升用户在某个时间段类的活跃度，以及提升用户的购买频次，培养用户购买某个品类的习惯。

【案例】美团网的“名店抢购”

美团网曾经在产品端开辟了一个重要的功能叫“名店抢购”，如图5-10所示，起初的核心目的就是培养用户从首次购买到建立忠诚度。最开始是只有餐饮品类，后来大力拓展酒店品类的时候，一到晚上就主推酒店限时抢购。后随着垂直品类的拓展，逐渐增加了休闲娱乐、景点门票等品类的限时抢购，起到将用户往新品类导流的作用。通过设置手机端专享还起到了将这些用户从其他端导向移动端的作用。

图 5-10 美团网名店抢购

（2）代金券（红包）

红包是一种典型的通过补贴激励用户成长的方式。红包的主要形式有满减（消费满一定金额直接抵扣现金）和满返（消费满一定金额返还现金或有一定门槛可抵扣现金的红包）两种形式。红包的使用也贯穿于整个用户的生命周期。在用户生命周期的不同节点，利用红包的不同属性，基于不同的用户模型，给用户发放不同金额、不同门槛、不同品类的红包，引导用户完成下一步的成长目标，如图 5-11 所示。

- 时间维度：通过红包的有效期激励用户在限定的时间内使用，激励用户在规定的时间内完成成长任务；金额及门槛：

通过金额的大小和使用门槛激励用户提高购买金额，且平衡好激励力度和补贴力度之间的平衡，以实现成本最小化、激励效果最大化；用户得到的红包金额也会根据每个人处于不同的生命周期阶段领取到不同门槛和金额的红包。基本规律是用户的活跃度越高，成熟度越高金额越低；

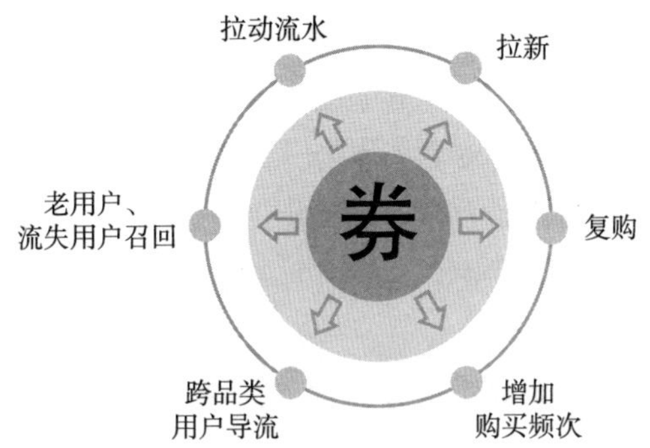

图 5-11　代金券的主要用途和玩法

- 品类限制：通过限定红包使用的品类范围，激励用户完成某个品类的购买；当平台推出新业务，需要引导用户往新业务导流时候，通常会发放限定该业务可使用的红包；
- 发放个数：如前文所描述，用户 5 次购买可成长为忠诚用户，一般红包在引导新用户使用的场景都会是一次性发放 5 个，或者引导用户使用 5 个红包，完成用户成长变忠诚的过程；

（3）积分 / 成长值 / 经验值

无论是经验值还是成长值，其在本质上都是积分，积分也是应用特别广泛的一个激励工具，是一套综合性的激励手段，其核心价值在于激励用户完成某些任务获取积分，积分可兑换某些物质或精神上的奖励，完成积分的消耗。只有在积分的消耗能对用户产生激励作用的前提下，才会起到激励作用。积分兑换越难，就无法起到激励的作用，积分必须要有一个强有力的出口，才能真正起到激励用户成长的作用。

【案例】滴滴打车通过“滴米”实现对司机端的调度

滴滴打车最开始对司机端是通过补贴的方式来激励司机成长，让更多新司机加入，激励他们接更多单。为了降低成本他们发明了一个叫“滴米”的营销工具，来调节司机的接单行为。对于出租车司机来讲什么是好订单？一定是长距离订单是好订单，这个单的收入很高；不好的订单，就是距离短，起步价的订单。好的订单会有好多人抢，不好的订单也需要有人拉，所以“滴米”就是为了平衡好订单和不好订单的分配，协调司机端运力和用户端打车需求之间的平衡关系。

对于一个好订单或者高价的订单，平台就会扣减“滴米”；对于起步价小的订单平台会奖励“滴米”。平常司机就会通过拉不好的订单来积攒“滴米”，当有好活的时候就会通过消化“滴米”来抢单，滴滴平台完美地实现了滴米的产出和回收，而且还不产生任何现金成本。

“滴米”的本质是积分，在司机端“滴米”能抢到好订单，这个是一个非常好的出口，能刺激到司机去挣滴米，从而起到对司机行为进行调节的作用。形成积分的入口和消耗出口的闭环。

（4）抽奖

如每日砸金蛋，如图 5-12 所示，每日摇一摇 / 每日签到，如图 5-13 所示：用户每完成某一个或几个任务即可参与抽奖。通过奖品的大小和中奖概率刺激用户参与抽奖。常见激励任务，如：注册、投资、购买、活跃、评价等，常用于一些支付频次和活跃频次较低的产品，经常会独立设计一些拉动日活的产品，通过这些功能既拉动用户的日活，又能根据用户的成长状态输出不同的补贴策略。

图 5-12　金蛋理财每日砸金蛋加息

图 5-13　指旺理财每日摇一摇抽签赢好礼

（5）特权等级

包含两个部分，一个是价格特权，一个是服务特权。价格特权，如：会员价，达到一定等级的会员可以享受别人无法享受的折扣力度购买某些商品；服务特权：是用户可以优先享受普通用户不能享受的服务，如优先排队权，优先购买权等。通过会员特权激励用户达到一定的用户等级，享受特权服务。用户达到一定的等级就相应完成了成长的过程。

（6）任务引导

以任务激励的形式，引导用户按照指定的路径成长。如图 5-14 和图 5-15 所示，指旺理财根据新用户和老用户设计了不同的任务和激励，用户可以根据设计的激励任务傻瓜式的成长。

图 5-14 指旺理财任务引导

图 5-15 指旺理财任务引导

5.3.2 产品通道

1. 用户访问的关键路径

不同类型的用户群体在使用产品的时候会有不同的访问路径，如：新老用户，就存在巨大的差异。因此，在产品端需要判别新老用户设计不同的引导策略。

以互联网金融为例，新老用户典型的访问路径如下：

新用户：打开产品→进入新手专区→领取新手红包→投资使用红包→查看资产及收益。

老用户：打开产品→登录→点击“我的 ××”→查看资产→浏览资产→投资

新用户对平台有一个认知的过程，让用户快速地了解我们是谁，提供什么样的产品和服务？平台如何保障用户的资金安全？新用户应该如何投资，如何获取收益等，解决了用户一系列顾虑之后，在福利的刺激下用户才会发生投资行为。如果这些用户疑虑不能消除，就很难完成首次投资转化，而新手专区就是专门解决在问题所涉及的关键路径。新用户更容易选择从新手专区开始，因为这里集中了对新用户的福利，以及新手引导；而老用户因为有过投资记录，更习惯每天先上来查看自己的资产总额，以及每日发放的收益是否到账，然后再浏览是否有新的合适的资产可以投资。因此，在产品端，对于新用户的设计应该突出新手专区，以及新手特权福利；对于老用户，则应该让其能够更便捷地查看自己的收益，以及适合老用户的资产推荐。

2. 产品通知功能

站内信，是一种非常好的引导用户成长的重要通道。用户可以根据站内信的引导进行下一步的操作。如前文提到的荔枝 FM，用户只要注册成功立马就会收到站内私信提示用户如何进行下一步操作，且每进行一步都会有私信提示，这样用户可以有一条明确的指引，沿着平台设定的路线成长，如图 5-16 和图 5-17 所示。

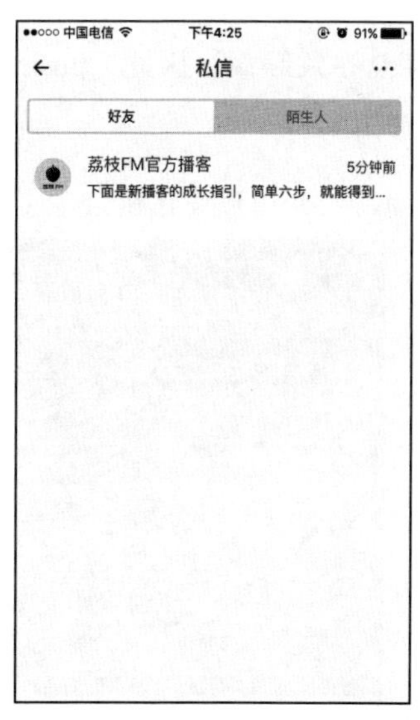

图 5-16　注册自动 push 引导用户成长

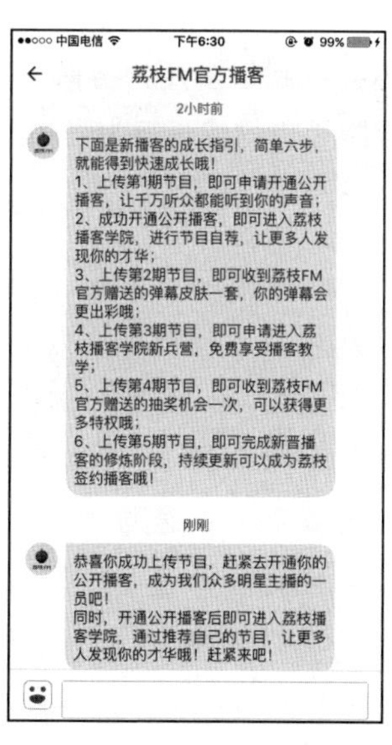

图 5-17　新手成长引导

知乎是以问答为核心的用户产品，其用户成长核心在于用户的参与度和内容贡献度，因此，只要用户参与了问题的关注、评论、被邀请回答问题、被赞、被感谢等核心成长行为都会收到知乎站内通知的消息提醒，强引导用户关注，始终围绕“问”和“答”这个知乎平台最核心的功能展开。

3. APP 个性化 Push

根据用户的成长节点，做个性化 push，引导用户成长。

在移动互联网时代，每个用户在手机上的总时间是有限的，多数时间被少数几个超级 APP 所占据，每个用户常用的 APP 不超过 15 个，能分配到每个 APP 上的时间少之又少。我们要想提升用户购买转化，就需要想办法增加跟用户接触机会，提升 DAU，push 就是一种很好的手段。

大多数公司都是全量 push，一次性将同一个内容发给所有用户，到达率很低，而且内容无法做到个性化，打开率也很低，甚至还会遭到很多用户屏蔽，严重的甚至导致卸载，因此，push 一定要跟用户的成长行为强相关，做个性化 push。

【案例】招商银行用户通知，增加用户转化机会

图 5-18　招行扣款短信 push 通知

如果使用招行的银行卡，你每发生一笔消费就会收到招行的短信提醒，push 通知如图 5-18 所示，如果你绑定了微信公众号，还会收到一条微信通知。这既让用户觉得资金安全，又增加了跟用户多次接触的机会。在每条通知短信后面都会有一条活动链接，要么是贷款类，要么是抽奖。原本一条通知类的短信，被开发成了一个高效触达用户的广告位，增加了更多用户转化的机会。

【案例】高德地图精准、个性化push：

高德地图是一个工具类产品，用户核心需求就是最快找到里程最短、时间最快的路线，并且根据实时路况做变更。每个人的路线都是不一样的，因此，必须做到个性化。笔者之前一段时间每天上班都会用到高德地图导航和查询实时路况，每天早上6点起床会查一下从北五环外到酒仙桥的路线，6:30会开车导航出门。持续用了一段时间之后，高德地图每天早晨6:30以前就会自动给我发送一条push，如图5-19所示。

自动发送的push告诉我，我每天查询的出发地到目的地的所需时间和实时拥堵情况，并且给出时间最短的路线推荐。都不用手动查询了，点击即可开始导航，一键导航。就这么简单一条push就解决了用户最核心的需求，最快速找到里程最短，时间最快的路线，并且在行车途中，高德地图还会根据实时路况提醒可变更路线，如图5-20所示。

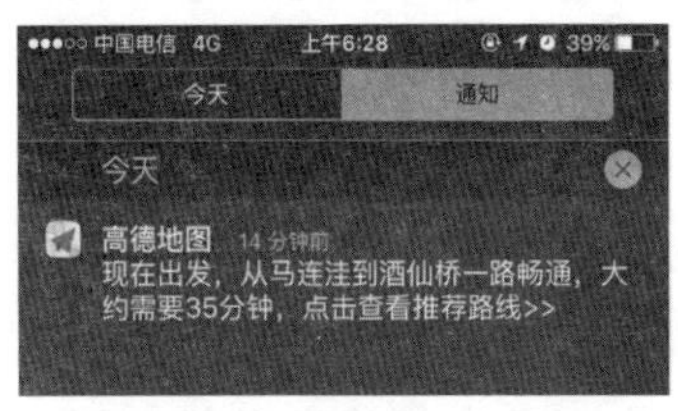

图5-19　高德地图个性化push

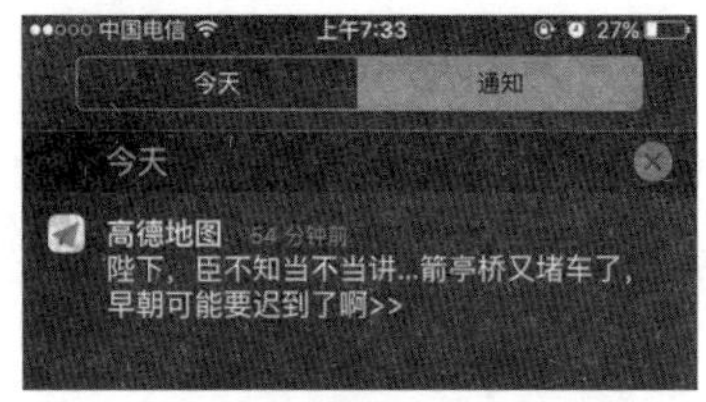

图5-20　高德地图根据路况实时提醒

因此，笔者在北京行车的时候就算认识路也会把高德导航开着，因为北京的路况实在太差，指不定哪儿就堵车了，有高德就像多了一个贴心的小秘书，可以实时提供最省时的路线导航，真正提供个性化的服务。

5.3.3 短信通道

短信跟push的策略一样，也要尽量做到个性化，根据用户成长的节点来发送。但短信更大的作用是将用户从离线状态拉回产品在线状态，形成转化。

互联网发展这么多年，触达用户手段已经非常丰富了，但不得不说，短信依然是触达用户的最有效的通道之一，且效果立竿见影。

短信的效果取决于以下几个方面：

- 用户数据的精准性：发送的用户是否是活跃用户，针对什么群体的用户想达到什么样的目的。比如：发给只注册未购买的用户转化率肯定会不高；发给忠诚用户的短信效果肯定比发给只购买过1次的用户效果好。核心还是在于想要通过短信通道给什么群体传递什么样的信息；
- 短信通道的到达率：短信通道服务商的质量会对到达率有影响。比如发送10万条短信，差的服务商通道到达率只有60%，那就在6万个用户的基础上再进行转化。好的服务商到达率能到90%以上，那就会多增加3万个用户转化的机会。因此，通道质量也是影响转化的关键。
- 短信文案影响打开率：短信的文案直接决定了用户是否会打开短信，然后感兴趣并关注推送的内容，进而打开APP。且不同的文案差别可能会非常大。文案是从发送量，到达率之后的第三个漏斗，也十分关键。
- 发送时间：有数据研究发现，用户主要的流失80%以上都集中在当天，那我们对于潜在流失用户的召回时间上就应该在当天就应该采取措施，并且随着时间的推移召回的可能性越小，因此，召回流失用户的短信在当天就发。在一天之内短信发送的时间也有讲究，我们可以看下用户主要访问和下单的时间集中分布在什么时间，访问的高峰期不一定是下单的高峰期，最好是在下单的高峰期给用户发送，转化率会更高。

5.3.4 微信通道

微信是伴随着移动互联网的发展起来的一个超级 APP，月活跃用户数接近 9 亿，围绕微信已经形成一个超级生态圈。2015 年～2016 年很多互联网公司借助微信的社交红利获取了大量的用户，虽然现在微信已经限制了大量的朋友圈分享数量，但微信依然是一个重要的获客渠道来源。微信通道价值主要体现在以下两个方面：

- 将微信作为重要的获客渠道来源：微信作为一个熟人社交关系生态链，天然地具有很强的信任属性，因此，基于微信的口碑传播，红包分享等有很强的裂变效果，能带来用户爆发式的增长。红包分享的例子在前文已详细描述。另外，借助微信公众号，通过内容导流的方式也是重要的获客来源，在微信公众号投放广告进行获客目前已经成为一大趋势。微信本身广告资源的开放，渠道早期还有红利期，也可以低成本获客；
- 利用微信的用户通知模板，作为用户连接的重要通道。微信的通道原理跟短信、push 类似，都是建立在用户成长的节点的基础上进行触发。但是微信跟 push 比到达率更高，跟短信比则几乎没有成本，打开率更高。用户将账号绑定了微信账号之后，可以用微信账号登录，整个体验流程在微信 APP 里面也会非常流畅。如图 5-21 所示：当你的资金发生任意的变动时，如：投资成功、回款、提现等，你就会收到财富小助手发出的微信通知，用户点击打开就又能带来一次新的投资转化的机会，且没成本，到达率几乎为 100%。因此，微信作为连接用户的基础功能，价值也是巨大的。

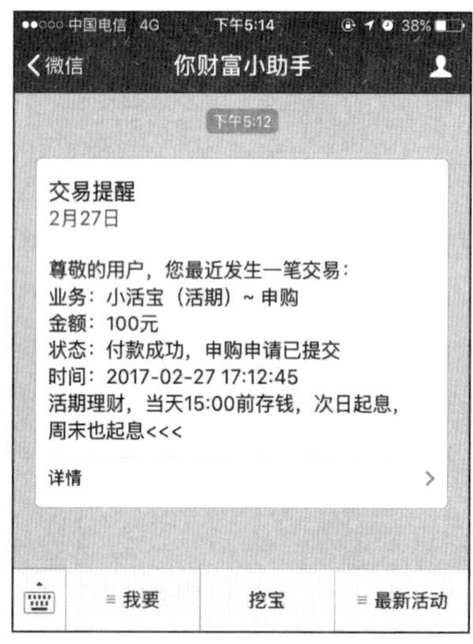

图 5-21　你财富取款微信通知

5.3.5　其他通道

电话通道，主要面向大客户，一对一沟通；EDM 通道，在移动互联网发展起来之前也是一个重要的通道，像在团购行业发展最早期 EDM 也扮演了非常重要的角色，随着移动互联网的发展 EDM 的作用逐渐在衰落。

5.4　促成长：寻找关键路径，打造动力引擎

5.4.1　探索用户成长的关键路径

互联网的本质是连接，用户成长就是用户与产品建立深度连接

的过程。从建立轻度连接到开始，逐步增加连接的维度和深度，连接程度越深，用户的留存率越高，留存时长越长。因此，**用户连接的密度，即用户多长时间内达到多少连接度，就是衡量用户成长的关键路径和成长数字。**

以交易为核心的用户成长路径，与非交易为核心的用户成长路径有显著的差异。非交易类的产品，用户成长的关键路径更多体现在用户的行为端数据上，主要从用户的 DAU、用户留存、使用频次与深度等维度来识别用户的成长。交易类的产品需要在此基础上再加上交易维度的数据，且以交易端的数据为主来识别用户的成长路径。因此，在探索用户成长的关键路径上，两种业务类型会有显著的差异，需要分别来判断。

主要体现在以下几个方面：

1. 非交易类产品用户留存魔法数字

挖掘产品核心功能，查看用户留存，找到用户成长关键路径的魔法数字。通常找到魔法数字的方法是根据已有的留存用户做数据关联度分析，根据留存率高的用户做反向分析，分析出这部分用户在行为路径上都有哪些关键步骤，分别对应的数字是多少，每个关键路径会有一个核心数字与用户留存率呈正相关，这个数字就是用户留存的魔法数字，对其进行产品功能的强化，做有针对性的引导。包含但不限于以下几个维度：

- **内容增加度：**多少的内容被用户添加到产品内。如：知乎，用户提了几个问题、回答了几个问题、收藏和评论了几个问题等。
- **用户关系增加度：**添加（关注 / 被关注）了几个好友。如：微博，关注了几个好友，被多少好友关注；微信，添加了几个好友。

- **访问频度：**单个用户多长时间访问一次产品。
- **访问深度：**单个用户使用一个产品功能的总时长。
- **使用的宽度：**使用了几个产品功能，每个产品功能的具体数字如何。如：微信，用户使用好几个产品功能，包括好友聊天、朋友圈、公众号等，每个功能都有不同的数字体现。好友聊天关键是添加的好友数和聊天记录数、朋友圈核心是发了几张照片和使用时长、公众号核心是关注公众号数量以及文章的阅读量和阅读时长。

【案例】Facebook、LinkedIn、Twitter 用户成长的关键路径和魔法数字

Facebook 发展早期通过数据分析发现，要让一个用户留存下来并持续使用的诀窍就是让这个用户在 10 天内完成 7 个好友添加的动作。

LinkedIn 早期发展过程中也不知道如何提升留存，于是分析了两三百个各种不同的指标，最后发现，一星期内添加 5 个联系人的用户，他们的留存率 / 使用频度 / 停留时间是那些没有加到 5 个联系人的用户的 3 ～ 5 倍，这个是他们找到的驱动用户成长的关键路径和魔法数字。找到了这样的数字魔法后，LinkedIn 开始在产品各个入口增加社交关系，去强化这个产品功能，让更多的用户在第一周里加到 5 个联系人，此后的增长速度就步入了快车道。

同样的，在 2009 年的时候，Twitter 的用户流失率达到了 75%，时任增长团队的产品负责人 Josh Elman 做了一件有趣的逆向思维的事情，他并没有去研究那 75% 的用户是为什么走的，而是深入地研究了剩下的 25% 的用户为什么留下来。结果他发现这 25% 的用户关注的用户数都在 30 以上，所以他们重新设计了产品，在注册后会进行推荐关注等，以此来提高新用户的关注数量，并最终提升了留存率。

2. 交易类产品用户成长魔法数字

通过对留存率高的用户反向数据分析，发现用户成长在什么节点出现明显的拐点，就是用户成长的关键点。主要有以下三个维度，如图 5-22 所示。

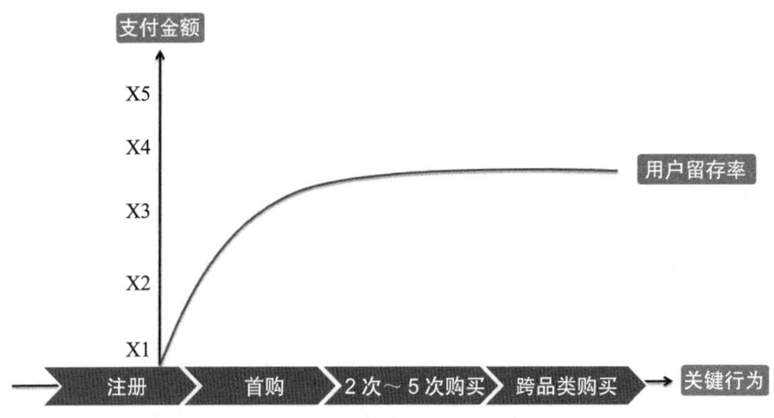

图 5-22　交易类用户成长关键路径

- 购买频次：多长时间内发生了几次交易；
- 购买金额：多长时间内发生交易的总金额；
- 购买的类型：多长时间内购买的产品类型的种类数；

在 4.4.2 节讲到了，5 次交易是用户留存的魔法数字，凡是 5 次交易，用户就能从新手变成一个忠诚用户，用户就算是真正的成长起来了。

交易型的用户成长不能单纯地从某一个维度去看，需要多个维度综合起来看。比如前面的用户 5 次购买变忠诚，这个结论是正确的，但这是一个普遍性的用户规律，并不是每个用户都是 5 次购买以后才变成忠诚用户的，有的用户甚至一次购买就变成忠诚用户了，这个时候就需要加上购买金额和其他行为，如跨品类购买一起来衡量用户的成长情况。

举个例子，在互联网金融行业，一个用户发生 5 次充值就会变成一个忠诚度非常高的用户。如果在用户成长引导过程中完全按照 5 次充值去引导，就会出现一部分用户过度补贴的情况。例如：某用户在平台累计只发生了 3 次充值，但他的累计充值金额在 10 万元以上，且留存金额也非常高，并且这个用户不断地在购买定期理财，虽然累计充值的次数没有再发生变化，但他的购买金额发生了很大变化，这笔钱一直在平台留存，定期到期后也持续续投，综合来看，这个用户是一个忠诚度极高的用户，如果单一按照充值次数来看，这个用户还处于成长期，尚未建立稳定忠诚度，需要继续引导。如果这么定义，就会造成运营策略上极大的偏差。

在这个案例中，用户的累计充值金额和跨品类购买是用户成长的两个标志性的关键路径。用户只有对一个平台建立在高度信任的基础上才会进行跨品类的购买。大多数用户都是在一个品类上进行成长。

下面我们从单一一个维度看下用户的成长情况，如图 5-23 所示。

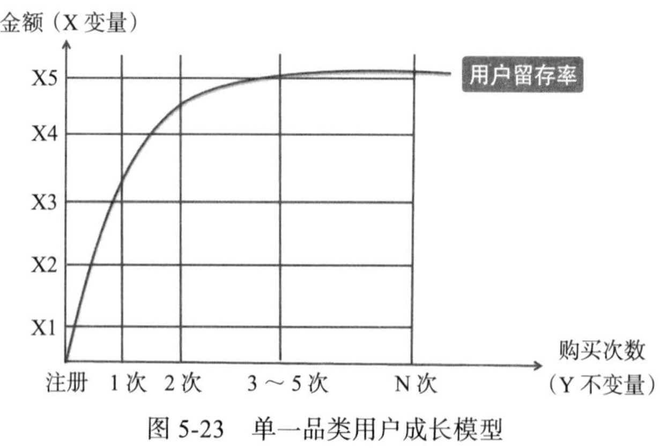

图 5-23　单一品类用户成长模型

横轴：用户购买次数，不变量。用户购买的次数越多留存率越高，用户购买 5 次以上基本上就变成一个忠诚度极高的用户。

纵轴：用户支付金额，变量。单次购买支付的金额越高留存率越高，哪怕是用户只购买了 1 次，只要用户的购买金额足够高，用户后续的留存率也会非常高；随着用户购买次数的增加，单次支付金额也逐渐增加；也不排除有不少用户，购买次数很高，但单次金额也很低，这部分用户就需要引导提升他们的单次购买金额。

5.4.2　不同成长节点的运营策略

在什么时间点，做什么事情，提升用户什么行为成长。

在第 4 章，我们已经讲到了很多用户成长的内容，本节会再做一些补充。以交易类产品为例，用户成长运营策略几大核心目标：

- ❑ 提升用户从 UV 到注册到首购用户转化；
- ❑ 提升用户持续性购买行为；
- ❑ 提升用户从单一品类到跨品类和多品类购买；

建立不同用户生命周期重要节点的营销策略，如表 5-1 所示。

5.4.3　打造用户成长动力引擎

用户成长的核心驱动力还是产品和业务本身，始终围绕解决用户核心需求展开，其他的营销工具都是起辅助和加速的作用。因此，不管是什么业务，都应该找到业务本身的核心驱动力，从而推动用户快速、有效成长。下面将简单总结一些部分常见业务的成长动力引擎。

1. 内容型产品

内容型产品（如社区网站等）用户最核心的需求是高质量的内容，

表 5-1　针对不同用户生命周期重要节点的营销策略

成长节点	触发时间 & 条件	营销目的	触达方式
访问未注册	访问当天 / 第 2 天 /3 天 /n 天	引导用户完成注册	产品首页、push
新注册用户	账号注册成功、APP 来源	引导使用红包完成首购	短信、push
新注册用户	账号注册成功、非 APP 来源	引导使用红包 + 下载 app	短信、push
未首购用户	注册当天 / 第 2 天 /3 天 /4 天 /n 天	引导使用红包 / 购买新手专享	push、短信 / 站内信
未 2 购用户	首购 / 未 2 购 / 第 8 天 /9 天 /n 天	引导用户完成复购	短信、push
未 3 购用户	2 购 / 未 3 购 / 第 8 天 /9 天 /n 天	引导用户成长	短信、push
未 4 购用户	3 购 / 未 4 购 / 第 8 天 /9 天 /n 天	引导用户成长	短信、push
未 5 购用户	4 购 / 未 5 购 / 第 8 天 /9 天 /n 天	引导用户完成 5 次购买，建立忠诚度	短信、push
单一品类购买用户	忠诚度高且未跨品类购买	引导用户跨品类购买，提升用户 ARPU 值	短信、push
流失预警用户	购买时间间隔 x 天	防止流失	短信
流失用户	购买时间间隔 x 天	用户召回	短信
流失用户	流失高价值用户	电话召回	人工客服

注：具体触发用户成长行为营销的时间点，不同业务，不同成长节点会有很大差异。具体时间点需要根据自己业务类型，分析大部分用户规律找出最佳营销时间点。

以及获取内容的速度与效率。签到类工具只能起到刺激用户提高访问频次的作用，只有高质量的内容才能让用户持续留存下来，签到类的工具可以起到培养用户习惯的作用，不能从根本上解决用户的访问和留存问题。

内容型产品驱动用户成长的核心动力引擎是：高质量、高效率、内容形态丰富，如图文、音频、视频、专题等多种展示形态。

【案例】微信公众号通过产品功能权限刺激用户贡献高质量内容

是否具有高质量的原创内容是吸引用户留存的关键。因此，微信官方鼓励原创内容，所有功能都围绕内容原创做激励，公众号原创文章数量达到一定数量就可以开“原创声明”功能，再达到一定数量就可以开通评论和打赏功能，如果内容质量不好，还可能被取消“原创声明”等功能。通过这种方式激发高质量内容的产出，反过来又能刺激用户的活跃和留存，相辅相成，建立起一套正向的激励机制，以达到筛选优质内容的目的。

2. 电商

是否有低价格、高质量品类齐全的商品是吸引用户购买的根本因素，特价商品、红包补贴只会起到加速用户转化和培养用户黏性的作用，无法起到持续激发用户购买的需求。真正能激发长期购买的因素还是性价比高的商品以及高质量的服务，如快递速度、售后服务等；

电商产品的核心驱动力：低价格、高品质、物流速度快、品类丰富。

3. 教育

教育的核心是教会学生方法，能真正应用于实践，解决实际问题才是成功的关键。

教育的核心驱动力是：优秀的师资力量，成体系的教学内容。

4. 互联网金融

是否有利率高、风险低、流动性高的资产是最根本的因素。

【案例】驱动互联网金融行业用户成长的三驾马车：供给驱动、电商化、游戏化

我们先来看一下互联网金融行业用户的需求分析，用户的需求分为核心需求和一些外延性的需求，如图5-24所示。

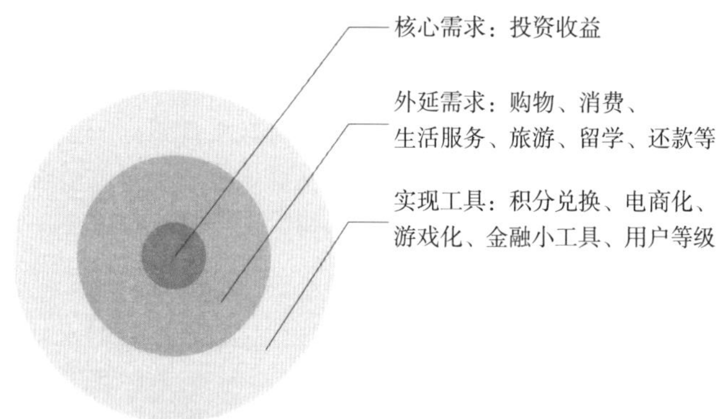

图5-24 互联网金融用户需求分析

供给驱动：

用户最核心的需求是能赚多少钱，即在可接受的风险系数下的，相对高的投资收益。因此，驱动用户成长最核心的因素还是资产本身的投资收益性，互联网金融平台促进用户成长的核心还是围绕用户的投资收益性去打造。

电商化：通过商品白拿、分期等增加用户投资场景

金融产品的活跃度是很低的，我们该如何提升用户更加活跃呢？除了最核心的投资收益需求外，我们需要考虑的是怎样扩大需求的外延，增加更多的场景；而电商是最有效的场景之一。我们看

到很多银行的产品都接入了很多的电商类产品分期，积分兑换很多商品等，都是基于此，增加用户的活跃度和消费场景。像京东白条，就完全嫁接在电商单独购物场景里面。互联网金融平台想提升用户的活跃度和投资场景，电商化是一种非常有效的手段，如图 5-25 所示。

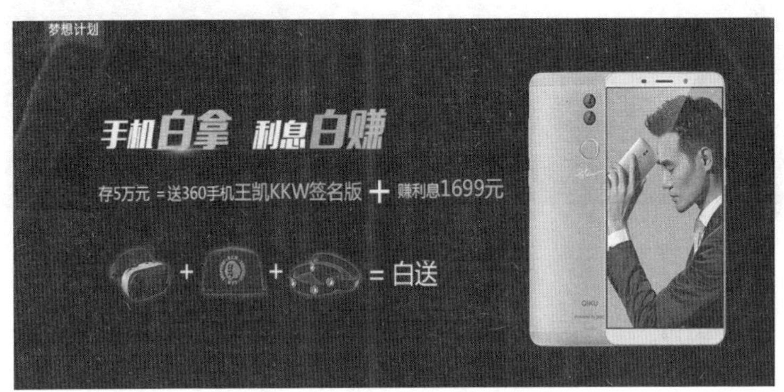

图 5-25 购买理财产品送手机活动

游戏化：游戏化是指通过一些互动性强的方式，引导用户投资，提升用户的参与感，在参与中提升成长。

这两年有个很火的产品叫“一元夺宝”，这个产品的本质是赌博，利用的就是人性的贪婪欲，让人以为可以以小搏大，但实际上投了很多钱进去很可能什么都没得到，但又会显得不甘心，还会不断投入进去，总想捞点什么回来，最后会发现自己越陷越深。由于这个产品涉嫌赌博最终被关闭。笔者研究了这个东西后对其做了一个产品改造，利用了其参与感强的元素，去掉了赌博的元素，改造为只要用户投资就可以免费参与抽奖，如图 5-26 所示。

相对于抽奖，赌博是沉没成本，抽不中就连本金都没有了，但这个活动不一样，用户的本金不会有任何的损失，同时利息照样给，额外增加一次抽奖的机会，完全是额外赠送的机会。对于平台来说也有好处，增加了更多的用户投资场景，本来可投可不投的用户，因为想参与抽奖活动从而拉动了用户更多的投资，想投资的用户因为想参与抽奖也会投的更多。因此，这种游戏化的方式也是增加用户投资的一种有效手段。

图 5-26　投资抽单反相机活动

5. 出行

用户打车的本质是解决出行的需求，首要解决的是是否有车，然后是价格，最后是车是否舒适，服务态度是否好。因此，对于打车来说，司机端的运力至关重要，解决用户打车难的问题首要还是要有足够的运力可供平台随时调配，保证用户最快速度的打到车。其次是根据不同类型的用户，满足其出行的品质需求，不同的价格匹配不同的车辆，以及相应的服务标准。

总结起来，**打车的核心驱动力是：供给驱动，解决用户随时随地快速出行的需求、价格、服务。**

6. 工具软件

工具类产品都是为解决用户某个方面的需求而诞生，如 QQ 是解决用户社交的需求、浏览器是解决用户快速上网获取信息的需求、下载工具是解决用户快速下载和安装应用的需求、杀毒软件是解决用户安全上网的需求和清理电脑，解决电脑卡慢的需求、音乐类软件是解决用户听歌的需求等。

因此，**工具类软件的核心驱动力，是解决用户某个需求的效率**。比如：杀毒软件的核心驱动力是谁杀毒更快，识别病毒的效率更高，更能保证用户的电脑安全。

总的起来，对于交易和平台型产品来说，核心是供给驱动用户成长；对于社区、新闻等内容型产品来说核心是内容驱动用户成长；对于工具型产品来说，核心是产品功能和体验驱动用户成长；除了核心成长因素以外，也会有一些手段，包括但不限于：补贴、任务引导、游戏化等方式，可以加速用户成长。

驱动用户成长最核心的还是业务本身。我们在搭建用户成长体系的时候不能为了用户成长做太多花哨的东西，偏离了业务本身而导致舍本逐末。营销工具和手段能够起到加速和辅助用户成长的作用，不能替代业务本身的核心价值，用户成长体系需要紧密围绕业务本身做设计。

用户成长是一个复杂且长期的过程，在这个过程中需要建立有效的连接通道，跟用户建立多种维度的连接，结合用户不同成长阶段的不同特征做出相应的策略，辅助用户成长，最终形成一个用户不断成长的运营闭环。

5.5 本章小结

本章重点讲解了什么是用户成长体系、用户成长体系对于企业增长的重要作用，以及如何搭建用户成长体系，包括：建模型、搭通道、促成长。

一个好的用户成长体系是以产品为核心，以帮助用户解决更多需求为原点，让用户从产品中实现自我满足的需要。用户成长体系的核心在于，找到驱动用户成长的关键因素，这个是根本，也是核心驱动力，其他的模型和通道是实现的手段和方法。搭建用户成长体系既要找到用户的核心驱动力，通过产品去实现，又要找到能够激励用户成长的关键因素，并且建立用户成长的激励通道和触达通道，建立用户与产品之间的深度连接关系。

下一章我们围绕如何展开用户的深度运营进行讲解，包括用户分级运营和分群运营两大类别。

第 6 章 用户运营

6.1 B 端用户分级运营

一个公司的人力、物力、财力等资源是有限的，如何以最小的成本，在资源有限的情况下，通过资源的合理配置，实现企业的增长，是每个企业都面临的问题。在企业的用户结构中，并不是所有的用户都能对企业的增长做同样的贡献，我们需要清晰地划分出哪些用户能创造更多的收入和利润，哪些用户不需要花费太多的时间和精力。**把目标聚焦，抓大放小，把有限的资源投入到能带来增长的用户身上，实现资源的最大化利用。**

6.1.1 大客户效应

各行各业都存在“二八定律”（对 B 端用户和 C 端用户的管理都适用），如果按客户的销售额大小进行排名，你会发现 80% 的销售额都是由排名前 20% 的客户贡献的。也就是说，企业大部分的销售量来自于一小部分客户，而这部分客户就是企业的大客户，如图 6-1 所示。

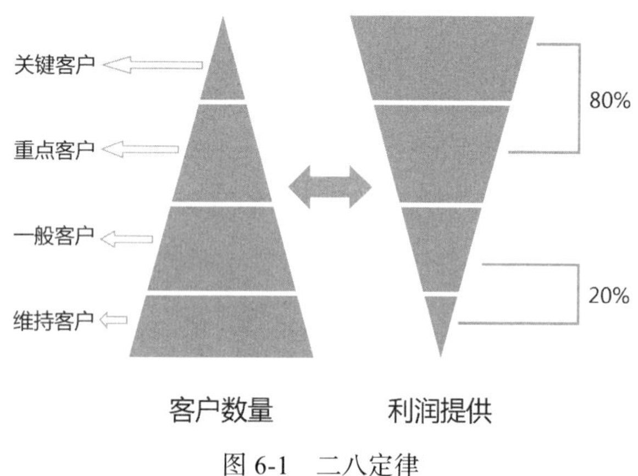

图 6-1 二八定律

1. 大客户的重要特征

大客户（Key Account/KA，Key Client）又称为重点客户、主要客户、关键客户、优质客户等，是指对产品（或服务）消费频率高、消费量大、客户利润率高、对企业经营业绩能产生重要影响的客户，除此之外的客户群则可划入中小客户范畴。

大客户具有：销售总额高、客户群体广、连锁门店数量多、品牌知名度高、影响范围广等特征。

2. 大客户效应

大客户通常能产生如下 6 个效应。

1）B 端大客户不仅能带来销售额的快速增长，还能带动平台用户数的快速增长。

图 6-2 是某团购网站与一家区域连锁品牌客户合作带来的销售额和新客数明显增长的例子。在独家合作之前带来的新客数量非

常少，在转变成独家合作之后，带来的新客数量和销售额都成倍增长。

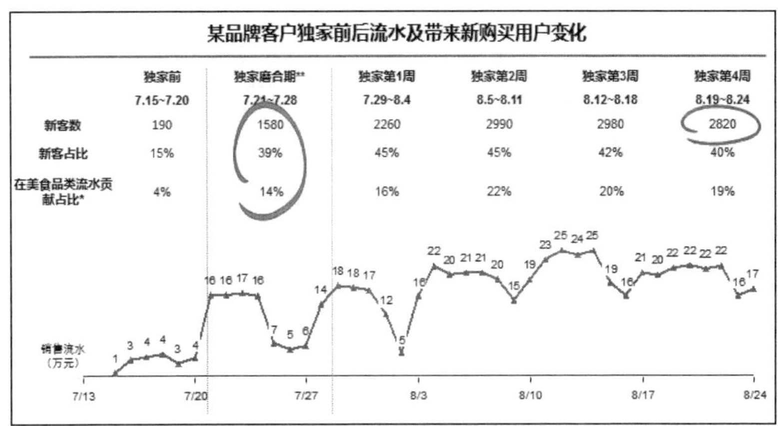

图 6-2 头部商家带来的大客户效应

2）大客户的成功经验在行业客户中的辐射效应最大，能起到标杆示范作用。

3）发展大客户是提高市场占有率的有效途径。

4）大客户的需求是推动平台产品创新开发的重要推动力。

5）大客户是公司利润的重要来源。

6）大客户入驻平台能给平台带来更多的品牌曝光，同时大客户自身的用户也会迁移到平台上来，反向促进平台的用户增长。

6.1.2 大客户的筛选

应该如何筛选和识别大客户？一般可通过下面 3 个步骤来完成。

企业可根据自有和第三方的数据，通过下面的步骤筛选出大客户，示意图如 6-3 所示。

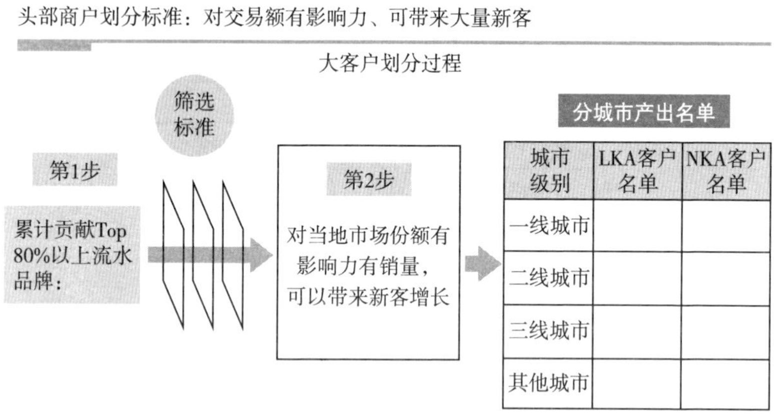
头部商户划分标准：对交易额有影响力、可带来大量新客
大客户划分过程
筛选标准
第1步
累计贡献Top 80%以上流水品牌：
第2步
对当地市场份额有影响力有销量，可以带来新客增长
分城市产出名单
城市级别
LKA客户名单
NKA客户名单
一线城市
二线城市
三线城市
其他城市

图 6-3 大客户筛选标准

第一步：根据二八定律，筛选出对销售额或利润贡献 80% 以上的商户名单。

第二步：以城市为单位，筛选出单个城市中对销售额或利润贡献 80% 以上的商户名单。

第三步：以商户属性为单位，划分出全国连锁商户、区域性连锁商户和城市单店头部商户的名单。全国性的大客户统一由总部大客户销售跟进，区域性大客户由各个地方的销售负责签单和后续维护，因为当地人更懂当地的市场和客户，保证开发的效率和后续的长期运营维护。全国和地方既能相互协同，又可避免因为资源的分配不合理而产生内部冲突。

补充说明一点，如果是成熟的平台，可以通过平台自有数据来筛选；如果是初创型平台，没有基础数据，可以抓取第三方的数据来进行筛选，比如行业的数据报告或同类型网站的历史数据等。

【案例】百度糯米的大客户筛选

笔者之前在百度糯米负责相关运营工作时，公司启动了一个大客户项目，当时我们平台的大客户数据严重不足，需要销售先去开拓这部分商家，然后再有针对性地展开运营。首先要解决的是销售线索和客户筛选的问题，公司专门开发了一套程序，抓取了另外几家团购网站的公开数据，根据他们的销售数据来进行排序和筛选，大客户是谁，一目了然，并且运营团队和其他团队也从补贴、推广、预付等各方面一起配合，帮助销售实现大客户的快速签单和上线。签回来的大客户进行重点运营，给平台带来的销售额和新客量的增长十分显著。

6.1.3 如何做好大客户的运营

大客户的运营是一个系统工程，重点要做好以下几个方面的工作。

1. 建立大客户销售运营团队

大客户销售运营团队有两种模式：一种是按照职能划分，主要以大客户销售团队为主，配以运营和数据分析师等来分工与协作；一种是按照项目制划分，从公司各个部门抽调骨干成立虚拟项目组，共同完成大客户的签单、上线和后续的运营工作。

如果按照职能划分，则大客户销售运营团队应配备以下人员。

- 销售策略团队：通过市场调研和数据分析划分大客户名单；制定销售策略，为销售提供达成签约的销售工具箱，帮助销售完成销售目标；制定销售人员的绩效考核与奖励制度。
- 大客户销售：拓展客户关系，承担大客户销售，完成大客户签约和上线。
- 大客户运营：销售的主要职责是签约，运营的主要职责是让销售额持续增长。通过推广、活动等运营手段，提升销售额。
- 数据分析师：上线后诊断销售数据，提出优化方向和方法。

- 产品经理：根据大客户的个性化需求，评估合理性，持续改进产品方案，满足大客户需求。

如果按照项目线来划分，虚拟项目组的角色并不会改变，只是以虚拟的形式共同为一个目标负责，由项目负责人统一来指挥和协调，项目组成员对项目负责，与项目负责人不存在实际的上下级汇报关系。

2. 采取适应的销售模式

大客户销售具有谈判周期长、客户需求个性化、销售策略复杂、价格特殊、服务紧密等特点。大客户销售团队需要长期持续地跟进一个客户，分析客户需求，了解客户痛点，根据客户需求制定出差异化的销售策略。大客户客流量大，与平台谈判时有心理优势，大客户的销售策略更多是打组合拳，通过提供个性化的产品解决方案与运营方案的组合来促成合作。

以团购行业为例，在大客户签约过程中需要针对大客户的不同需求类型，给出差异化的产品方案和销售策略，并制定出上线后的运营策略，如表 6-1 所示。

表 6-1　针对大客户的不同需求给出不同的产品合作方案及销售策略

大客户需求类型	产品方案	运营策略	销售策略
提升闲时流水	团购周末不可用 限某段时间可用	分时推送 条件筛选	提升运营效率
品牌推广	闪惠	单品牌线上专题	线上整合营销
辅助销售渠道	套餐、代金券		线上化渠道
改善现金流	团购、闪惠	满减、立减	大额预付保量
提升翻台率	套餐团购、闪惠	立减补贴	快速走量
排队等位	会员叫号 / 线上预订	便捷、节省等待时间	会员管理 减少流失
新客获取	代金券	立减补贴	线上获客 线下沉淀

首先，分析客户需求。本地餐饮商家一般具有以下几个方面的需求：品牌推广、销量、单店业绩提升、开新店需要现金流、高峰期会员排队等位管理、提升闲时客流等。

然后，制定销售策略。根据客户的需求，提出不同的产品方案及运营策略，有针对性地解决客户的需求，从而达成合作。

例如，某知名品牌餐饮商家，2015年打算把门店从2014年的17家新增到40家，资金周转压力大，急需改善现金流，这时候合作切入的最好方式就是提供大额资金预付，解决客户现金流的问题。团购网站一般会向商家提前支付团购款，如果实际销售额未达到，商家须在团购合作结束后退还差额或延期售卖，直至全部回款。

如图6-4所示，根据2014年团购渠道带来的销售额占比，预计2015年的销售是8000万左右，因此，谁能提供8000万的预付金额，商家就愿意跟谁签独家合作。大客户会充分利用团购网站之间的竞争，让他们之间相互博弈而换取最大的预付款项，谁提供的预付款项更大就选择与谁独家合作。

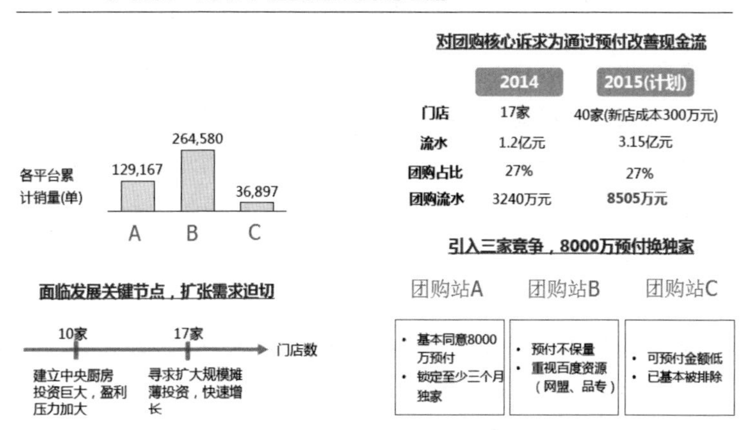

图6-4 商家扩张的核心诉求是现金流

3. 建立适应的运营模式

大客户运营人员需要深度了解大客户的产品属性、公司特点、竞争优势，合理利用平台的营销工具和营销资源帮助他们快速玩转平台，不断提高销售额。需要运营人员深度参与到大客户的日常运营过程中，帮助他们解决日常运营中遇到的问题，收集并反馈大客户合理的产品需求，推进产品开发。通过塑造行业标杆案例，进行价值输出，建立一整套大客户运营模式，具体的操作要点如下。

- ❑ 锁定商机：根据商家的主营业务和产品特点，锁定商户优势产品，作为突破重点。
- ❑ 资源开发：整合内部资源、外部资源、平台资源和客户资源，共同导流。
- ❑ 推广：利用上线平台的优势资源推广客户的优质产品。
- ❑ 活动：策划多种主题的品类活动，刺激用户消费（非补贴）。上线初期通过补贴，制作专题页面，策划多种形式的主题活动，集中线上和线下的优势资源进行推广，保证一上线就能带来立竿见影的效果，打造标杆效应。

我们总结大客户的运营模式主要有以下特征：

- ❑ 如果中小客户要标准化运营，那么大客户就要个性化运营。
- ❑ 需要专属的运营对接人，一对一顾问式服务。
- ❑ 建立服务沟通平台（如网络、电话、即时通讯群组等）。
- ❑ 开通大客户“绿色通道”（为大客户反馈和解决问题提供便利措施）。
- ❑ 强化基本服务（基本服务项目保障）。
- ❑ 提供增值服务（不断为客户创造产品之外的新价值，如营销创新、品牌推广等）。
- ❑ 提供完善的服务解决方案。

如表 6-2 所示，是某公司大客户运营项目的组织分工表。表中清晰地明确了平台方与大客户各自的分工与职责，建立了个性化的运营模式，明确了双方具体的对接人，并建立了详细的沟通机制，提供专属顾问式服务，及时解决大客户日常运营过程中出现的问题。

表 6-2　某公司大客户运营项目的分工和沟通机制表

项目组成员及分工	
项目组总协调	王总、许总
客户总接口	李某
运营总接口	张某
项目组成员	张某、王某、李某、孙某等
沟通机制	
每天早上 9 点	客户接口人发出日常经营性数据分析日报，业绩诊断数据报告，运营接口人提出诊断意见，给出优化策略和建议
周一早上 9 点	客户接口人发出经营性数据周报，反馈运营策略是否有效达成
周五下午 5 点	项目组周例会电话会议： 1. 总结上周运营成果，反馈存在的问题 2. 客户方反馈一周销售数据，分析存在的问题与不足，未来打算从哪些方面着手；提出资源需求、产品需求以及其他方面的需求 3. 运营方总结运营效果，提出改进方案，反馈需求实现情况，给出下一步运营方案和建议
日常工作	
QQ 群、微信群	QQ 群：23xxxxx213，微信群 通过客户接口人反馈运营问题
邮件组	xxxxx@zzzzzz.com

6.1.4　案例：团购网站的商家分级运营

本小节将以团购为例讲解如何做好商家的分级运营。

团购行业，商家可分为三大类：头部商家、腰部商家和尾部商家，根据商家等级给予不同的资源支持，如图 6-5 所示。

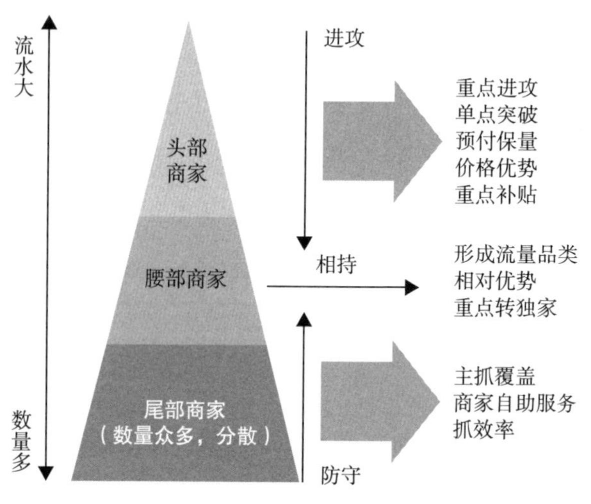

图 6-5　商家分类打法

头部商家分为两类：

- ❑ **NKA（全国性连锁商户）**：在全国范围内都有连锁门店的品牌商户。
- ❑ **LKA（区域连锁商户）**：在某个省份或某几个省份有连锁门店的商户，这些商户对每个城市的交易额的贡献占据了非常大的比重。

其中头部商家数量有限，但是销售占比很大，对市场份额容易产生较大影响，应该重点进攻，把核心资源向头部商家倾斜。

尾部商家数量众多，每个商家带来的交易额和用户数都比较小，需要加强销售效率，尽可能多的上线，保证覆盖范围足够广。同时，提供产品工具，让商家可以实现无销售自主上单，节省销售人力，也可以通过电话销售的方式来实现，减少地面销售，提升销售上单效率。

腰部的商家也是必争之地，这部分商家容易形成相持，需要形成相对优势，把优质的商家转化成独家合作，保证这部分商家的市场份额。

团购行业的增长也经历了以下三个重要阶段：

第一阶段，增长来源于商户数量的快速增加。以美团网为代表，首先提出了“狂拜访、狂上单”的销售策略，短时间快速增加有效供给，覆盖了大量的本地生活服务商家，交易额得到快速增长。

第二阶段，增长来源于头部商户数量的增加。当商户数量覆盖达到一定量级之后，通过数据分析发现，头部商户占整体销售额比重很大，这一阶段开始转为向头部商户进攻的销售策略。

第三阶段，进入战略相持阶段，各家在头部商户的争夺进入白热化，大家开始重视腰部商家。腰部商家的话语权没有头部商户强，很容易转为独家商户。这个阶段的销售策略是从头部往下打，头部商户形成相持，腰部商家转独家合作，形成相对优势。

6.2 C端用户分级运营

6.2.1 划分用户级别的3种方式

用户分级是建立在会员等级基础上的一种用户划分方式，以此来实现对于会员的分级运营和管理。

会员等级制度是一套面向全体用户的会员管理系统。通常以积分、经验值、成长值等形式来判断用户的活跃度和贡献度等，并以此来划分用户等级。

不同等级对应不同的虚拟头衔，给予升级奖励、等级特权和服务，会员等级越高，享有的特权越多。通过会员等级特权的差异，实现筛选高价值用户、刺激低价值用户向高价值转化，增强高价值用户粘性，提升 ARPU 值的目的。**划分会员等级的方式，根据不同的业务模式会有不同的侧重，总的来说有交易型、社区型、平台型三大类，**如图 6-6 所示。

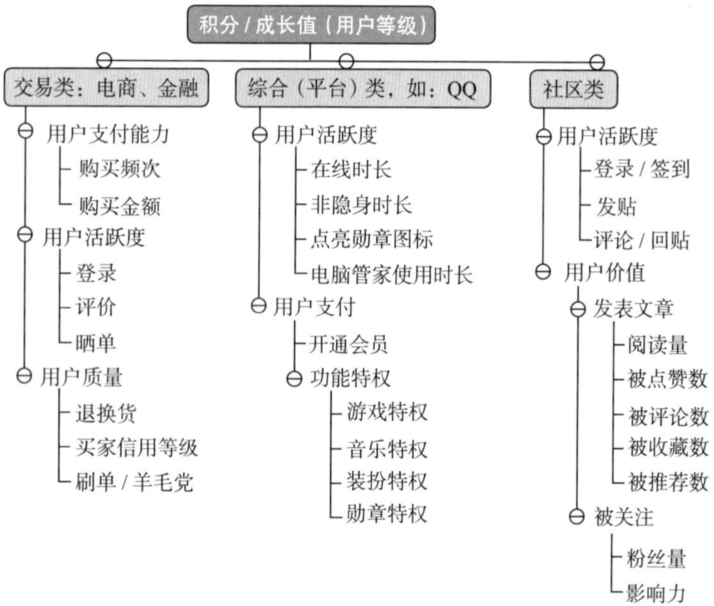

图 6-6　根据积分成长值划分用户等级

1. 交易型

以交易为核心的会员等级，核心目标是驱动用户成长，提升用户的支付能力和活跃度，以电商、O2O 和互联网金融为代表，图 6-7 是京东的会员等级体系。

京东以成长值作为会员等级的基础分，成长值对应不同的会员等级，不同的等级再对应不同的服务特权，通过服务特权的差异激励用户获取更多成长值，成长值越高等级越高，相应的服务特权越多。

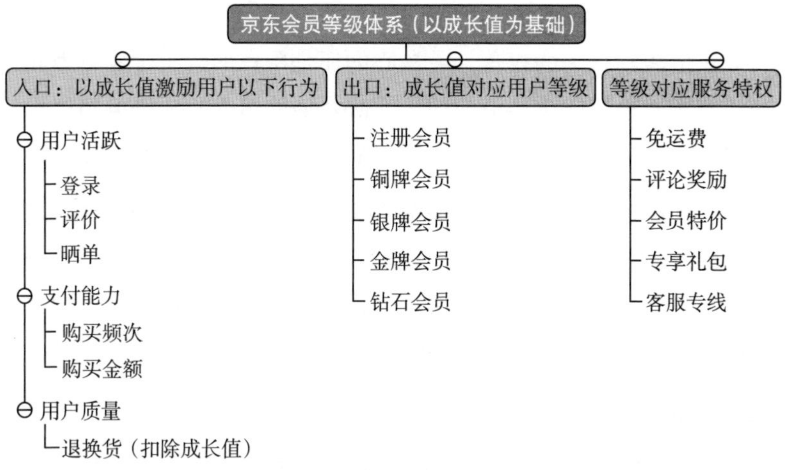

图 6-7　京东会员等级体系（以成长值为基础）

京东的核心目标是提升用户活跃度、购买金额，以及激励用户评价和晒单。负向激励是用户的退换货，如果发生退换货就会扣减成长值，如图 6-8 所示。

图 6-8　京东会员成长值

根据企业的不同发展阶段，以及不同指标重要性的不同设计不同成长值激励行为的权重，最核心的还是用户的购买金额，因此，购买金额所得的权重是最高的，其次是辅助用户购买决策的评价，然后是活跃度。负向激励的是退换货，发生退货后做相应的扣减。

最终决定成长值是否能有效激励用户发生以上行为的核心在于：会员等级特权是否对用户有价值，突出表现在价格特权和服务特权两个方面。比如京东的会员专享价和客服专线就是基于这两个方面设计的，凡是不能对用户有激励作用的特权都属于无效特权。

2. 社区型

以参与度、内容贡献度为核心的会员等级，核心目标是驱动用户参与和产出高质量的内容，以社区型产品为代表，如蚂蜂窝。

蚂蜂窝以经验值来计算用户的会员等级，等级是蚂蜂窝用户在网站的成长记录，它也代表着每个人的使用时长和对社区的贡献度，如图 6-9 所示。

首页 问答 蚂蜂窝周边 结伴 小组 蜂蜜兑换 更多 打卡 消息

等级与经验对照表

等级	蜂窝经验	等级	蜂窝经验	等级	蜂窝经验
1	0	16	3300	31	28000
2	30	17	4420	32	31920
3	40	18	5600	33	36200
4	150	19	6840	34	40840
5	240	20	8140	35	45840
6	350	21	9500	36	51200
7	480	22	10920	37	56920
8	630	23	12400	38	63000
9	800	24	13940	39	69440
10	990	25	15540	40	76240

图 6-9　蚂蜂窝会员等级与经验对照表

用户要想升高等级就需要通过在网站上持续地贡献来获取经验

值，包含：

用户活跃相关的登录、打卡、上传头像、完善个人资料等；

内容发布相关的发布游记、回复他人游记、分享游记、游记被他人回复等；

优质发布内容相关的成为蜂首游记、游记成为目的地宝藏等；

其他围绕激励用户贡献优质内容和在社区活跃的行为，如图6-10所示。

如何提升经验

用户行为	经验来源	经验累计	限定
登录	登录蚂蜂窝	+2	每天只记一次
打卡	点击打卡	+2	每天只记一次
上传头像	首次上传头像获得积分，老用户直接去领	+30	上传头像
完善个人资料	完善性别、城市、签名信息，老用户重新提交可领	+20	每项+20 完善资料
游记	发表游记	+50	什么是游记？
	回复他人游记	+3	每天上限+60
	游记被他人回复	+3	每天上限+60
	游记被他人收藏	+3	每天上限+30
	分享游记	+2	每天上限+30
蜂首	成为蜂首游记	+150	什么是蜂首？
宝藏	成为目的地宝藏	+100	如何成为宝藏？

图6-10 蚂蜂窝用户如何提升经验值

不同的会员等级对应不同的特权

- ❑ Lv1 可关注200个人
- ❑ Lv3 游记可申请宝藏
- ❑ Lv4 可申请成为指路人
- ❑ Lv6 可关注500个人

- Lv9 可关注 1000 个人
- Lv16 可关注 2000 个人
- Lv20 可申请成为蚂蜂窝 VIP
- LV25 可关注 3000 个人

3. 平台型

平台型以用户活跃度、使用时长为基础，构建起基础的用户体系，再通过不同业务线的使用特权实现用户增值为代表的的会员等级。以 QQ 为例，其核心是通过等级特权和勋章体系刺激用户的活跃度，构建强大的用户入口，在此基础上为各个业务线导流。各个业务线再建立专属特权的付费机制，实现用户增值。是一套以活跃度、参与度、用户增值构建起的一套综合性的会员等级体系，如图 6-11 和图 6-12 所示。

图 6-11　QQ 会员等级以活跃度、付费为基础

图 6-12　QQ 会员分业务线等级

6.2.2　为什么要做 C 端用户分级

1. “二八定律”同样适用于 C 端用户

同 B 端用户一样，C 端用户同样存在非常明显的头部效应，即少部分的用户贡献绝大多数的利润，用户数量与用户贡献的利润呈一个倒金字塔的形状，如图 6-13 所示。

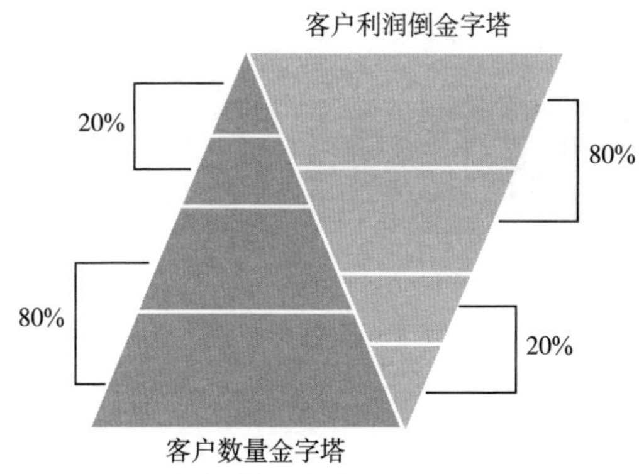

图 6-13　客户数量与利润倒金字塔

某些行业甚至是 10% 的客户贡献 90% 以上的利润，比如银行和互联网金融行业就普遍存在这个规律。对于贡献了较多利润的这少部分用户自然应该以不同的用户等级对待，配以特殊的福利和特权。

2. 用户分级是区分用户价值的一种重要手段

企业必须根据客户价值高低匹配不同的资源，提高投入产出比。企业的资源永远是有限的，如何将有限的资源投入到最有价值的事情上，实现资源价值的最大化是每个企业发展的重要课题。通过用户分级，按照用户的贡献度区分用户，匹配相应的资源，以实现投入与产出的价值最大化。如，补贴成本的倾斜、服务质量和资源的倾斜、用户关怀的倾斜等。

【案例】招商银行的用户分级

招商银行的用户构成是 80% 的普通用户和 20% 的高价值用户，真正贡献利润的是这部分高价值的用户。因此，银行会设计多种金卡用户，只要用户总资产达到 50 万以上就可以申请成为“金葵花”贵宾客户，可以享受多种 VIP 待遇，如图 6-14 所示。

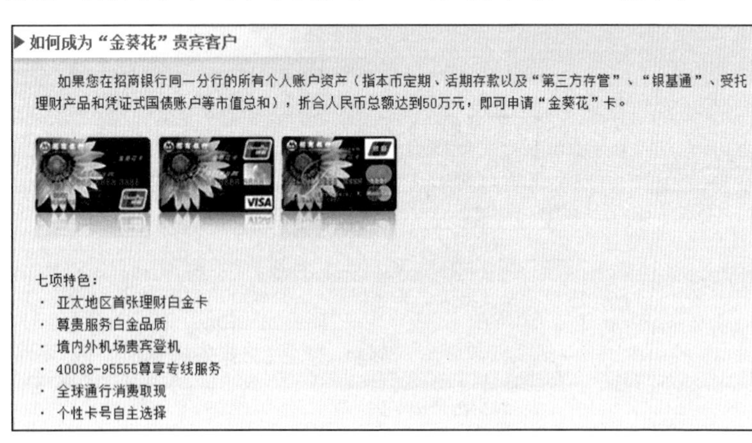

图 6-14　招商用户金葵花客户

高价值用户有很多特权，诸如我们在银行柜台常见的专属VIP通道，VIP客户有“插队”特权；同时，大客户还配有专门的大客户经理、专属的理财顾问、专属的电话客服专线等，保证有问题能快速解决，从服务特权和资产增值等多个维度体现出高价值用户的特权。

不同价值的客户有不同的需求，企业应该分别满足。尤其是高价值用户，需求更加个性化、多样化、差异化，企业需要提供个性化、定制化的产品或服务。个性化和定制化就意味着很难标准化和规模化，也就意味着成本会更高。将用户分级，区分出用户的不同价值，将企业资源倾斜给高价值用户，才能实现有效增长。

【案例】旅行社通过消费金额划分用户等级

某知名旅行社根据交易记录，将客户分成三级，对不同级别的用户给予不同待遇。消费金额最低一级的客户如果提出很费时的服务要求（如行程规划），就必须预付100美元作为订金，而另外两级客户则无需预付订金。企业的目的是想通过这种方式过滤掉随口问问或三心二意的客户，降低低价值用户的服务成本，将服务重心转移到高价值客户上。

3. 设计等级特权，筛选高价值用户，促进低价值用户向高价值转化

- ❑ 筛选高价值用户，无法转化的低价值用户就直接放弃，或者减少投入。筛选出有价值的用户，将资源倾斜到这部分用户，重点运营，刺激这些用户不断成长。
- ❑ 刺激当前处于低价值状态，但有成长潜力的用户往高价值转化，形成用户成长的抓手。
- ❑ 高价值用户享受更多的福利和特权能提升高价值用户的留存和忠诚度，从而减少高价值用户流失。

6.2.3 客户的分级

有了会员等级之后，就能在等级的基础上有效地筛选和识别用户价值，根据价值高低对用户进行细分，有针对性地展开运营。

可以根据用户价值把用户分成以下四类：重要客户、主要客户（重要客户和主要客户构成了企业头部 20% 的核心客户，他们贡献了企业 80% 的利润，是企业的重点运营目标）、普通客户和长尾客户，如图 6-15 所示。

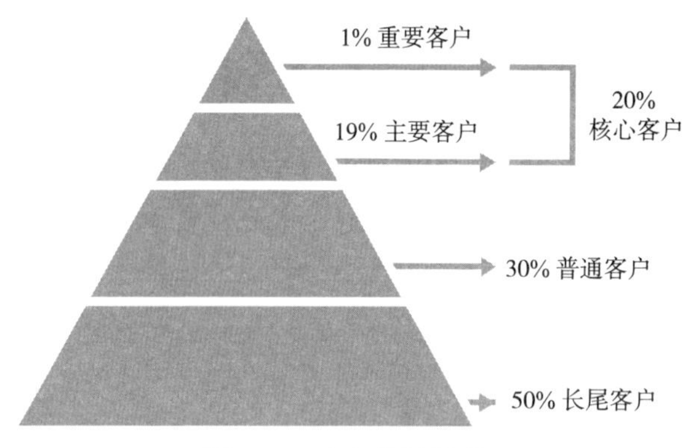

图 6-15　客户分级模型

1. 重要客户

重要客户是客户金字塔最顶端占比 1% 的那部分客户，他们往往都是企业的大客户，对企业极其信任，对产品极其忠诚，他们存活的生命周期一般都比较长，伴随产品的发展而成长，为企业创造绝大部分的利润，而企业却只要支付较低的运营成本。这部分用户的特点是：

- 对价格不敏感。
- 乐意使用新产品，喜欢尝鲜。
- 爱分享，爱传播，是产品的传播者，帮助企业发展潜在客户，为企业节省新客获取成本，他们邀请过来的用户一般都是精准的高价值用户。

- 具有很强的交叉销售潜力。他们不但有很高的当前价值，而且有巨大的增值潜力，其业务总量在不断增大，未来在增量销售、交叉销售等方面仍有潜力可挖。

2. 主要客户

主要客户与重要客户合起来为企业贡献了80%的利润，一般占整体用户的19%。主要客户，也许是企业产品或服务的重度使用者，也许是中度使用者。这部分用户的特点是：

- 价格敏感度较高，是运营补贴要重点关注的对象。
- 容易流失，他们也没有重要客户那么忠诚，会参考市场上的同类型产品，容易随着市场竞争环境的变化而发生转移。
- 一旦获取和认可，可转化成忠诚用户，也是平台忠诚的宣传者，只是这部分用户的运营成本会高于重要客户。

3. 普通客户

普通客户一般占客户总数的30%，客户数量较大，但他们的购买力、忠诚度、能够带来的价值却远比不上重要客户与主要客户，将这部分用户转化为忠诚用户需要付出的成本更大，但这批用户还可以不断挖掘，使之往主要客户方向转化。

4. 长尾客户

这个用户群体数量最大，但是贡献度极低。长尾客户占比50%以上，但对企业的利润贡献可能连1%都不到。这部分用户的特点是：

- 对价格极其敏感，任何的价格变化都可能发生转移。
- 爱“占便宜”，只要有“薅羊毛”的机会就会蜂拥而至，之

后就大量退去，不再产生任何复购。

- ❑ 没有任何忠诚度，哪里便宜去哪里。
- ❑ 不会带来任何有价值的用户，只会带来更多“薅羊毛”的用户。

【案例】美国大通银行的客户分级

美国大通银行将其所有的客户分为五级：

- ❑ 蓝色客户：每年能为银行提供500万美元的综合效益或300万美元的中间业务价值。
- ❑ 绿色客户：每年能为银行提供300万美元的综合效益或100万美元的中间业务。
- ❑ 红色客户：需求比较单一，赢利少，但却是银行的忠诚客户。
- ❑ 转移客户：需求复杂，却不能给银行带来很大的利润。
- ❑ 清退客户：基本上不能给银行带来利润，甚至会导致亏损。

6.2.4 客户的管理方法

1. 核心客户管理办法

核心客户在乎的无外乎三个方面：

- ❑ 物质上的回报：如打折特权、超高收益、实物礼品等。
- ❑ 精神上的满足：如头像、榜单、等级特权等。
- ❑ 服务方面的特权：如客服电话专线、生日祝福、专属VIP服务通道等。

要管理好核心客户，需要做到以下3点：

1）增加核心客户的财务回报 / 物质收益。

2）成立核心客户运营团队。

- ❑ 根据客户历史购买情况进行产品推介，提供适合客户的个性化的产品组合，不断挖掘客户需求，提升客户价值贡献。

以互联网金融为例，核心客户运营团队会根据客户的购买金额进行划分，并且配以专属的投资经理，根据用户的投资偏好、风险承受能力等给用户推荐不同的投资组合，挖掘用户的投资潜力，提升用户的投资金额，帮助用户提升投资回报率的同时，提升网站收入。

- 定期倾听核心客户意见、重视客户反馈，及时、有效、快速地处理他们的投诉和抱怨。
- 加强核心客户的情感沟通，如赠送生日祝福和小礼物等。

3）建立核心客户等级特权，创建 VIP 服务通道。

- 建立用户专属服务通道，如电话专线、专属客服经理、设立 VIP 专区等。
- 设立不同类型的特权，比如专属红包、VIP 专属购买权、优先购买权、免排队、免预约、免运费等。

2. 普通客户管理办法

1）筛选出有潜力的普通客户，往核心客户群转化

- 要从普通客户获得更多的价值，就要设计鼓励普通客户消费的项目。
- 鼓励现有客户购买更高价值的产品或服务。
- 通过核心用户特权刺激普通用户转化。

【案例】以不同起投金额对应不同的收益率刺激普通用户向高价值用户转化

如图 6-16 所示，同样时间期限的资产，分为 1000 元起投 5.2% 收益率、5 万元起投 5.4% 的收益率和 30 万元起投 5.6% 的收益率，起投金额越高收益率越高。通过价格“歧视”和用户特权的

方式刺激普通用户购买更高起投金额的产品，从而转化成高价值用户。

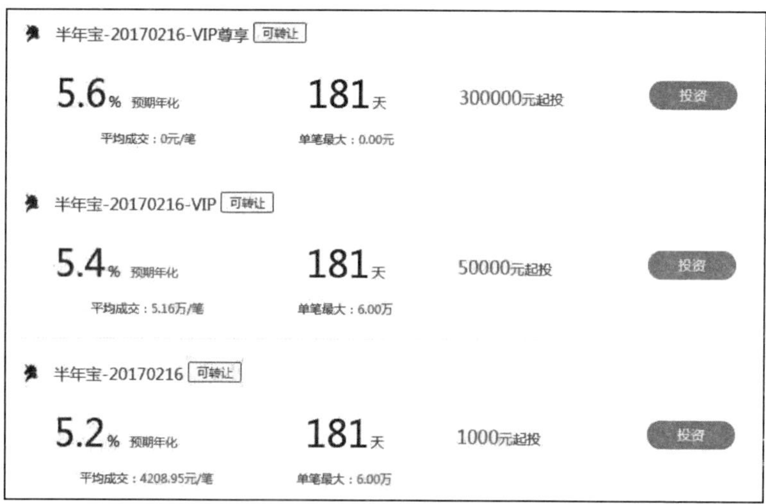

图 6-16　设计购买门槛促进普通用户向核心客户转化

2）针对没有升级潜力的普通客户，减少服务，降低成本

- 针对没有升级潜力的普通客户，企业可以采取“维持”战略，在人力、财力、物力等限制条件下，降低投入，节省运营成本。
- 缩减对普通客户的服务时间、服务项目、服务内容，或对普通客户只提供一般性的服务，甚至不提供任何附加服务。

3. 长尾客户管理办法

- 识别出“羊毛党”，坚决剔除。“羊毛党”只为了“占便宜”而来，占完便宜立马离开，不会产生任何复购。
- 判断有没有升级的可能，引导能升级的用户升级，无法升级的用户不再投入运营成本。

6.2.5 用户分级的 4 个误区

对用户进行分级时，往往会存在以下误区：

误区 1：会员特权的设置不能违反全体用户规则

如果会员特权的设置违反了全体用户的规则，对普通用户是一种伤害，会造成用户流失。比如在网络游戏中，普通玩家与会员玩家是不平衡的，普通玩家的装备和属性会明显区别于会员玩家，如果高等级的普通玩家打不过低等级的会员玩家，这就使得普通玩家大量流失，游戏就会快速死掉。

误区 2：特权要追求质量，不要追求数量

等级特权是让用户付费或激励用户活跃的关键点，特权一定要有稀缺性、独占性才能产生用户升级的拉动力。

误区 3：不能形成激发用户升级动力的特权都是无效的成本支出

用户的特权设计不在多，但每一种特权的设计都需要衡量是否能对下一等级的用户产生拉动力，刺激他们往更高级别转化。如果门槛设置过高，无法产生拉动力，就会导致费用补贴给了自然转化的用户，这些用户没有补贴特权也会转化，成本就浪费了。如果门槛设置过低，大量的用户因为补贴而转化，补贴结束后又会退回原有的级别，用户价值很难持续。因此，在设计用户等级权益，尤其是涉及成本支出时，必须要经过详细的数据测算，大概以什么样的杠杆能有效撬动用户转化，找到一个最佳的阈值，保证投入与产出的最大化。

误区 4：用户分级运营和用户生命周期运营有区别

用户等级主要用于区分用户的活跃度和用户价值，生命周期用于判断用户处于哪个成长阶段，两者之间并无必然的耦合关系，是从不同的维度对用户进行划分。

以互联网金融为例，在新手期的用户也有可能是一个高价值的用户。比如某用户首次投资就投了50万元，按照生命周期划分，他应该还处于新手期，但从用户等级划分这个用户就应该被划入VIP等级体系，享受VIP的价格和服务。同理，一个处于成熟期的用户也有可能是一个低活跃度、低等级的用户。

6.3 C端用户分群运营

6.3.1 什么是用户分群

用户分群，是将用户根据需求划分成不同的群体，以此来帮助企业更加了解用户，洞察用户需求，制定差异化的产品策略、销售策略、运营策略和营销策略。帮助企业合理配置资源、提高运营效率、降低运营成本、推动企业产品创新和服务创新，实现持续增长。

用户分群在企业发展过程中扮演着重要作用，在企业发展初期，需要找准细分目标用户，从一部分人群开始切入，实现快速增长，然后扩展到更多人群；在企业发展壮大过程中，需要分析不同用户群体的需求，挖掘新的市场机会，寻找新的业务增长点，以及解决不同用户群体在当前发展过程中存在的突出问题，突破发展瓶颈，实现增长。总的来说就是：**通过用户分群发现机会和解决问题，提供不同的解决方案，最终实现企业的持续性增长。**

6.3.2 用户分群的目标和原则

用户分群的目标是帮助企业选定目标市场，寻找增长机会。先根据市场调研、数据分析等寻找潜在的增长机会，评估企业自身能力能否开发出满足市场需求的产品，提炼用户核心需求，找到符合用户需求的产品价值定位，然后开发产品，推向市场接受检验，如图 6-17 所示。

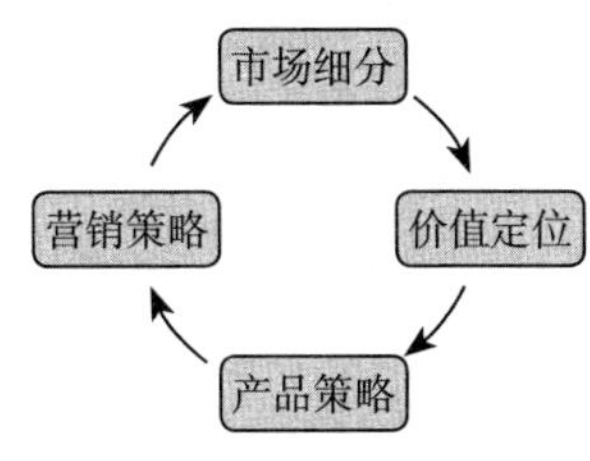

图 6-17 用户分群的原则

1. 市场细分

第一步：找到最理想的目标市场，并准确地描述目标客户的需求点和消费特征。

第二步：评估细分市场的吸引力。

- 市场规模有多大。
- 成长空间是否足够大（复合增长率），市场是高速增长期还是平稳期。
- 价格敏感用户比例有多大，用户付费意愿是否强。判断一个市场是否值得进入，还需要判断用户是否愿意为产品付费，以及付费能力的强弱，这直接决定了用户需求的旺盛程度，以及盈利空间。
- 竞争密度如何：是红海市场还是蓝海市场，如果是红海市场，是否存在差异化的空间；如果是蓝海市场，进入后大概多久后会有竞争对手跟随，这决定了留给企业独自开发市场的时间有多长。

第三步：从多个维度评估企业自身的适应能力。

- 产品能力：产品是否能真正满足用户需求，是否能解决用户的核心痛点。
- 研发能力：研发能力能否支撑产品快速发展，是否具备高速增长的系统架构能力。
- 推广能力：产品上线后，能否将产品有效推向市场，是否具备足够的资源和手段触达到目标用户。
- 运营能力：运营是否能跟上用户的需求，是否能支持产品快速迭代，是否有能力搭建起完整的用户增长运营体系。

- ❑ 竞争能力：评估企业进入这个市场是否具有特殊的竞争优势。

2. 价值定位

- ❑ 为什么消费者要买你的产品或服务？
- ❑ 从客户的需求和产品特征入手，提炼满足客户需求的关键利益点，并从客户的角度感受和理解利益点。

3. 产品策略

1）产品定位：产品是属于改善型还是开创型。

- ❑ 改善型：是指原有市场就存在类似的产品，只是很多地方做得不够好，产品方案是改善目前市场上产品存在的不足。
- ❑ 开创型：是指目前这一类市场供给完全空白，需要开创一个新产品来满足市场需求。

2）产品定价：是低价薄利，靠规模取胜，还是高价撇脂定价，赚取足够多的利润，然后再逐步降价。

“撇脂定价法”又称高价法或吸脂定价，即在产品刚刚进入市场时将价格定位在较高水平（即使价格会限制一部分人的购买）。

在竞争者研制出相似的产品以前，尽快收回投资，并且取得相当的利润。然后随着时间的推移，再逐步降低价格使新产品进入弹性大的市场。一般而言，对于全新产品、受专利保护的产品、价格弹性小的产品、流行产品、未来市场形势难以测定的产品等，可以采用撇脂定价策略。

4. 运营 / 营销策略

从品牌市场角度出发，分群策略是要将对整体市场的认识与你的品牌、媒体策略相结合。

要告诉媒体投放的人，选择客户经常使用的媒介进行投放，不同的人群突出不同的卖点，匹配不同的产品和服务，策划不同的活动。要告诉做品牌的人，要用合乎客户习惯的形式进行品牌沟通。

【案例】共享单车大战：用户群定位不同，产品方案不同

ofo和摩拜同样都是共享单车，但两者在最初的用户群定位上是有明显差异的，最初推向市场的产品方案也明显不同。

摩拜单车：定位于开放市场，给白领及广大人民群众提供产品服务；

ofo单车：校园市场，给学生用户群提供服务。

摩拜单车一开始就定位于开放市场，充分考虑到了开放市场环境的复杂程度，人性的复杂程度，以及用户的核心痛点。因此产品的解决方案也主要围绕开放市场的定位来量身打造。

1）开放市场的几个特点：

- 空间范围大：很难在短时间形成网络效应，初期车辆供应数量少的情况下，很难让用户快速找到车辆。
- 路况复杂：不确定用户会在什么样的路况和环境中使用，极容易导致车辆损坏。
- 用户使用场景多：开放市场的用户群体广，主要围绕哪些人群和场景展开，以及在什么地方进行车辆的投放是个问题。
- 车辆停放地点如何规范：开放市场自行车应该停放在什么位置，如果用户全部随意停放，是否会带来政府监管的风险。

2）人性的问题（人性的弱点）：

- 车辆如何防盗
- 用户私藏
- 如何按照约定地点停放车辆
- 上私锁

- 恶意损坏

3）车身本身的问题

- 自行车易损坏，如车胎被扎、链条断裂
- 车辆的美观
- 车辆的辨识度高

4）用户的需求点和痛点

- 停取方便，随停随取
- 车辆轻便
- 寻找容易
- 价格

基于以上几个问题点，摩拜一代提供的产品解决方案如下：

- 解决车辆质量的问题。如果车辆损坏，导致后续无法持续经营，就算用户规模再大也只会带来源源不断的亏损，无法实现正向盈利，因此产品的质量问题是重中之重。所以，设计了防爆轮胎、轴传动等方案，使其坚固耐用，进而降低维护成本。
- 解决用户如何容易找到车辆的问题。通过在车身锁内集成嵌入式芯片、GPS 模块和 SIM 卡，随时监控自行车在路上的具体位置。车辆投放到市场后，不仅要解决用户如何找到车，还要解决如何运营和维护的问题。如果车辆无法被定位，且又无固定停车点，那很可能就会丢失。因此，GPS 既解决了用户找车的问题，又解决了运营维护的问题。有了 GPS，一辆车在地图上就是一个点，供需关系非常明确。如果没有 GPS 就必须在高密度覆盖的情况下才能形成有效的供需关系，ofo 就存在这样的问题，在下面对 ofo 的分析里面会讲到。
- 无桩共享，随停随取。为用户提供了最大的便利。
- 价格便宜。

- 解决车辆投放问题。初期围绕白领用户展开，这些人群对新鲜事物接受度高，且喜欢传播。他们集中的地方主要是写字楼和地铁。因此，初期主要围绕写字楼和地铁沿线进行车辆投放。

校园市场的几个特点：

- 空间相对封闭
- 空间距离相对较小
- 用户需求相对集中
- 目标群体非常清楚
- 学生对价格敏感
- 自行车使用率非常高

基于以上特点，ofo一代提供的产品解决方案如下：

因为校园环境相对封闭，ofo不需要GPS定位，也没有设计这个功能。学生使用自行车的几个场景相对固定：校园食堂、图书馆、宿舍、教学楼等，只要把车辆投放在这些地方，车辆会随着用户的需求变化很快形成局部的网络效应。因为使用场景相对固定，用户用肉眼就能发现车辆，只需要一定数量的投放就可以实现供需平衡。算下来，每个学校车辆投放的数量是相对可控，这就保证了一个校园的模型走通后可以快速批量复制。

但是，ofo走出校园，以同样的产品方案去应对开放市场就会面临很大的挑战。ofo走出校园后就会面临跟摩拜完全一样的问题，车辆本身的问题和人性相关的问题，但ofo以一个专门为校园市场设计的产品方案去应对开放的市场环境，就造成了产品的市场错位。

ofo的场景是你看见了这辆车，然后你才能使用。而摩拜是先在手机地图上去发现附近可用的辆车，预订，然后去找。不同的模式决定了不同的使用半径，也决定了车辆的使用率。

开放市场空间大、需求不固定的特点，导致实现供需平衡所需要的投放量远大于校园市场。在没有达到网络效应和一定的覆盖密度之前车辆的使用率会很低。在短期无法形成有效的车辆覆盖密度的情况下，必须让仅有的少量投放形成有效供给，扩大用户的使用半径，这就是GPS和预订带来的好处。

ofo没有GPS，用户只能用肉眼找车，导致每一辆车的有效使用半径被极大的缩小了。

摩拜有GPS，就算只有1辆车，也至少可以覆盖1km范围之内的用户，形成有效供给，且面向用户可以实现是一对多，而ofo只能实现一对一。摩拜实现的是网络效应，而ofo是线性使用。投放同样数量的单车，摩拜的使用效率会远高于ofo。

另外，由于ofo前期定位于校园，使用人群和环境相对固定，在车辆的防盗和质量上都没有考虑得特别充分，比如车胎、链条、取车等关键环节的考虑都不足，导致走出校园后车身的质量面对巨大的考验，ofo车辆的损坏率也远高于摩拜。

从本案例中我们可以看到，最初探索市场时，大家都无法确定什么样的产品是最适合市场环境和用户需求的，既要考虑用户需求，又要考虑外部环境因素。因此，选择了什么样的用户群体，就会设计出符合这个用户群体特征的产品方案。

摩拜把外部环境考虑得过于复杂，导致第一代车骑起来特别费力，在收集了用户反馈和损坏率等关键信息后，快速调整了产品方案，第二代车骑起来就非常轻便。

ofo也根据开放市场的情况及时调整了自己的产品方案和营销策略，以便快速适应不同市场环境的产品需求。ofo在开放市场的产品方案有明显短板的情况下，通过快速扩大产品供应量来应对没有GPS的短板，只要车辆足够多，覆盖范围足够广，保证用户所见即所得，就完全可以规避自己的短板，通过这个营销策略的调整，ofo在开放市场的占有率也得到了快速的提升。

6.3.3 如何做好用户分群

1. 用户分群的 8 个维度

用户分群常见的维度如图 6-18 所示。

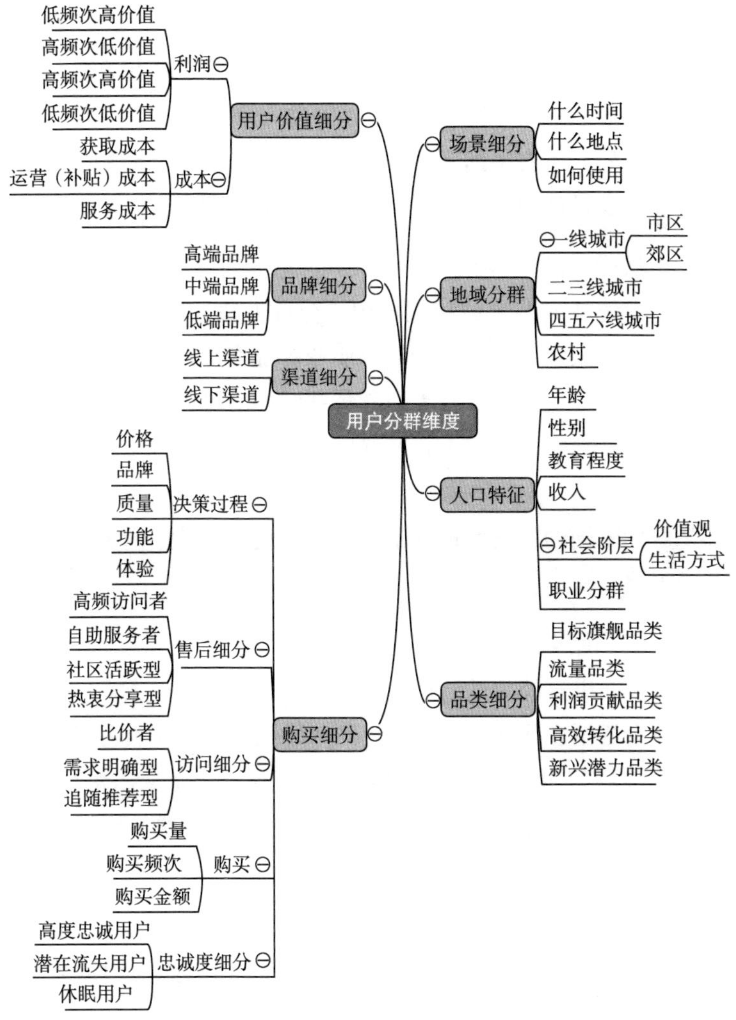

图 6-18 用户分群的 8 个维度

（1）按照场景细分

什么时间、什么地点、如何使用。例如，外卖市场就是典型的学生群体和白领群体，一个是校园场景，一个是写字楼场景，是完全不同的用户群体，且消费特征也有非常显著的差异。

（2）按照区域/地理位置细分

客户处于什么区域，客户的使用模式是否随地点的变化而变化？国内市场，幅员辽阔，不同级别的城市消费水平不一样，基础设施也不一样，需要根据不同的城市进行细分。比如团购的渠道下沉和电商的农村计划，就是按照区域分群的典型案例。

（3）按照人口学特征细分

人口学统计分群是最基础的用户分群方法，通过年龄、性别、教育程度、收入水平、社会阶层、职业等维度进行划分，分析有没有独特的客户群可以确认其人口学特征？外部可以观察到的不同客户的特点是什么？比如当下在互联网上发展迅猛的现金纯信用贷款业务，蓝领工人、白领、学生三个群体的贷款需求、用途、还款能力都是截然不同的，需要根据不同的群体细分设计不同的产品方案和营销策略。

（4）按照品类细分

正如前面讲过的品类结构，当一个公司从单一品类发展起来之后，必然会逐渐多元化和平台化，切入不同的细分品类可以带来更多的细分市场的用户增长。比如滴滴打车最开始是从出租车切入，逐渐发展了专车、快车、顺风车、代驾等业务，就是典型的品类细分。

（5）按用户价值细分

谁是最有价值的客户？如何区分他们？他们的使用频次怎么样，他们的支付能力如何，对应的获取成本和运营成本如何，以此细分用户，重点发展高价值，高利润用户。

（6）按品牌细分

针对不同的用户群体设计不同的品牌定位，做用户区隔。典型的如中国移动旗下的三大品牌：全球通针对商务人士和高端用户，动感地带针对时尚人士和学生群体，神州行针对低端用户，根据不同的品牌设计不同的资费结构和业务范围，如图6-19所示。

客户品牌	目标人群	提供业务	资费结构	品牌诉求	品牌驱动力
全球通	成功人士和高端用户	全方位语音和数据业务	月租+使用费	成功人士的选择	优质服务
神州行	低端用户	基本的语音和数据业务	只有使用费	话费自由实惠	灵活的资费
动感地带	时尚人士、年轻人	娱乐为主、一般语音通话	套餐+使用费	时尚	新业务、资费

图6-19 中国移动三大品牌用户分群对比分析

（7）按渠道细分

在电子商务发展起来以前主要是线下渠道，渠道为王。但是，随着电子商务的发展，线上越来越成为一个不可忽视的渠道。典型的就是小米手机，开始完全是靠线上渠道，通过纯电子商务直销的方式取得了巨大的成功。

（8）按购买细分

按购买细分主要是在售前、售中和售后三个阶段，从用户访问、决策过程、最终购买和忠诚度几个维度进行划分，以此来识别不同用户的特征，解决不同的问题。

- 访问用户可以细分为：比价型、需求明确型以及追随推荐型。
- 根据购买细分：可以根据购买量、购买频次、购买金额将用户细分为高频高价值、高频低价值、低频低价值等几种类型。

- ❑ 根据忠诚度细分：高忠诚度用户、潜在流失用户和休眠用户。
- ❑ 根据售后细分：高频访问者、自助服务者、社区活跃型、热衷分享型。
- ❑ 根据用户的决策过程细分：从价格、品牌、质量、功能和体验等几个会影响用户购买决策的因素来细分不同的用户，和购买决策因素。

2. 单一维度细分与多维度细分相结合

（1）单一维度划分的局限

一维的客户细分方法无法满足复杂的营销规划需要。

例如，单一的按照 ARPU 值划分用户，可以划分成：高端用户、中端用户和低端用户，如图 6-20 所示，能精确地判别出用户对企业价值的贡献，但却不能准确获得客户需求的差异性。企业需要根据同一需求类型的用户设计相应的产品和服务，提升运营效率和使资源合理配置。

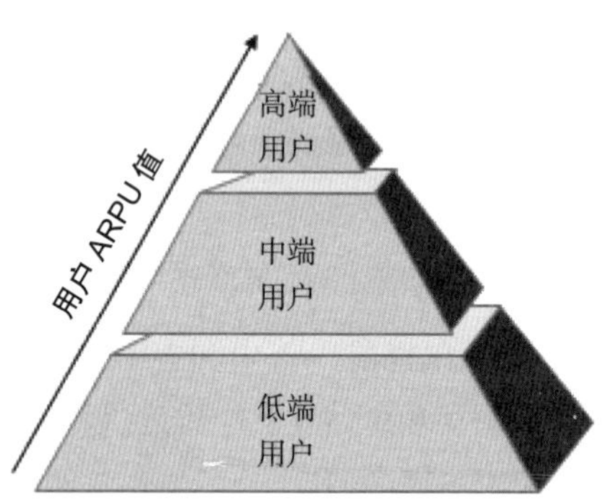

图 6-20　以 ARPU 值划分用户

（2）多维度组合分群的必要性

多维度细分模型能更清晰地分辨出不同类型客户的差异化需求，识别客户对产品和服务的不同因素的依赖程度，设计更多的产

品组合，创造更多的市场价值。

【案例】中国联通对用户的多维度分群

中国联通从客户价值、用户生命周期、用户品牌三个维度对用户进行分群，提供不同的品牌策略和产品策略，如图 6-21 所示。

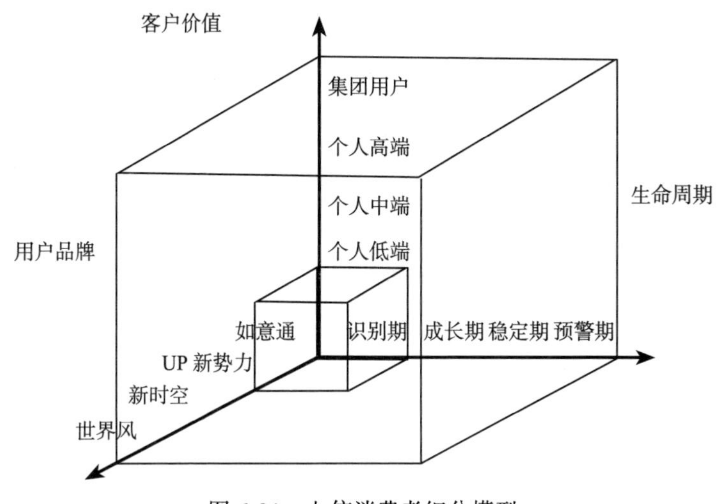

图 6-21 电信消费者细分模型

根据用户价值把客户分为：个人低端、中端和高端，同时将用户分为个人用户和集团用户；根据用户的生命周期把客户划分为识别期、成长期、稳定期和预警期；在此基础上设计了不同的品牌和产品，满足多维度组合下的用户需求。

如意通给低端用户提供语音和短信服务；UP 新势力主打时尚年轻人，年龄在 15 ～ 25 岁之间；新时空主打中高端用户，提供话音和数据服务；世界风主打高端用户，提供双卡双待和高速数据业务。

3. 用户群体细分的操作流程

以京东为例来看看用户群体细分的操作流程，如图 6-22 所示。

图 6-22 用户群体细分操作流程

（1）确定细分目标

首先要确定分群的目标是什么？是为了提升用户的购买力，还是要为用户提供个性化的产品？还是为了分析不同渠道的用户的转化率？分群目标不同，所实现的效果也是不同的。因此，在展开用户分群之前，首先需要明确分群的目标，想要通过分群解决什么样的问题。京东的核心目标是希望通过对用户的访问、购买、渠道、地域、品类等数据进行细分，了解当前的用户结构，识别出不同类型的用户存在的问题，提供解决方案，促进用户的活跃度和消费能力。

（2）收集用户数据

用户分群是建立在数据的基础上的，需要从以下几个维度收集用户数据：

- 人口统计数据：性别、年龄、收入、职业、地域等。
- 客户网站注册信息：注册时间、注册渠道等。
- 客户购买数据：最近一次购买距今时长、购买频次、单次购买金额、购买时间段、支付方式、新用户和老用户、注册到首次购买时间间隔、访问时长和访问深度、售后评价/反馈等数据。
- 网站交易数据：订单数据、品类数据、促销数据、客服数据等。

（3）建立用户模型

通过 RFM 模型、用户生命周期模型、聚类分析等方法建立用户模型，具体方法在前面的章节中已经讲过。

（4）划分用户群体

根据数据模型和目标的不同产出不同维度和不同颗粒度的细分用户群体。京东根据用户购买行为数据将用户划分为：优质客户、潜力客户、单一品类购买用户、全品类购买用户等，结合用户的购买品类维度、用户的忠诚度以及人口信息等维度将用户划分为以下几个重要的细分群体：

- 新客户：第一次访问的用户。
- 单次购买用户：只有一次购买记录的用户。
- 大客户：购买频次低，但金额高的用户。
- 试探型用户：购买频次低，客单价低。
- 纯 IT 用户：学历和收入都较高，主要购买 IT 类产品，其他品类无购买。
- 纯 3C 用户：学历和收入都较高，主要购买 3C 类产品，其他品类无购买。
- 书虫类用户：学生和教师为主，主要购买图书类产品。
- 家庭型用户：年龄较大，学历高，喜欢以家庭为单位进行购物，品类覆盖广。
- 高价值用户：经常购买 3C、IT 以及其他高价值品类用户，客单价高，忠诚度高。
- 网购达人：偏女性、收入较高、热衷网购，偏好化妆品、奢侈品、手机通讯等品类。
- 潜力用户：收入高、学历高、购买频次高、客单价低，有较大的挖掘潜力。

（5）制定应用策略

在用户分群的基础上，深入洞察细分用户群体的需求，设计相应的品类策略、销售策略、运营策略和推广策略，提升不同用户和不同品类的销售额，以及用户的价值和忠诚度。

例如：

- 针对只购买过1次的用户，通过短信、EDM等方式进行召回，刺激用户进行复购。可展开有针对性的用户调研，了解用户未产生复购的原因，再进一步细分只购买1次的具体原因，制定有针对性的方案。比如，这里面会有很多“羊毛党”，是专门来“占便宜”的，将这部分无效的用户剔除。还有的用户可能是因为信任度不够或者是品类sku不全，没有找到自己想要的商品。
- 针对单一品类的高价值用户，可进行促销活动引导，通过发放跨品类代金券、关联推荐、场景推荐等方式，引导用户进行跨品类购买。
- 针对试探型用户，可以通过活动促销等方式，尽快建立用户的信任度，使之转化为忠诚用户。
- 京东男性用户多于女性用户，通过开放平台和增加女性品类等方式，吸引更多女性用户。比如京东每年3月的针对女性的“蝴蝶节”促销”活动，主打美妆品类，强化用户对京东美妆品类的认可度，获取大量女性用户。经过发展，京东用户的男女比例已经接近平衡。同时，女性用户的增长也带动了母婴、服饰、食品等其他生活品类的销售额的增长。
- 从区域发展看，京东的区域发展经历了从华北到华东再到华南，然后再到内陆城市的过程。随后伴随着进一步的渠道下沉，京东开始进入农村市场，推出了“京东农村”战略，抢夺农村电商市场。
- 从品类维度看，京东从最初的3C/IT品类逐渐扩展到图书、服饰、食品、母婴、化妆品等品类，极大地满足了用户的一站式购物需求，尤其是图书类目极大地提升了用户的购买频次。

6.3.4 案例：用户分群在美团的应用

在不同的时期，随外部环境的变化，用户增长的机会点可能会不同。企业在发展过程中需要根据市场变化及时调整自己的增长战略，抓住红利期，才能实现大的增长。

外部环境包括行业的市场成熟度、渗透率、当前是处于增量市场还是存量市场、竞争状况等因素。当一个行业处于高速增长的阶段时，核心目标是市场渗透率和市场份额，应采取粗放式增长战略，避免过早进入精细化运营阶段；当一个行业市场渗透率很高，增量空间有限，进入存量市场争夺的阶段时，就需要精细化运营，划分用户群体，解决不同细分用户群体增长的瓶颈，主动寻求差异化，抢夺竞争对手市场份额。

下面以团购行业发展的几个阶段为例，详细阐述在团购行业发展的初期、中期以及后期在市场环境、行业渗透率、用户行为变迁等因素的作用下，美团网是如何调整自己的增长战略锚点，从而始终保持高速增长的状态，最终笑到最后。

2010年～2016年是团购行业飞速发展的黄金6年，从千团大战，到最后三分天下。美团网作为最终的幸存者，得益于它能在行业快速发展的过程中及时调整自己的战略方向，找准新的战略细分群，寻找新的增长点，让公司始终处于高速增长的状态。让我们一起来回顾下这段精彩的商业史，看看美团网是如何在高速发展的过程中通过不断挖掘新的客户战略细分群，寻找新的增长机会的。

1. 团购萌芽，从每日一单到一日多单

团购模式兴起于美国，2010年美团将Groupon模式带到中国，迅速被大家所接受，最初全部沿袭了Groupon的每日一单的模式。每日一单的模式本质是广告模式，美团在一开始就选择将交易作为团购的核心，之后的工作重心就是如何让交易更顺畅的达成。每日

一单很大程度上限制了用户的需求，因此美团率先将团购从每日一单扩展到到一日多单。用户的需求得到了极大的扩展。

2. 商家客群细分：从“狂拜访，狂上单”到“抓头部”，从追求数量到要质量

2012年美团网从阿里巴巴挖来阿里巴巴第67号员工、负责B2B销售的副总裁干嘉伟，在销售上明确了，“狂拜访、狂上单”的策略，增加有效供给，美团网在线的SKU爆发性增长，交易额也爆发性增长。随着行业的发展，大家逐渐意识到全国性连锁商户和区域性连锁商户在整个销售业绩里面所占的比重越来越大，而且头部连锁商户不仅能带来交易额的增长，还能给网站带来大量新客，因此将销售策略集中转向头部商户，展开猛攻。正如前面章节提到的大客户的重要性，这个阶段头部商户数量的增加，带动平台交易额和用户规模又上了一个新的台阶。

3. 抓住移动红利，all in 无线

2012年以前，团购网站的交易主要都在PC端，主要流量来源还是集中在搜索引擎、网址导航、团购导航、EDM等传统互联网营销渠道。2012年团购行业的整体购买用户数却出现了“零增长”，据统计，团购行业的月度购买人次始终徘徊在4000万左右，这一记录一度保持了一年多。这个时候，移动互联网的发展给整个行业带来了新的曙光。本地生活服务本身就带有极强的LBS属性，手机是更适合用户的购买场景，用户购买习惯从提前购买变成了即时购买、即时消费，甚至消费后在买单时再购买。

在无线化过程中，用户结构发生了极大的变化，团购成为了线下生活服务的标配，用户群体从以追求便宜为主的群体，扩大到了以使用方便为主的群体，行业渗透率也得到了极大的提高。美团网是最早一批尝试无线团购的公司，他们把补贴重点倾斜到移动端，

甚至在PC端还有大量流量的阶段就果断砍掉了PC端全部的流量采购费用，将费用全部投入到移动端，抓准了战略客群的重大变化，快速跟上了无线互联网发展的步伐，赶上了移动互联网发展带来的用户群体增长红利。在2013年时，手机团购的成交额已经可以占到整体的50%，到2016年，无线端占比高达90%以上。

4. 场景划分用户群体：从线上获客到向线下要流量

PC时代是纯线上获客，移动互联网时代是线上和线下相结合。移动互联网的流量增长主要来自于移动智能设备数量增长带来的红利，流量主要集中在各大应用市场和手机厂商的预装。除此之外，O2O的一大特性就是线上线下相互导流，最开始是纯线上到线下，逐渐转变为从线下往线上倒流。因为团购本身就是做存量市场的线上化，因此可以将大量的线下用户导入线上，然后再进行品类的转化和不同商家、不同门店的流量重新分发，提升用户流量分发的效率，掌握渠道定价权，如图6-23所示。

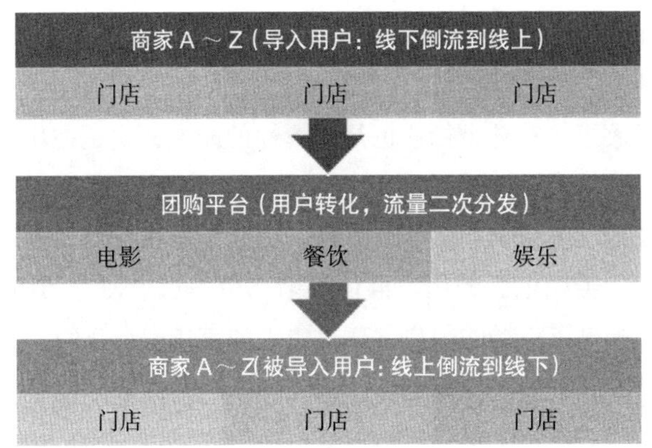

图6-23 团购网站从线下导流到线上，再重新分发

因此，美团制定了从线上拉新转移到向线下要流量的战略。

美团将餐饮、电影作为流量品类，线下商户既是消费场景又是获客场景，选取客流量大的商圈和知名品牌商户作为重点获客目标，进行大力度补贴拉新，从线下获取大量的用户。

5. 品类细分用户群体：“T 型发展战略”

“一横”是指平台，“一竖”是扎进垂直行业。以团购为平台，电影作为流量品类、餐饮作为旗舰品类，为平台大量拉客，然后再不断拓展细分领域，并且在每个细分领域不断深入探索，进行产品升级，做大细分市场规模。单一细分品类的纵深发展不仅能扩大平台的用户规模，同时也能扩大用户群体的外延，获得更大的市场增长空间，如图 6-24 所示。

比如电影品类，从最初的团购，逐渐过渡到在线选座，到最后完全被在线选座所取代。电影的用户群体也随着产品的升级而扩大。对于用户来说，电影选座是一个非常大的需求，它对用户体验带来的影响已经超过价格带来的影响。在线选座模式，用户可以在线查询最新电影资讯，预选座位，下单支付，然后到电影院现场使用自动出票机打印电影票，解决了用户要到电影院排队购票的问题。再后来，用户甚至可以在支付后，在电影开始前退款，这在以前想都不敢想，对整个行业也是颠覆性的改变，这是在用户体验角度做出的巨大产品创新。对于院线来说，则可以提前预知上座情况，并根据选座情况调整宣传排片，提高上座率。美团通过产品形态的演变，美团电影的用户群体逐渐从单一追求便宜的团购用户，发展成整个电影市场的用户，获得更大的市场增长空间。

团购模式一开始就带有交易属性，美团以团购为切入点获取大量的用户，然后再向细分领域纵深发展，既能满足用户的一站式消费需求，有效提升用户流量利用率，降低用户的边际成本，做大平台规模，又能通过细分品类的纵深发展扩大目标用户群体，带动平台整体的增长。美团发力电影票、酒店、外卖这三大领域，开始了

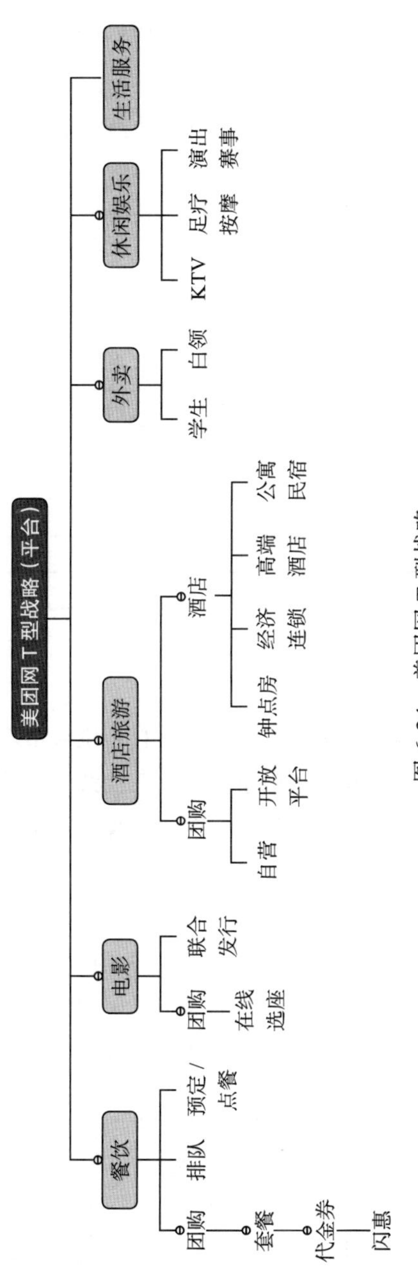

图 6-24 美团网 T 型战略

与这些垂直领域的企业的竞争。比如猫眼与时光网、豆瓣电影直接角逐，而美团酒店则向去哪儿、艺龙、携程等老牌 OTA 网站发起了冲击，美团外卖与饿了么、百度外卖等网站展开竞争。

6. 区域细分用户群体：渠道下沉带来人口红利，独享市场份额

大众点评的优势地区主要集中在北上广等一线城市，以及总部所在地上海所辐射的华东地区，如表 6-3 所示。

表 6-3　大众点评 2016 年 4 月数据

城市	区域	点评市场份额	美团市场份额
上海市	华东	60%	33%
苏州市	华东	50%	40%
南京市	华东	46%	44%
广州市	广东	44%	50%
北京市	华北	43%	42%

团购需要完成的是本地生活服务线上化，无法像 QQ、微博、微信这类社交产品自动地向下传递，必须要经过地面部队面对面销售完成线上化。因此，美团采取了“农村包围城市”的打法，率先进行渠道下沉，开拓新的空白市场，在三四线城市，甚至更低级别的城市获得了非常高的市场份额。美团的渠道下沉甚至下沉到了县一级的城市，渠道下沉的好处是，空白市场谁先进去，谁的独占性份额就高，并且市场份额很难被撼动，新进者要想获取市场份额的成本会更高。当市场份额足够大，平台方的议价权就强，就能享受非常高的毛利空间，高市场份额的城市为美团攻打北上广等大众点评份额占比较大的城市进行输血，如表 6-4 所示。

表 6-4　节选部分渠道下沉城市美团市场份额，2016 年 4 月数据

城市	美团市场份额	点评市场份额
包头市	98.9%	0.6%
周口市	98.6%	0.3%

（续）

城市	美团市场份额	点评市场份额
濮阳市	97.3%	0.6%
遵义市	97.0%	1.0%
大同市	96.7%	0.4%
南阳市	96.1%	0.8%
驻马店市	95.5%	0.8%
呼和浩特市	95.2%	3.9%
聊城市	95.1%	1.3%
台州市	94.4%	3.8%
贵阳市	94.1%	3.6%
盘锦市	93.9%	1.1%
岳阳市	92.9%	5.8%

前面几个维度的增长基本上属于市场高速扩张阶段，整个行业的渗透率处于持续提升期，到了后期，行业渗透率达到饱和，整个市场也就只剩下美团、大众点评、糯米三家，且市场份额集中在前两家时，就开始了存量市场的争夺阶段，这个时候增长战略的锚点就转移到以抢夺竞争对手用户群体为核心目标上来。

这个时候美团才开始真正的"农村包围城市"的第二阶段的进攻，集中资源投入到一线城市，抢夺大众点评的市场份额。而大众点评也不能死守，转而也开始渠道下沉，主动向美团的优势城市展开进攻，打掉美团毛利空间大的城市。只要有竞争，议价权就会转移到商家端，平台的利润空间就会被稀释，双方的优势城市都被对方逐步蚕食，有利润的城市也因为激烈的竞争而被摊薄，导致双方形成持续的消耗战，打得难分难解，最终以合并的方式结束这次战争。在美团签下独家以前，"小辉哥"（一家火锅品牌商户）是大众点评的大客户，后来"小辉哥"在美团一个月的售卖量接近2000万，这个数字超过了之前美团加大众点评团购销量的总和。但这并非"小辉哥"跟美团独家合作的主要原因，"我们想明年2月份前在全国铺开 65 家店，而苏州、无锡这样的二三线城市是重点，但大众点评在二三线城市的积累就不如美团。”小辉哥的相关负责人说。美团的“下沉”战略与连锁餐饮品牌的契合度非常高。

行业的发展是一个动态的过程，市场环境也会不断发生变化，企业要想保持持续的快速增长就需要持续不断探索新的用户群体细分的增长空间。有可能是渠道的变化，有可能是人群的变化，有可能是区域的变化，也有可能是自身产品供给的变化等。美团网基本上抓住了团购行业的每一次重大机会，主动寻求差异化和新的用户细分群体的增长空间，最终持续保持快速增长，笑傲江湖。

6.4 本章小结

本章围绕 B 端和 C 端用户分别讲解了分级运营的理念，其核心是“二八定律”，20% 的用户贡献 80% 的销售额或利润。企业增长需要将资源进行合理配置，将有限的资源投入到最大化产出的用户身上，才能实现高效增长。另外，还讲解了什么是用户分群运营、分群运营的目标和原则，以及如何做好分群运营。通过分群运营的思路，解决两个方面的问题：一个是解决用户增量，让企业从不同用户细分维度发现新的增长机会；一个是对存量用户分群，实施差异化的产品策略和运营策略。

下一章我们重点围绕补贴展开详细讲解。补贴作为用户获取、转化、成长等整个生命周期运营最有效的武器之一，究竟都有哪些魔力，下章见分晓。

第 7 章 疯狂的补贴：用户增长的必杀技

近几年互联网行业经历了近乎疯狂的烧钱补贴用户的大战，包括：

- 团购行业：美团、大众点评、糯米三家网站的疯狂补贴，2016 年百度 CEO 李彦宏对外宣布给百度糯米投入 200 亿，一时间百度糯米的市场份额迅速增长，最高的时候达到了 20% 以上，美团和大众点评经历烧钱大战后最终以合并收场。
- 出行领域：首先是滴滴和快的疯狂补贴大战，随后双方合并，后面又经历了滴滴和 Uber 的补贴大战，最终也以合并结束战斗。
- 外卖行业：美团、饿了么、百度外卖上演补贴三国杀，饿了么收购百度外卖，进入外卖双寡头时代。
- O2O 上门服务：也上演了补贴大战，1 元上门洗车、1 元上门按摩、1 元洗衣服等。
- 共享单车：摩拜单车和 ofo 在车辆覆盖达到一定的密度之

后开始在线上发力，大量给用户发红包，抢夺市场份额，用户从花钱骑车变成了不仅可以免费骑车，骑完车还能抢红包。

互联网每一个垂直细分领域的发展速度越来越快，烧钱和融资规模也一个比一个大，行业被资本快速催熟，再快速兼并重组，最终实现垄断，实现规模效应和网络效应。

烧钱补贴极大地加速了市场的培育过程，带来了用户规模的爆发式增长，也加速了市场竞争和淘汰。补贴在整个过程中究竟是如何发挥作用的，又有哪些问题和误区，如何正确地补贴，本章将会详细阐述这些问题，帮助大家更加合理地运用补贴来拉动用户增长。

7.1 什么是用户补贴

7.1.1 用户补贴的定义

用户补贴主要是通过红包、返现、话费、现金奖励、折扣等方式，让用户以超低价享受一次产品体验的过程，达到培养用户使用黏性、召回流失用户、调节用户行为、平衡供需关系等目的。

补贴最核心的精髓是通过补贴让用户体验产品或服务的优势，留存下来并持续使用。产品或服务的体验是根本，补贴是加速器，只有将两者充分结合起来，才能实现最大化的效果。

7.1.2 用户补贴常用的 8 种工具及其使用场景

选择补贴工具时一定要选择与这个业务最匹配的一种方式。比如红包是与钱直接挂钩的，不管是线下还是线上，凡是涉及交易的平台都可以用红包。从电商、团购、外卖、O2O、打车，到互联网金融等，都是交易型业务，都会涉及交易和支付，都可以通过红包来实现补贴。比如，互联网金融理财平台，用户感知最强烈的是利率，平台经常给用户补贴的手段除了红包以外就是加息，直接加息或者发一定额度的加息券。

补贴的形式有很多种，有的是直接抵扣，有的是返还，有的是折扣，有的是直接给现金等，到底哪种补贴形式好，在什么情况下应该选择什么样的补贴形式，本书重点为大家讲解补贴的 8 种营销工具的优缺点及其使用场景，如图 7-1 所示。

图 7-1 用户补贴常用的 8 种工具及其使用场景

1. 红包

红包也叫抵用券、代金券、现金红包等。

红包有两种，一种是常见的微信红包，属于现金红包，相当于余额，是最灵活的一种方式。其优点是：灵活性高，用户喜欢。其缺点是一旦发出去就是固定成本，不会过期，发出去多少企业就实实在在要支付多少钱，风险较高。而且红包带来的用户群体相对分散，很多用户纯粹是因为领红包而来，不会发生后续的转化。

还有一种是抵扣式红包，是用户在支付的时候用于抵扣现金的一种营销工具，可以设定有效期，用户在一定的有效期内使用，过期作废。可以设定使用门槛，比如用户支付的金额达到指定值才能使用，这样能够提高用户支付金额，避免形成沉没成本。还可以限定使用的品类范围，引导用户购买指定的品类。

这种红包的优点是：可以根据其属性设置多种参数，从而调节用户的购买行为，并且成本可控，不会形成太多的沉没成本。

使用场景：红包被广泛应用于用户拉新、复购、用户成长等各个方面，如图 7-2 所示。

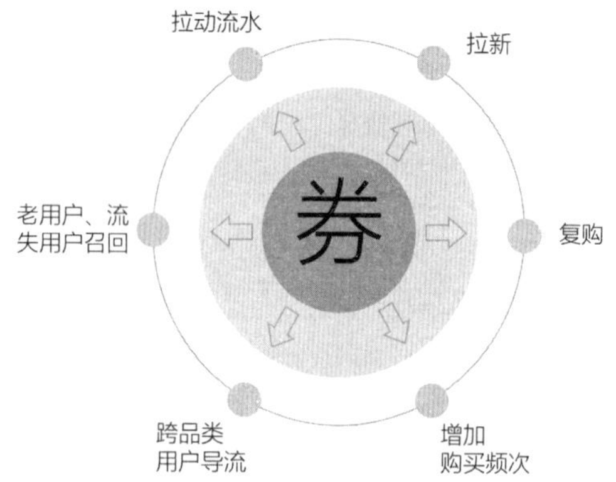

图 7-2　红包等代金券的主要用途和玩法

红包的发放手段一般有以下几种：

- 新用户直接注册即可领取；
- 用户分享红包领取；
- 平台主动给用户发红包，直接发放到用户账户，再通过短信提醒用户使用；
- 用户完成某个任务后可获得红包，比如用户消费满多少钱返多少钱红包、积分兑换；

- ❑ 做任务赚取，激励用户完成某个指定的任务，赠送相应的红包；
- ❑ 抽奖；
- ❑ 外部渠道合作联合发红包；

……

总体来说，发红包的中间流程越少，用户的使用率越高，用户付出越多，红包的使用率越高。

2. 折扣

折扣是用户在支付的时候以某个优惠的形式进行打折。

与红包相比，折扣的通用性更强，但成本可能会更高。折扣是针对所有人，或者某个条件，设定一个固定折扣，用户支付金额越高，享受的优惠力度越大。比如同样是打八折，用户消费 100 元可用节省 20 元，如果用户消费 1000 元，就可以节省 200 元，企业的成本也可能上升至 200 元。

其缺点是无法控制上限，用户支付的金额越高，补贴的费用也越高，而红包可以根据使用的门槛和发放的金额严格控制补贴的范围。折扣的使用一定要计算好，什么情况下打几折。我们常见的“第二杯半价”就是典型的通过折扣的方式来做增长。其核心逻辑在于，第一杯的价格实际上已经包含了固定成本，第二杯的边际成本很低，第二杯半价可以提升人均购买量。还有我们常见的“一件 9 折”“2 件 8 折”“3 件 7 折”，也是通过购买数量越多折扣越高的方式来刺激人均购买量。折扣也可以当成是特权福利，以此吸引特殊渠道的用户消费，如指定某个公司的员工消费直接打 9 折等，通过这种特权可以吸引该公司的员工前来消费。在运用折扣这种方式时一定要评估这种打折是否能真正拉动用户消费数量、金额的增长或者用户到店频次的增长，否则就白补贴了，形成沉没成本。

使用场景：

- ❑ 清仓促销。如服装过季促销、超市生鲜、食品等快过期食品的促销等。
- ❑ 提高用户购买数量。如星巴克咖啡的“第二杯半价”。
- ❑ 用户特权。如某个渠道用户享受 9 折优惠、VIP 享受 8 折优惠等。

3. 奖励

包含实物类奖励和虚拟类奖励，如手机话费、流量等。

企业设定一些激励手段，只要用户完成某些指定的任务就可以得到。比如常见的注册就送、投资就送、投资多少钱就送、存话费送手机、买手机送话费、办信用卡送礼物等。

这种形式的补贴，好处是模糊定价，用户不会将这种补贴与正常购买价格做强关联，红包补贴是与价格强关联的，很容易让用户产生补贴后的才是正常价的误解。

其缺点是容易吸引来非目标用户，有人为了奖品而来，不是因为产品本身。

使用场景：

- ❑ 拉新。如办信用卡就可以送自行车、水杯等活动。
- ❑ 新手转化。如用户完成注册送，完成首次购买再送。
- ❑ 提高客单价。如投资达到多少钱返还现金、购买达到多少钱送礼物。
- ❑ 促销。如买送机送话费、充话费送手机。

4. 理财加息、理财体验金

互联网金融行业的补贴形式除了红包以外，主要还有加息和理财体验金两种形式。

加息的优点是与价格强相关，用户感知明显，拉动用户投资效果立竿见影。缺点是如果频繁使用加息会导致用户将其作为价格的一部分，影响正常定价，抬高平台资金获取成本。

体验金的优点是降低用户首次心理压力，让用户体验一次产品流程，感受到投资的收益后，再引导用户发生实际投资行为。缺点是增加了用户操作过程，用户很可能会拿到了体验投资收益后也不发生实际的投资。

红包主要用于投资定期，直接加息主要用于活期类产品，定期也适用。其本质与银行的加息并无二致，还是用价格来刺激用户增加投资金额。体验金是互联网金融独创的一个营销工具，投资是一个重决策的产品，需要通过补贴来降低用户的决策门槛。体验金的设计逻辑是，用户可以免费得到一笔投资金用于体验理财，得到的利息用户可提现，从而实现不用花一分钱就可以体验平台的目的，通过对这部分利息的补贴来实现降低用户投资决策成本的作用。

使用场景：拉新、提高客单价、扩大资金规模、降低投资门槛。

5. 贷款免息

互联网贷款平台设计了免息券，其逻辑与加息的逻辑一致，用户前期可以免费使用一笔贷款，降低用户的决策成本，培养用户在一个平台的贷款习惯。

使用场景：新用户首次贷款、老用户回馈、大型活动。

6. 特价

特价是针对某部分人、某个特定商品、某个特定时间以一个很低价格购买的补贴形式。常见的有：秒杀、低价限时限量抢购、VIP 用户可购买等。如美团的“名店抢购”，每天上午用户可以低于平常价的方式购买，每人每天限购 2 份，就是典型的通过补贴大品牌的商家让用户享受低价的方式来培养用户消费习惯和拉新。

使用场景：培养用户消费习惯、定向拉动某个商品的销售额、大型促销活动通过特价吸引用户关注。

7. 积分兑换

积分是一种变相的价格补贴。积分设计的出发点也是调节用户行为，但积分兑换可以设置一个缓冲。平台可以通过控制积分兑换的奖品比例和形式（即积分的消耗方式）来控制成本，避免直接与价格挂钩的补贴。积分的优点是可以多对多，积分的获取可以有很多方式，积分的消耗也可以有很多方式，平台调节和运营的空间更大。

使用场景：让积分消耗的出口变得有吸引力，从而刺激用户更加在意积分的获取，从而可以刺激用户完成平台设定的任务。

8. 价格战

价格战是一种简单粗暴的补贴形式，其优点是效果直接，缺点是牵一发而动全身，很可能导致恶性竞争，并且成本持续走高。如京东和苏宁、京东和当当之间的价格战，就是鼓励用户比价，保证全网最低价，通过这种形式京东给树立用户全网最低价的品牌形象，获取大量用户和建立用户忠诚度。

使用场景：价格战一般是行业后进者挑战行业老大时常用的，或者市场竞争处于胶着状态，主动发起价格战，通过价格战很容易获取大量的曝光和用户关注度，从而转化为销售额的增长。行业老大一般商业模式稳定，价格策略也比较稳定，销售量大，一旦直接降价带来的损失比较大，而行业后进者的销售量没有前者大，价格战对他们来说影响很小，通过这种方式有效地撬动用户转移。还有一种场景是用自己的短板来打别人的长处，比如京东跟当当之间的价格战就是这个场景。京东的优势品类是 3C，做图书是为了增加用户的购买频次，图书对于京东来说新品类，降价不会对原有业务造成冲击。而当当的核心品类是图书，一旦发动价格战就会有对原有的利润造成严重的侵蚀。以己之短攻彼之长，也是价格战的一种重要场景。

7.2　用户补贴的 4 种基本逻辑

用户补贴的 4 种基本逻辑如图 7-3 所示。

获取用户，形成网络效应，成为入口级平台

培养用户习惯，促进用户成长，提升用户留存率

促进新产品、新技术快速推向市场

快速占领市场，加剧竞争和加速淘汰

图 7-3　用户补贴的 4 种逻辑

7.2.1　逻辑一：补贴获取大量用户形成网络效应

互联网公司的补贴意味着快速获取大量用户，成为入口级平台，形成网络效应，甚至是垄断，边际成本几乎为零。成为入口级平台后可以掌握定价权，攫取高额利润，并在此基础上重新定义商业模式，增加更多产品和服务，实现用户增值。

为什么互联网容易形成网络效应和垄断？

（1）互联网的“边际成本”趋近于零

互联网对边际成本的改变，是互联网经济对传统经济最重要的一个冲击——互联网带来的用户规模理论上无限，“边际成本”几乎为零。在传统行业，扩张业务规模就需要更多的场地、更多的人员，然后才能为更多的客户提供服务；然而在互联网行业，为十万和二十万用户提供服务所需的人员、场地几乎一样，一旦前期基础投入完成，后面每新增加一个客户都是不需要额外成本的。这个“新增加”的成本，就是“边际成本”。边际成本指的是每多生产或者每多卖一件产品，所带来的总成本的增加。例如，微软的操作系统投入巨大，但每多生产一份拷贝光盘的边际成本几乎为零。

【案例】互联网行业VS传统行业的成本对比

国美是典型的传统销售渠道，国美的一个门店，只能服务半径30公里以内用户，想要服务更多用户，就只能在30公里外再开家店。受到物理空间的限制，单店的新增销售边际成本无法降低，每家单店是否独立盈亏就非常重要。但京东不同，京东前期投入很大，但它可以实现网络效应，当用户规模超过了一个临界点，销售收入能够覆盖固定成本的那一天开始，京东的边际成本，几乎为零。能否实现网络效应，从而降低边际成本是传统行业与互联网行业最典型的区别。

【案例】为什么360杀毒可以免费

互联网产品随着用户数量的不断增加，除了服务器成本的增加，人力成本等其他成本不会随之增加，边际成本几乎可以为零。360以免费模式颠覆了原有杀毒软件行业，通过免费获取大量用户，在此基础上通过流量变现的方式来覆盖用户成本。一款软件的主要成本是人力研发成本和服务器成本，软件安装数量的增加会带来更多的流量和商业化收入，但成本只是少部分硬件服务器的增加，收益远大于成本，因此可以做到杀毒免费。

（2）互联网的超级连接属性造就超强的“马太效应”

在传统行业中，因为物理空间上造成的时间差和信息差，同一个行业可能有成百上千甚至上万个同类公司，大家都有各自的生存策略，有了互联网之后，这一切都被颠覆了。互联网的本质是连接，有了互联网之后世界是平的，人们不管在什么地方，都可以享受互联网同等的服务，信息全部被透明化，渠道被大大缩短，商家可以通过互联网直接面向终端用户，流通成本极大节省，商品售价极大降低，库存周转和资金周转效率大大提高，边际成本也极大降低，效率得到了极大地提高。因此，在互联网行业，同一个领域可以并存的公司数量是少之又少，从国外的谷歌、Facebook，到国内的百度、腾讯、阿里巴巴，都在各自领域处于绝对垄断地位，同一领域的公司数量很少超过 10 家的，能够盈利长期生存的基本也就是前三名，也就是我们常说的“721 格局”，前三家分别占据 70%、20% 和 10% 的市场份额。

“网络效应”必然要求投资人敢于“先下手为强”，允许互联网初创企业通过大把烧钱，补贴用户，在市场竞争的初期，尽快获得大量用户，形成网络效应，最后“赢者通吃”。

【案例】团购烧钱大战，本地生活服务线上化，建立平台重构消费生态

以团购为例，原有线下餐饮门店，在做团购之前各家都有自己的客源，大家都在同一个区域半径内获客，商家的门店和选址成本就包含了商家的获客成本。团购网通过零毛利甚至负毛利的打法，对用户进行补贴，将原有商家的线下用户转移到线上，并且培养用户线上购买的习惯。当用户形成习惯之后，线下商户的客流量将不再完全由线下的人流量和位置所决定，而是与团购网站的流量分发、推荐、排名息息相关，改变了原有的生态系统。这时，团购网站掌握了用户就掌握了议价权，就能要求商家做更多的合作，从而延伸出新的商业模式，比如收取商家的技术服务费、开放商家广告投放等，实现流量变现。并且团购网站获取用户之后还能将餐饮的

用户转化成酒店的用户、电影的用户等，进行跨品类的购买引导，提升用户的 ARPU 值，如图 7-4 所示。

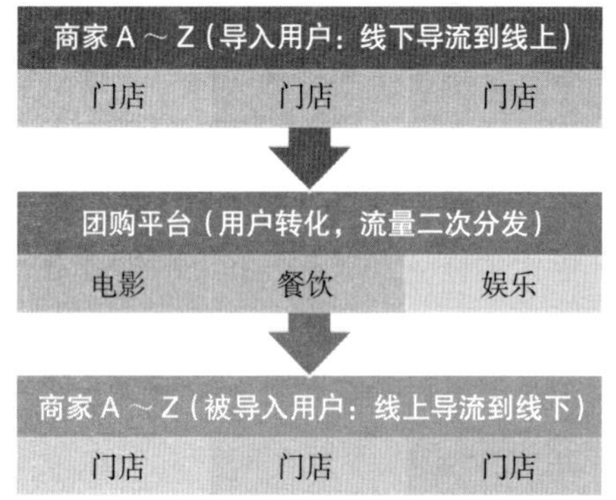

图 7-4 团购补贴重构消费生态，流量重新分发，业务横向拓展

7.2.2 逻辑二：利用补贴培养用户习惯，促进用户成长，提升用户留存率

补贴可以培养用户的忠诚度和消费惯性，增加用户留存时间，降低边际成本。用户补贴是为了延长用户的生命周期，提升用户生命周期的价值。

传统行业的商业逻辑是卖一单赚一单的钱，不做赔本的买卖，但互联网的逻辑是可以先亏损后赚钱。其核心思路就是亏钱培养习惯，当用户成长起来之后贡献的利润覆盖用户的总成本，最终实现盈利。即用户的获取成本 + 用户的补贴成本要小于用户生命周期的价值，平台才能实现盈利，补贴的目的就是起到加速用户成长过程和延长用户生命周期的作用。

- 人均用户成本 =（推广成本 + 运营补贴成本 + 时间成本）÷ 获取用户数
- 有效用户成本 =（推广成本 + 运营补贴成本 + 时间成本）÷ 获取有效用户数

用户有平均的留存周期，用户成本需要在一定时间范围内均摊。企业在实际运营过程中一定要计算有效用户成本，而非简单地看人均用户成本，否则很容易对渠道效果和运营成本产生严重的认知偏差。前面的内容也讲到了，只有有效用户才会给企业贡献利润和价值，那么最终核算收益和成本的时候就需要用这部分有效用户的价值来平摊获取用户的总成本。因此，留存率就非常关键，留存率直接影响了有效用户数的多少，获取有效用户数 = 获取总用户数 × 留存率。补贴恰好又能极大的影响用户的留存率。

补贴能起到撬动用户成长的支点的作用。用户生命周期越长，用户的总价值越高，边际成本越低；用户的生命周期越短，沉没成本越高，边际成本越高。

如图 7-5 所示，补贴能够发挥用户留存的杠杆作用，撬动用户留存率的变化：用户补贴可以提升用户获取的竞争力，提升了新用户的获取转化率，从而降低用户获取成本。用户补贴可以撬动用户有效成长，当补贴的边际成本达到一个最优解的时，进入一个最佳杠杆区间，即花最少的钱，撬动用户成长最有效，实现有效用户的增长，降低有效用户的获取成本。因此，新用户的补贴是撬动有效用户增长的重要杠杆。用户补贴还可以延长用户生命周期，提升用户价值。

7.2.3　逻辑三：补贴促进新产品、新技术快速推向市场

补贴可以加速“跨越鸿沟”。“鸿沟理论”指的就是高科技产品在市场营销过程中遭遇的最大障碍：高科技企业的早期市场和主流市场之间存在着一条巨大的“鸿沟”，能否顺利跨越鸿沟并进入主流市场，成功赢得实用主义者的支持，决定了一项高科技产品的成败，如图 7-6 所示。

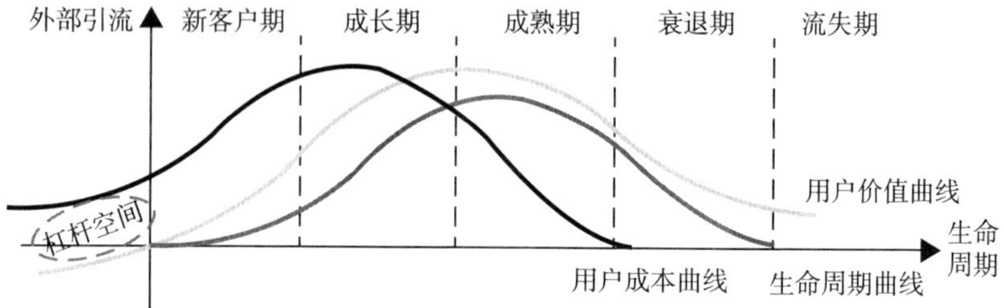

- 用户生命周期越长：用户价值越高，终生成本越高，边际成本越低
- 用户生命周期越短：沉没成本越高，边际成本越高
- 找到最佳杠杆率，提升资金成本，促进用户成长，带动更多资金增长，降低边际成本，提升资金成本效率

图 7-5　用户补贴的最佳杠杆点

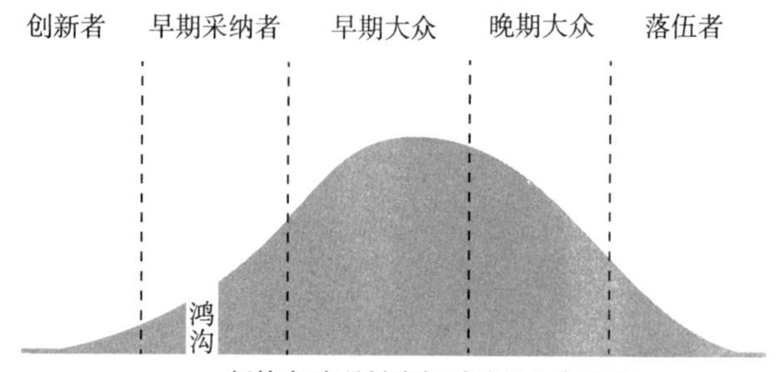

新技术/产品被市场采纳的生命周期

图 7-6　跨越鸿沟：新技术被采纳的生命周期

实际上每项新技术都会经历鸿沟。关键在于采取适当的策略令高科技企业成功地“跨越鸿沟”，补贴就是加速新产品“跨越鸿沟”最有力的手段之一。

每一项新技术或新产品都是由一些创新者推向市场，最早接纳的用户一般都是有远见、对新产品狂热、具有冒险精神、有较强的预见性、对价格不敏感、能够容忍产品的不完善、乐于尝鲜的用户，这一群体往往数量较小，但影响力通常比早期大众和晚期大众要大。

早期大众是非常谨慎的实用主义者，购买基于强烈的实用推荐，期望获得专家的口碑推荐，不愿意做小白鼠，一旦被征服就十分忠诚，会长期购买和使用。晚期大众是保守主义者，信任传统，抗拒创新，会等既定标准成熟之后再购买，期望得到更多支持，更信任大公司，也属于忠实购买用户，但更期望傻瓜型操作。落伍者属于落后的怀疑主义者，非常容易因为小分歧或产品的一点点瑕疵而对产品产生失望的情绪。

以团购网站为例，补贴加速了本地生活服务线下化的过程，几年时间就完成了本地生活服务商家的线上化，并且覆盖了全中国各级城市，是整个互联网行业少有的渠道下沉很彻底的一个行业。团购最开始是在一线城市发展，一线城市的互联网发展最为成熟，接受新鲜事物比较强，逐渐扩展到二三线城市，然后逐步下沉到六七线城市，是一个典型的新鲜事物“跨越鸿沟”的过程。

7.2.4　逻辑四：补贴可以快速占领市场，加剧竞争和加速淘汰

当两个势均力敌的竞争对手在市场上竞争的时候，价格是用户选择的一个很重要的因素，哪里补贴力度大用户就到哪里，到最后就演变为纯烧钱的游戏。要么一方烧不起钱，资金链断裂死亡；要么都无法消灭对方，最终就只能通过合并结束烧钱大战，包括滴滴 & 快的、滴滴 &uber、美团 & 大众点评都是如此，现在正在进行的摩拜和 ofo 的补贴大战，最终的结局可能也会如此。

补贴能迫使对手拼命烧钱。举个例子，以北京为例，滴滴在北京已经占领优势了，而快的稍晚进入北京市场，要想有所突破怎么办？他不可能采取全面的价格战，那样成本太高，可以先从局部“偷袭”下手，看竞争对手的反应如何。比如开始时，在交通高峰时段通过高额的补贴让一小部分司机和乘客转换平台，这时候滴滴可以选择不理睬，那么快的有可能会慢慢地建立起用户口碑，并且

通过持续性补贴留住这部分司机，规模越来越大。但是，如果马上反击，也开始补贴，由于滴滴的总订单量比对手大很多，补贴的金额就会远大于对手，除非资金有压倒性的优势，否则有可能迅速烧完“猝死”。那这个局应该如何破呢？

面对这种情况，资源的独占性就非常重要了。市场份额强势的一方要主动发起资源的独占性，让资源提供方选择只在一个平台提供服务，否则就断掉其订单，甚至是封杀。我们经常能看到一些电商平台逼迫商家二选一，都是为了抢占资源的独占性。当平台锁定了资源的独占性，对方就很难再撬动了。

去哪儿网的创始人兼前CEO庄辰超有关于通过补贴抢占资源独占性的一个观点：**补贴不能打“添油战术”，要有终局思维，用最短的时间，一把把钱砸下去，一次性把市场份额提高，马上打桩把这个资源给锁掉**。亏钱的速度不是线性增长的，而是阶梯性、台阶式的，这样才是比较好的方案。当你要开始亏钱的时候，要亏得越多越好，亏得越快越好，因为这样，竞争对手不能防范。当你已经达到目标的时候要立刻止损，然后打桩把资源给占住。当你的市场份额达到50%的时候，你可能就对某一些独占资源有完全的掌控力，具有一定的排他性，这时竞争对手就很难进入了。

另外一种破局方法，就是把战场烧到对方那里。正如我们前面在美团和大众点评大战的案例里面所讲述的那样，美团在三四线甚至更低级别的城市有非常大的份额，但是在北上广等一线城市与大众点评有很大的差距。美团开始在北上广发起进攻，也是选择从周边区域展开进攻，逐渐偷袭得手之后，慢慢开始向市区展开进攻。这时大众点评不能坐以待毙，也开始做渠道下沉，主动把战火烧到美团有优势的城市，采取同样的策略，打掉美团市场份额高，利润高的城市，断掉美团的弹药，导致双方僵持不下，形成消耗战，最终谁也打不死谁，最终导致双方合并。

7.3　用户补贴常见的 5 种类型

用户补贴有 5 种常见的类型，如图 7-7 所示。

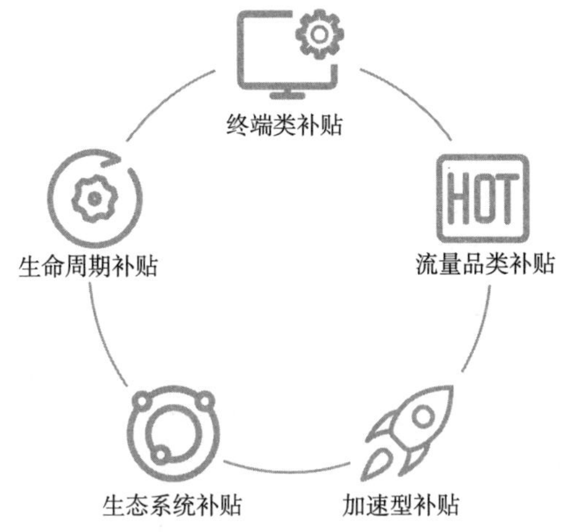

图 7-7　用户补贴常见的 5 种类型

7.3.1　终端类补贴

终端补贴通常指对用户使用的终端设备（如：手机、电视等）进行补贴。常用的形式包括：存话费送手机、买手机送话费、买会员送硬件等。终端类补贴常用于电信运营商，通过对移动终端的补贴换取用户入网以及提高单用户的消费 ARPU 值。

表 7-1 是电信行业的七大主流终端补贴模式。

表 7-1　电信行业七大主流终端补贴模式

主要终端补贴形式	补贴内容
终端抵用券（代金券）	用户使用抵用券抵扣部分终端购买价格即可，该模式不涉及具体套餐，无需用户缴纳预存款或押金，也没有最低消费或合约要求，是一种直补的模式
购机返话费	用户购买指定型号的终端，则直接返还话费到账户中

（续）

主要终端补贴形式	补贴内容
承诺最低消费送手机	用户承诺最低消费及在网时长（合约期），即可优惠购机
预存话费送手机	用户选择套餐、预存一定话费、承诺一定合约时长，可优惠购机并获得话费返还
预存话费享购机优惠	用户选择套餐并充值一定金额，即可享受购机优惠，合约期可以不做要求
积分换终端	用户使用自己在运营商的消费积分抵扣部分终端购买价格，该模式普遍不涉及具体套餐，无需用户缴纳预存款或押金，也没有最低消费或合约要求
终端捆绑套餐	用户根据终端选择资费，不同合约时长享受不同购机费用。合约期不同，终端费用不同

电信行业是典型的自然垄断行业：初始成本非常高（基础建设、基站等），但是到后期，每生产一件产品的成本非常低，比如话费的边际成本越来越趋近于0。电信运营商通过对手机终端的补贴来吸引用户购机入网，并且达到一定的套餐费用才能享受更高额度的返现。对于电信公司，成本基本上就是一个手机的补贴费用，收入是你已经存入的话费和将来持续性的消费。

还有一类是“软硬结合”类公司，通过对重点设备进行补贴，甚至是免费，以获取更多用户，再通过用户来实现增值变现。典型的如小米手机，就是将手机硬件价格做到极致，不赚钱，获取大量用户之后进行流量变现。

【案例】乐视网买会员送电视、买会员送手机

乐视网在“414电商节”期间，用户只要买会员就可以免费拿电视。

裸机价0元+490×N，即用户只需支付相应的乐视超级影视会员年费，就可免费获得硬件产品。在乐视“买会员送硬件”的硬件免费模式下，硬件已不再是销售的主体，销售的主体转化为内容。用户可以享受到专属于乐视会员的品质内容、极致体验和尊享服务。乐视希望用“硬件免费”重新定义核心价值，让用户只为核心

价值买单。乐视控股 CMO 彭钢在“406 超级会员日”上表示，硬件不应再成为实现用户价值的门槛，乐视致力于去硬件成本化，让生态补贴硬件，让硬件进入负利甚至是免费时代。

7.3.2　流量品类补贴

在互联网行业我们经常听说“高频”“刚需”“羊毛出在猪身上”，其本质就是通过补贴流量型品类，通过高频带低频，以高频次商品或服务吸引用户完成首次购买，再给用户提供更多其他产品和服务，从而实现用户增值。“高频”“刚需”型产品就是流量品类，“羊毛”就是用户补贴，最终通过其他品类赚钱就是“出在猪身上”的一个形象比喻。

流量品类与各品类之间的关系如图 7-8 所示。

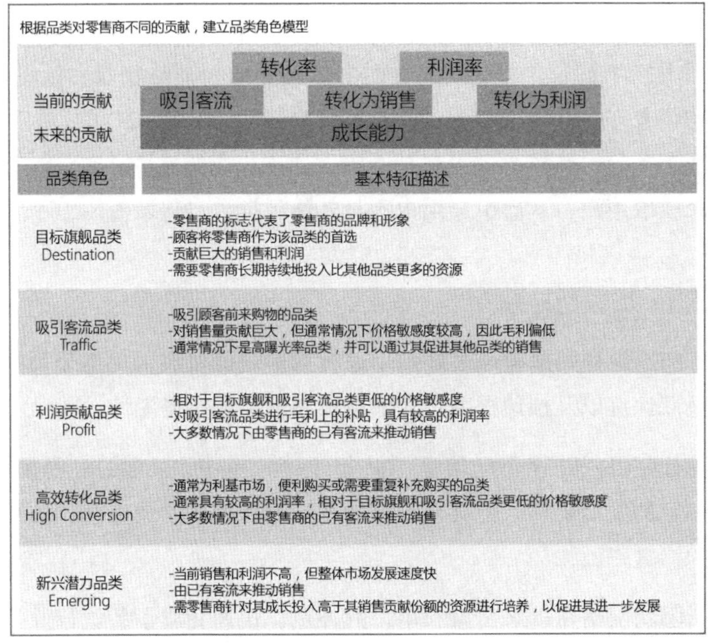

图 7-8　流量品类与各品类之间的关系

本书前面讲了流量品类在用户获取中的重要作用，流量品类来源于传统零售行业，被广泛应用于电商、团购、O2O等互联网行业。

流量品类补贴是指用零毛利甚至负毛利来卖“流量品类”商品，然后依靠交叉销售引导用户购买卖高毛利的“毛利品类”商品，把“流量品类”上亏的钱赚回来。“流量品类”一般有两种：一种是高频率、低价值、价格可感知的品类，用来建立你的平台在消费者心中的“低价印象”，以提高留存和复购；另一种是单价较高的标准品，消费频次未必高但是消费者有比价的习惯，可以通过补贴吸引顾客，比如买手机比价。

流量品类选择低价值的商品更多一些。流量品类的特点是销量高、购买频率高、单价低、用户覆盖广，用户对价格敏感，因此通过对流量品类补贴可以起到补贴金额少、用户转化率高的作用。比如图书之于京东，通过发起对图书品类的疯狂补贴获取大量用户、团购网站的“0元抽奖”、“1元钱看电影”、洗车O2O的“1元上门洗车”等，其核心逻辑都是希望找到该行业的流量品类，对其补贴来获取用户，从而引导用户购买其他品类，实现增值。

7.3.3 加速型补贴

加速型补贴是指通过补贴加速行业的快速发展，加速公司的用户获取速度以及加速提高行业的市场渗透率和市场淘汰。

补贴可以加速市场培育，每个行业都有一个正常的发展规律，有一定的发展周期，但补贴可以加速这个周期的发展进程，加快行业的渗透率。

团购网站通过对商家和用户的补贴，快速完成了餐饮行业的线上化，同时也将用户从线下转移到了线上。每进入一个新城市，先完成商家的合作签约，然后通过大力度的补贴在很短时间内就能获取大量用户，再反向签约更多商家，市场份额和渗透率很快就能有明显的提升。团购网站很短时间就从一线城市覆盖到了县级城市，完成了渠道下沉。

补贴极大地加速了这个市场成熟的过程。以打车为例，滴滴、快的、Uber 的红包补贴大战，快速地培养了大家线上打车的习惯，完全改变了原有路边拦车的习惯，甚至因为补贴导致有的人线下打不到车，不得不转移到线上，完全改变了原有出行习惯。

补贴的溢出效应，刺激增量市场，带动边缘需求转化。以电影团购为例，团购网站通过对电影票的补贴来获取新用户，这不仅会转化正常有看电影需求的用户，增加他们的观影频次，还会扩大到那些有边缘性需求的用户，那些可看可不看的用户，被低价吸引，原本不想看电影的也去购票观看了，刺激的就全是增量市场，因此，电影市场因为团购和团购补贴，不仅增加了原有观影群体的频次，同时还将大量原本不看电影的人拉进了电影院，培养了他们的观影习惯，让整个电影市场的规模得到了极大的增长。

7.3.4　生态系统补贴

生态系统补贴是指“双边市场”型业务通过对供给端和需求端的补贴刺激两端平衡发展，建立起自己的业务生态系统。

大多数互联网平台属于“双边市场”，就像是一辆车两个轮子，需求和供给相互循环拉动增长，逐渐实现“网络效应”。互联网平台通过补贴快速建立起强大的用户规模，在此基础上不断延伸自己的产业链，最终形成在该领域的一套生态系统，形成垄断性的规模，如图 7-9 所示。

平台启动初期通过补贴一端，吸引另外一端，保证供需平衡。

很多平台在发展初期都会遇到“先有鸡还是先有蛋”的问题：为了吸引一边用户，平台需要拥有大量的另一边用户，但同时，只有这一边有大量的用户时，另一边用户才愿意通过这个平台进行交易。因此，平台面临着首先培养和建设哪一边用户的问题，在供需都还不足或者不均衡的时候，“补贴”就可以发挥很重要的作用。这种补贴的主要目的是增加有效供给或需求，拉动供需双方的平衡，保持需求方与供给方的友好对接才能留下客户和服务者，进入良性循环。需要生态补贴的一种情况是刚进入市场或者扩张新市场时，补贴能快速培养忠诚用户和稳定供应端，避免供需失衡。

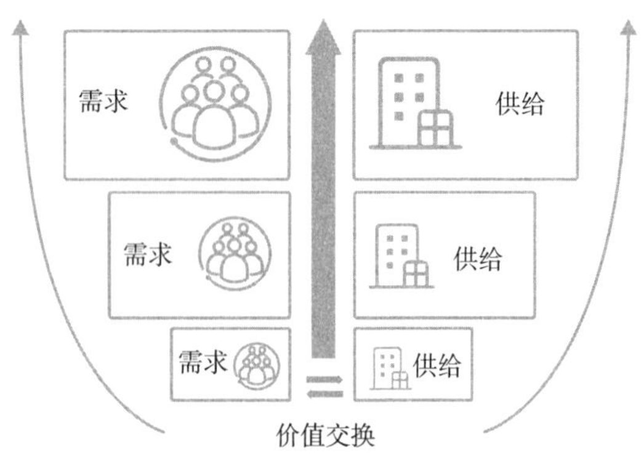

图 7-9　双边型业务供给需求循环拉动增长

【案例】Uber的双边市场拉动

Uber 研究发现，在刚进入新城市的时候，生态系统很脆弱，因为司机很少，乘客打车等待时间长、下单成功率低，体验很不好，用户留存率很低；反过来，因为乘客很少，司机的订单量低，空载率高，赚不到钱，也很难留存下来。这种情况直到有一天司机端的供给数量和乘客端的需求数量度过了一个“临界值”，双方的等待时间都缩短了，下单成功率和接单成功率也都高了，大家体验就开始越来越好了，不但流失率下降，原来流失掉的司机和客户还会回来。

发现这一现象后，后来 Uber 进入一个新城市的时候，干脆一上来就雇一批全职司机，强制派单，然后通过发代金券搞补贴来快速获取大量用户，从而保证双边市场的高效运转，提升双边市场的体验。在供需关系平衡且有了一定用户规模之后，再反向驱动获取大量司机端，并且通过补贴司机端来拉动供给端的持续增长，通过补贴让供给端和需求端相互拉动快速增长，快速建立起生态系统。

【案例】今日头条的双边市场拉动

今日头条最初通过抓取各大网站的优质内容，再利用个性化推荐算法获取了大量的用户，当各大网站开始禁止今日头条抓取之后，内容的质量开始严重下降，用户会因为没有高质量的内容开始流失。这时今日头条开始大力度投入内容生态建设，做头条号，大力度补贴原创内容作者，极大地提升了今日头条的内容丰富度，内容的丰富度和精准的个性化推荐提升了用户的访问时长和新用户的留存，以及流失用户的回流和用户规模的增长，大大地提升了今日头条的商业化收入，反过来就更大力度地补贴到原创内容的生态建设上来，内容的供给和需求实现良性的循环增长。今日头条的估值规模也从 5 亿美金、10 亿美金，迅速涨到了 100 亿美金，未来的潜力还十分巨大。

1. 补贴可以加速生态重构

平台通过补贴可以摧毁原有行业的生态系统，自建一套生态系统，将供给端和需求端全部掌握在平台手里，建立起极强的渠道能力和分发能力，从而掌握定价权，并且可以重新定义供需关系和演化出新的商业模式。

滴滴打车通过补贴摧毁了原有的打车出行生态，建立了自己的生态，重新定义了用户的出行，并且通过补贴积累了大量用户之后，开始迅速进入了专车、快车、代价、租车、金融、保险等业务，不断构建新的出行生态，延伸自己的商业链条，构建起新的商业模式。

以前人们出行的习惯是，司机在路上兜，乘客在路边等，司机的空载率高，而且在特定的时间段，如收车前后，下雨天等拒载率高，乘客端在路边等待的时间也长。当滴滴补贴的时候，乘客只要有打车需求就会第一时间先通过滴滴叫车然后再到路边等待，被动的乘客会发现在路边等不到车了，只好用滴滴叫车，这样路边等车的人越来越少，又进一步促进司机也不兜客了，全部转移到滴滴上，最后原有生态就全部瓦解了。

滴滴获取了大量的用户之后，横向继续扩张自己的出行版图，切入不同的出行领域，比如快速地进入了代驾领域。因为有大量的用户，只需要补贴司机端就能让原有 e 代驾的司机转移到滴滴来，很快就获取到大量的司机，再通过给现有的用户发代驾红包，引导用户使用滴滴代驾业务，很快就实现了供需良性循环增长的效果。在很短的时间内，就给原有代驾市场的老大 e 代驾造成很大的冲击，如图 7-10 所示。

有了大量的司机、车主、乘客信息，有了他们的车辆数据，出行数据，滴滴开始给他们推车险，以及其他金融服务，演化出新的商业模式，实现流量变现，如图 7-11 所示。

2. 补贴可以调节局部网络效应密度

补贴可以调节局部供需关系：供需关系在整体上实现平衡不代表在每个时间段都能实现供需平衡，在特定的时间段或特定场景下，供需关系也会失衡，这时补贴就能起到调节供需平衡的作用。

在消费高峰期比较明显的行业，比如出行领域的上下班高峰、外卖行业的中午点餐高峰等，服务需求会在集中时间点突然增加，供应不足导致订单成功率降低，因此用补贴调配供应端来积极性响应订单。比如，在雨雪天需求量也会大增，导致供应严重不足，用户预订失败率很高。

图 7-10　滴滴代驾

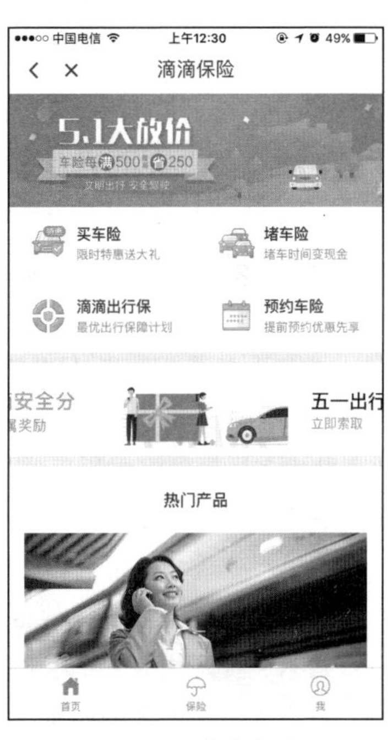

图 7-11　滴滴保险

为什么早晚高峰和雨雪天的成功率很低呢？因为，需求突然增加了但是供给是固定的，车辆供给不能立马随着需求的增加而增加，导致临时性的供不应求。这时候，滴滴通过给司机端补贴，可以有效地刺激供给增加，把那些利用拥堵时间来交班或者吃饭的司机拽上平台来接活，同时也把一些业余的私家车主调动起来，增加了大量的社会运力，从而实现供需平衡。当临时性供不应求解决之后，降低补贴，供应量就又恢复到常态。**补贴的执行方式也有两种：一种是平台补贴奖励司机端，一种是通过用户消费或动态加价**

的方式来补贴司机端。

3. 补贴可以培养用户习惯

培养用户习惯型补贴是指：平台或者商家通常在推出新产品或新业务的时候，为了培养用户消费的习惯，进行连续性补贴。

【案例】菜鸟裹裹周六免费寄快递

菜鸟网络是阿里巴巴集团在大数据物流领域的重要布局，已和电商、金融一起成为其三大战略生态之一。菜鸟裹裹是菜鸟网络推出的一款移动客户端，目标是成为消费者的线下递送总入口，包括德邦、天天、韵达，圆通等公司。菜鸟裹裹采取滴滴打车的抢单模式，用户下载菜鸟裹裹 APP 后，只需一键便可完成快递下单，系统将通过定位系统将订单推送给附近的快递员，快递员抢单后需在 2 小时内上门揽件，若需求紧急，可在下单时加价 2 元，则快递员保证在 30 分钟内上门取件。

为了培养用户使用菜鸟裹裹发送快递的习惯，菜鸟裹裹推出了一个“周六快递免费日”的活动，在 13 个中大型城市，连续 3 个月每周六免费寄快递（实际上是免首重，如果在首重以内即无需支付，超出首重的只收超出部分费用，每人每周仅限一单）。通过这种长期持续性的补贴，把菜鸟裹裹培养成用户寄送快递的第一入口。

7.3.5　用户生命周期补贴

在整个用户生命周期过程中会存在各种各样的补贴，只是每个阶段的侧重点有所不同。

- 新手期：主要通过新用户补贴来获客。
- 成长期：通过补贴培养用户的购买习惯和忠诚度。
- 成熟期：通过补贴培养用户跨品类购买以及提升用户购买频次。

- 流失期：通过补贴有效降低用户流失的可能性和召回流失用户。

前面几个阶段的补贴更多的是扩大用户规模，提升用户获取的效率，以及提升用户留存和有效用户数的规模。这几个阶段的补贴力度大、频次高，占用户生命周期补贴成本的绝大部分。当用户培养起购买黏性之后，就会逐渐减少补贴，甚至不补贴，只有在大型活动、全平台活动的时候才会有补贴，不再是单一某一个用户的补贴。到了后期，补贴的作用更多的是延长用户的生命周期，这个阶段用户的价值早已超过之前总的成本，这时维护一个老用户的边际效益要远大于新用户。因此，补贴在用户生命周期的各个阶段发挥了不同的作用，我们在实际的运营过程当中，需要找到用户生命周期各阶段的拐点，对每个用户都有不同的生命周期节点的监控，做到补贴的个性化，从而实现效果最大化，如图 7-12 所示。

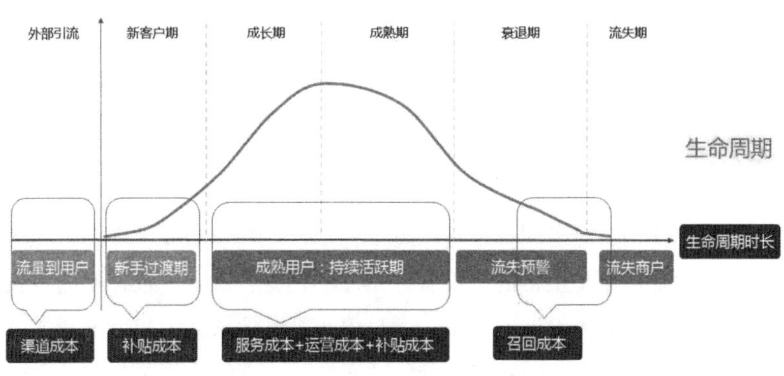

图 7-12　用户在不同生命周期的主要成本支出

补贴的形式多种多样，在企业不同的发展阶段，运用不同的补贴方式，达到相应的目的。补贴是一把双刃剑，能够在很短时间内起到立竿见影的效果，但如果掌握不好尺度，将会给企业带来灭顶之灾，也就是我们下面将要讲到的补贴的 4 大雷区。企业的发展过程中应该合理地补贴，适度补贴，才能起到正向的效果。

7.4 用户补贴的 5 大雷区

7.4.1 过度依赖补贴

产品没有留存度，用户增长和留存过度依赖补贴，一旦补贴停止用户就不来了。

很多互联网公司认为，互联网需要烧钱，烧钱就能换来用户规模，有用户规模就可以“羊毛出在猪身上”，通过别的方式挣钱，于是出现了很多 ToVC 的项目。

这种想法存在严重的误区，因为这个逻辑存在的前提是产品一定要有留存度，即业务本身要有核心竞争力，通过补贴加速用户获取和用户留存，真正留客的还是业务本身。如果业务本身竞争力不强，通过补贴获取再多的用户，最终也会流失。因此，在补贴之前一定要分析自己产品的用户留存率是否合格，新用户对业务增长的贡献占比是否过高。

另外就是，对老用户也存在过度补贴，把补贴当成了常态，让用户误以为有补贴是正常的，没有补贴才不正常，这会导致补贴成本长期居高不下，业务发展不健康，一旦停止补贴业绩就大幅度下滑或者用户大量流失。因此，一定要避免过度补贴，避免补贴常态化。

如何避免：

首先，在补贴之前一定要好好打磨自己的产品，提高产品的留存率，当留存率达到合格标准、需要大量用户增长的时候再开始补贴。

其次，对老用户的补贴要适度，控制频率，培养起用户习惯之后逐渐减少补贴，降低用户对补贴的依赖，培养用户正确的产品价值观。

7.4.2　补贴营销工具运用不当

目标不清楚，补贴营销工具运用不恰当，花钱效率低，事倍功半。

前面我们讲了补贴的几种类型，针对不同的目标运用不同的补贴方式，因此，在开始补贴之前首先要明确我们的目标是什么，然后确定采取什么样的补贴手段，需要什么样的营销工具，补贴多大力度，达到什么样的效果。在实际的操作过程当中，补贴的营销工具的运用也会有显著的差异，运用得好可以事半功倍，运用不好，可能就是事倍功半。

以团购补贴为例。团购网站是一个典型的双边市场，商家数量的丰富度能够有效地促进用户的增长，用户规模的增长又能极大地撬动商家数量的增长。那我们究竟应该补贴商家还是用户，还是同时补贴，分别采取什么样的手段才能效率最大化?

下面看两个案例：

（1）网站 A

对用户做满减活动，通过满减活动提升用户规模和流水。满减完全是以面向用户为主的活动，几乎对商户端没有明显的撬动作用。因为用户满减凑单是在同一品类下，也可能是跨品类凑单，只有在同一个商家购买凑单的时候才会对单独某个商家有明显刺激，但是侧重点主要还是用户端，商家对活动无任何感知。

（2）网站 B

对用户做立减活动，通过对用户的补贴去撬动商户，告诉商户这个立减活动是只针对你的专属补贴，联动商家一起做宣传。商家利用网站的补贴活动做宣传，做增量，扩大自己的营业额；网站利用商家的宣传在线下进行获客，吃商家的存量。这样既能拉动商户覆盖数量的增长，又能拉动用户数量的增长。因为有促销，线上和线下与商家同时宣传，一个补贴两边同时撬动增长了，一笔钱，起到了两个效果，典型的事倍功半，相较于网站 A 来说，就显得要高效很多。有了这样的成功案例，销售在开拓商家的时候也会更加容易。

这两个案例说明：运用不同的营销工具，以及对于业务的不同理解会带来截然不同的补贴效果。网站 A 最终花了很多钱，用户可能也留存不下来，因为网站 B 的商户数量会源源不断的增长，用户规模也会源源不断的增长，但是市场份额的差距越来越大，逐渐形成垄断，然后与商家签独家协议，导致网站 A 的用户向网站 B 迁移，前期的补贴费用就全白花了。

如何避免：

在开始补贴之前一定要明确目标是什么，要站在全局的角度去思考补贴的作用，尽可能让一笔钱起到更多的撬动作用。

7.4.3 不做用户分群

眉毛胡子一把抓，不做用户分群，不做维度细分（如市场环境、价值状况、时间、地域、品类、生命周期等），造成补贴资源严重浪费。

对用户做分群，减少不必要的补贴：不同的用户群体会有不一样的补贴敏感系数，有的用户忠诚度高，对补贴不敏感，就不需要补贴，给他们补贴就很可能是浪费；有的用户对补贴敏感度高，且又有很强的购买力，就应该加大力度补贴，把钱花在这些用户上是划算的；还有的用户对补贴敏感度高，但是用户价值低，对这些用户补贴的意义就不大。还有其他维度的用户分群，需要进一步细分，对用户价值和用户补贴进行平衡。

在用户的不同生命周期，补贴也不一样。一般来说前期补贴力度大，逐渐减小，直至取消，当用户进入潜在流失期之后又进入一个新的补贴周期，会逐步挽留，随着用户从潜在流失变为流失，补贴的力度逐步增大，直至用户被挽回。

市场环境不同，补贴力度不同。产品处于培育市场阶段时，补贴力度会大一些，可以通过大力度补贴树立标杆案例，加速市场拓展。随着市场走向成熟，大众用户普遍认知之后就会减少补贴，直至取消。

竞争激烈程度不同，补贴差异巨大。补贴会随着竞争的激烈程度的增加而显著增加。比如打车大战，滴滴和快的最初为了通过自己的力量来补贴用户，力度还没那么大，后来当背后各自的投资人分别意识到打车对于推广移动支付的普及的重要价值之后，分别开始投入重金来做用户补贴，双方拼个你死我活，补贴的力度节节攀升，且根据对手的动态及时调整补贴力度。甚至一度有一段时间，可以免费打车。这就是典型的市场竞争导致的补贴的变化。

如何避免：补贴一定要根据当前的市场环境、竞争状况、补贴类型、用户群体以及其他维度做细分，才能真正做到补贴的有的放矢，否则就会造成严重的浪费。

【案例】某校园电商网站分城市做补贴，极大节省运营成本

某校园电商网站，在全国校园开拓市场，他们最初对用户补贴没有做任何细分，全国都按照一个力度做补贴。后来通过数据分析发现，这种方式并不经济，在有的城市花了很多钱，但并没有带来明显的效果，成本支出很高。他们调研分析后发现，每个城市用户的消费客单价都存在显著的差异，根据每个城市的经济水平高低，学生的消费水平也有高低。在北上广等一线城市，客单价是30元以上，在中部某个偏远城市客单价就只有8块钱。原来每个用户都是补贴10块钱，就存在巨大的浪费。在客单价低的城市，这个补贴的额度已经超过他们正常的单次消费金额，存在补贴过高的情况，需要根据当地的客单价做调整。而有的高客单价城市，补贴力度还可以适当放宽，经过这样分城市的调整，成本得到了极大的改善，同时，补贴的效果得到了极大的提升。

同样的，就算在同一个城市，同一个学校，不同的学生群体消费也会存在巨大的差异。因此，最终真正有效的补贴，还要建立在分城市，分学校和分群体这样一个立体的用户模型基础上，才能最终达到一个完美的效果。

7.4.4 疯狂的“羊毛党”

这是最大的雷区。“羊毛党”是补贴无法回避的一个问题，只要补贴就会吸引来“羊毛党”，补贴力度太小吸引不了用户，起不到很好的效果；补贴力度一大，吸引到用户的同时，就一定会吸引来“羊毛党”，这个群体是无孔不入，哪里有好处就往哪里钻。前面的雷区顶多是成本使用效率不高，但“羊毛党”的危害极大，轻则大量费用被刷走，重则可能是血本无归。

近几年烧钱补贴比较大的几个领域，几乎无一不伴随着“羊毛党”的出没，大量的预算都被他们刷走了。从电商平台开始，“羊毛党”和职业水军就存在，然后在打车补贴大战的时候达到顶峰，就连最近风头正劲的共享单车领域开始的红包补贴也很快就被盯上了。

“羊毛党”包含几个群体：

最可怕的是地下黑产业链，他们典型的特征是技术手段高，尤其是在像打车这样额度高、时间长、频次高的补贴大战中，他们的身影最频繁，而且很难防住。他们手里有大量的手机号、邮箱号、真实的身份证、银行卡、支付宝账号等，无所不包。

其次是一些赚客类群体（包括职业和非职业水军），他们利用网站漏洞，通过 QQ 群、赚客类论坛以及一些第三方威客平台进行任务众包的方式，找一些大学生以及无业群体来完成他们发布的任务，中间赚取差价。

还有就是实际的从业者，这个群体包含该领域的从业者，比如出行领域的司机；公司员工，他们与商家串通起来，骗取公司补贴，给公司造成重大损失，严重的甚至会被移送司法机关处理。

防住“羊毛党”有 3 种方法：

第一种是通过专门的反作弊团队，通过技术手段来防刷，不断根据新的刷单的特征进行技术手段和策略的升级，与“羊毛党”斗智斗勇。这个方法的缺点是只有中大型公司才能有能力组建专门的反作弊团队，大多数公司没有能力来做这件事。

第二种是控制补贴的力度，在效果、成本和被刷三者之间进行平衡。适当地控制补贴力度，实时监控带来的效果和成本，同时关注一些“羊毛党”聚集的论坛，监控是否有人发布自己业务相关的关键词，以及通过一些典型的数据特征来判断是否有“羊毛党”涌入，在此基础上调整补贴的力度。比如邀请好友返现，一个人突然在很短时间内邀请了几十上百个用户，这个就是典型的“羊毛党”，一个正常的普通用户是不可能达到这种效果的，并且这些用户来的时间非常集中，且都严格按照平台设定的条件来参与，几乎不会有多余的购买或者投资，最终这些用户也不会有复购和留存。

在笔者亲身经历的团购和互联网金融这两个行业，都与“羊毛党”打过交道，深感头痛。比如，我们做“一毛钱看电影”活动的时候，就有“羊毛党”刷单，然后去电影院门口低价售票赚取差价。

我们有专门的反作弊团队，通过购买的时间集中度、购买和兑换的距离等维度来判别是否是作弊用户，但即便这样也还是防不胜防，仍然难以避免。互联网金融领域也是被刷的重灾区，有些公司为了冲业绩而刷数据，甚至主动寻求“羊毛党”帮忙把数据做得好看。

第三种是降低补贴的通用性。补贴不用现金或其他通用性高的物质形式，而是只对用户有好处，“羊毛党”无法变现，这样也能有效阻止他们的参加。比如互联网金融，给用户的补贴以“加息”的方式给用户，用户必须要存足够多的钱，加息才会生效，且转让无效，需要要他们大额的投入。

曾经有个团队制定了一个用户运营的策略，为提高注册未购买的用户转化，给这些用户发无门槛红包，当时看数据效果非常好，没想到是被“羊毛党”盯上了，注册了大量账号，就等着发红包，然后提现，套取优惠。后来看数据，发现这些用户全部没有复购，才发现是被刷了。因此，我们在做补贴的时候，一定要做长期的数据跟踪，及时分析其中存在的问题。

7.4.5 沉没成本

避免用户补贴中的沉没成本：**无法起到拉动增长的补贴都属于沉没成本。**

沉没成本就是无效补贴，对于增长没有起到任何作用。沉没成本对应的是边际效应，当成本投入无法拉动用户增长时，边际效应是零，投入都属于沉没成本。当成本投入逐渐增加，开始起到拉动增长的作用的时，边际效应逐渐放大，沉没成本递减，直至趋近于零，但永远不会等于零。

【案例】沉没成本的计算方式

小明负责某互联网金融平台的运营，他想做一个活动拉动平台投资额的增长。小明花了 10 万块钱做了一个为期一周的活动，活动一周平台投资额为 7000 万。

请问：小明的这个活动算不算成功呢？

要评估这个活动是否成功要看小明做这个活动之前平台一周的投资额是多少。如果不做活动的时候平台一周的投资额就能达到 7000 万，那小明这个活动所花的 10 万块钱就属于沉没成本，因为没有给平台带来增量，而是完全给了那些本来就有投资需求的用户，没有刺激他们额外的投资。这就是沉没成本。

如何才能改变沉没成本呢？那就需要调整补贴策略的设计，要让用户有新增的投资需求，不做活动和做活动前后的增量投资额除以所花的费用就能算出边际成本和边际收益。如果不做活动一周的投资额只有 2000 万，那这个活动带来的增量就是 5000 万，这 10 万块钱所换来的就是 5000 万的增量，而不是整个 7000 万。因为原本有 2000 万是不花这 10 万也会有的。

沉没成本在我们的生活中非常常见，不仅仅是在线上，线下也有。下面以两个新开业餐厅的拉新活动为例，来看一下不同的策略对沉没成本的影响有多大。两家餐厅拉新的方法完全不同，带来的获客成本也截然不同，后续用户留存上也有可能存在天壤之别，不同的补贴策略，资金的使用效率千差万别，如表 7-2 所示。

表 7-2　不同拉新方式补贴带来的效果对比

餐厅	拉新方式	详细说明	营销逻辑	补贴成本
草料厂	霸王餐：首单免费	充值 4 倍以上首单免费	将成本最大力度地放在首次，培养用户忠诚度，拉动用户复购，降低了用户的补贴价格敏感性	一次性补贴
金桔餐厅	代金券、可叠加	满 100 减 50	通过发券拉动用户持续性消费	持续性补贴

【案例】草料场餐厅

拉新策略："吃霸王餐"。

活动方案：当次消费大于50元，且充值金额在当次消费金额的4倍以上，当次消费就免单，上不封顶。例如：5个人消费了400元，只要充值1600元，当次消费全免。此方案最大的优点在于：将成本最大力度地放在首次，用户需要付出充值4倍的成本，能培养用户忠诚度，又能拉动用户复购。最关键的是除了首次消费外，以后每次消费都是按照餐厅正常的价格付费，极大地降低了用户的补贴价格敏感性，建立了用户对该餐厅正常的消费价格认知，不会将补贴与真实价格做强关联。

【案例】金桔餐厅

拉新策略：直接发代金券。

活动方案：消费满100元减50，可以叠加使用，满200减100元。每天在互联网公司楼下发代金券，一个用户可以领很多张券，且每次消费后商家会再次赠券，拉动复购。

在这个案例中，用户每次消费都是半价补贴，并且是持续性地补贴，虽然能拉动用户持续消费，但会导致用户对补贴的敏感性很强，很难培养起用户正常的消费价格认知，用户会将补贴后的价格认为是正常价，一旦停止补贴，消费的欲望就会大打折扣。活动时间内对单个用户大量重复补贴，产生大量沉没成本。

这个案例可以优化为：单次消费限制使用数量，如仅限使用1张；做满返活动，如满200元返50元，既能提升用户消费的客单价又能拉动复购。或者，直接一次性补贴，到店后引导用户充值，充值500减100元，充值1000减300。充值的逻辑就是利用用户的沉没成本，让用户形成消费惯性，并且带来大量沉淀资金。

如何避免沉没成本

沉没成本的形成原因主要有两个方面，一个是补贴的力度不够，没有真正刺激到用户，形成了无效补贴，导致成本浪费。这种情况我们需要不断地测试补贴对用户有效的刺激点，找到拉动用户增长和补贴成本的平衡点。一个方面就是避免过度重复补贴。对于这种情况，我们应该根据前面提到的用户生命周期来识别，当用户变成一个忠诚用户之后就逐渐减少补贴，直至取消补贴，减少无谓补贴。

7.5　如何有效地补贴

7.5.1　什么时候开始补贴？

“增长黑客之父”Sean Ellis 在 2010 年最先提出 Growth Hacker 的概念，他先后服务于多家硅谷创业公司并帮助 Dropbox 实现了年 500% 的增长。Sean Ellis 认为一家成功的创业公司必然先后经历三个阶段：Product / Market Fit（产品和市场匹配期）、Transition to Growth（过渡期）、Growth（增长期）。如果产品还没有和市场匹配就开始大规模扩张之路，就像房子地基没做好就开始盖楼，失败是必然的。

什么时候开始补贴与公司的发展阶段密不可分？当早期还处于产品和市场匹配期的时候，应该将重心放在打磨产品的核心价值和市场匹配上，这时是不宜补贴的。**当业务经受住了用户的考验，产品也有了足够的留存率，需要大量新用户增长的时候，就可以开始补贴，通过补贴加速新用户的获取和老用户的留存。**

7.5.2　补贴的精细化运营

补贴越精细化，越能提升资金的使用效率，粗放式的补贴，不仅会导致资金严重浪费，而且很容易因为补贴在短时间带来的巨大增长掩盖存在的问题。补贴的精细化运营可以从以下几个角度去展开。

1. 分人群

（1）新用户补贴

新用户的补贴额度可从两个维度来考量：一个是该行业的平均客单价，一个是获取新客的成本。比如团购行业的客单价是60～100元左右，获取一个新客的补贴成本控制在30～50元，那就可以选择30～150元左右的团单做补贴，补贴完之后用户可以以最低1元～100元左右的价格来做首次购买。对新用户补贴的时候切记不要一味的低价，越是低价用户支付的金额越少，越容易获取到大量非目标用户。如图7-13所示，团单的价格越高，同样是补贴30元/人，用户支付的金额越高，越趋近于真实的目标用户，最终的复购率和留存率也会更高。

拉新团单价选择

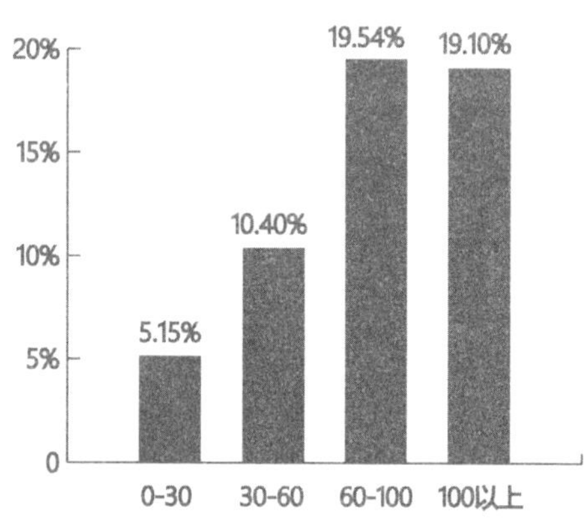

图7-13　拉新价格与复购率的关系

（2）老用户

给用户打标签，将用户分群，测试不同用户群体的价格敏感区

间，根据用户的补贴敏感度来制定补贴策略。

首先可以将用户划分成补贴敏感型和补贴不敏感型，分别给打上标签，然后进行分类。对补贴不敏感的用户就可以减少补贴或者不补贴；对补贴敏感的用户进一步细分，对多少钱敏感，价格敏感区间是多少，从而制定补贴策略。有的用户是有补贴就用，没有补贴就不用，换其他免费的替代品，这种属性的用户没有忠诚度，用户质量不高，可以减少补贴，或者逐渐不补贴。有的用户会因为补贴而提高使用频次和客单价，这种应该多补贴。还有一种用户是多平台的用户，这种用户属于高频用户，但是对价格敏感，会因为补贴的变化而选择使用不同的平台，针对这种用户应该保持与竞争对手的相对优势，也是需要争取的一部分用户。

（3）沉默用户

沉默用户属于潜在流失用户，需要重点关照。这时需要用到我们前面讲到的 RFM 模型，监控每个用户的使用频次和使用周期，用户沉默的时间是否在正常范围内，超出多长时间就应该开始进行流失预警，通过补贴将用户激活，如果补贴后还没有激活，我们逐渐加大补贴力度直到超出补贴的最大范畴也无法挽回，就定义为流失用户且不再进行补贴。

2. 分地域

像团购、O2O、打车这样有着极强 LBS 属性的业务，其消费的频次、客单价与当地的经济水平和消费水平有着密不可分的关系，因此在制定补贴策略的时候也需要考虑城市的属性。补贴的边际效应会随着补贴金额的增加而降低，当补贴的金额高到一定程度的时候，补贴的效率非常低。比如新用户补贴 30 块钱，已经足够有吸引力，如果从 30 块补到 40 块，单个用户增加了 10 块钱，但整体用户都会增加 10 块钱，将导致成本巨额增加，但增加 10 块钱带来的增量效果却不一定明显，如果没有明显的增长，这个钱大部分就是白花的。以打车为例，大城市起步价是 13 块钱，补贴 10 ～ 13 元就能撬动用户，而小城市的起步价是 8 块钱，补贴 5 到 8 块钱会刺激他打车，就没有必要补贴 10 块钱。笔者在负责团购城市运营的时候，每个城市的消费水平有很大的差异，一定要根据每个城市的具体情况做本地化运营，而非一刀切。

3. 分品类

品类补贴有两个维度：一个是平台整体品类的维度，我们前面讲到的流量品类和流水品类之间的关系，通过对流量品类进行补贴，然后给其他品类导流；一个是，当平台着重发展某个新品类的时候，就重点对该品类进行补贴。

比如美团，最开始将电影、餐饮品类作为流量品类，大力补贴电影品类，进行大量拉新，然后导流给其他品类。当美团开始大力发展酒店旅游品类的时候，又开始将补贴向酒店旅游品类倾斜，白天的时候我们看到美团进行抢购的是以餐饮为主，一到晚上，整个首页抢购专区的展示就切换为酒店品类，因此我们看到美团酒店旅游的快速增长。

4. 分时段

通过补贴“削峰填谷”。很多消费领域都会存在高峰期和低谷期，通过补贴可以起到调节高峰期和低谷期使之达到平衡的作用。比如在高峰期，消费比较集中，且都属于刚性需求，这时就没有必要做过多的补贴，甚至会因为补贴导致消费过于集中，导致用户体验很差。

以团购为例，某个商家本来就很热，如果过多补贴，会导致商家接待不过来，服务跟不上，用户体验就非常差。低谷期属于闲时，商家大量人员闲置，可以通过补贴调节这个时段的客流量，起到平衡客流分布的效果。我们生活中常见的“电”的定价就是典型的按照“削峰填谷”的模式来进行定价，都是通过价格杠杆来调节用户的行为。打车遇到雨雪天气，需求量会猛增，这时是需求的高峰期，需要加大对司机端的补贴，来提升运力，让用户尽快打到车，从而实现供需平衡。这时的补贴就更应该侧重于司机端，而非用户端。

5. 分商家

补贴要找热门商家，不找冷门商家。有的商家平常从来不打折，不做促销活动，这时如果线上做个补贴活动，只要稍微给点补贴就会吸引来大量的用户。这时用户的价格敏感区间是很低的，补贴的边际效应很高。

笔者曾经负责过一个通过补贴热门商家花小钱办大事的典型例子。通常，我们拉新的用户补贴标准是 30 块钱左右，一次给杭州的某个蛋糕店做拉新，这个店是当地一家知名的区域性连锁店，在当地的知名度比较高，该商家从来不打折，不做活动，我们做了一个 100 元的购物卡，新用户立减 5 元，联合店铺在线下做联合推广，一上线就非常火爆，起到了非常好的拉新效果。相较于其他商家的补贴来说，我们的获客成本只有 5 块钱，而其他的商家需要至少 30 元，极大地节省了获客的成本。因此，商家的选择对于补贴来说，也至关重要。

补头部，不补长尾：我们在前面讲到了“二八定律”，补贴的时候也应该遵循这个定律，对商家端或者 B 端补贴的时候一定要侧重于头部商家，因为头部商家意味销量高、人流量大、品牌曝光强，可以充分借力头部商家的品牌势能，有效地将线下商家的流量转化成线上流量。电商平台和团购网站的发展思路都运用了这一套路，包括我们现在看阿里巴巴复活口碑网的打法也是沿用这一套路，上来就与肯德基这样的超级品牌商户合作，有效地利用品牌商户的线下流量，提升自身业务的品牌知名度，培养用户习惯。

7.5.3 补B端还是C端，还是同时补？

前面讲到的“生态系统补贴”就是围绕B端和C端展开的，两端循环增长才能带动整体增长，单纯某一端过快增长，另外一端跟不上就会严重影响用户体验，补贴效率也会非常差。如果光补贴给C端，用户发现根本就没有自己想要的东西，很快就会流失，而且以后也很难再回来，属于无效补贴，还会带来负面的口碑传播。

同样的，如果B端商户入驻平台之后发现很久都没有订单，商家也会很快就流失了。因此，最佳的方案是B端和C端同时做，在商家入驻之后，通过与商家联合运营，对用户做补贴，很快就能解决冷启动的问题。B端补贴主要集中在那些能给平台带来巨大用户量且又有巨大品牌势能，但又不太愿意合作的商家，通过补贴撬动他们入驻。

整体的原则：能不补就不补，能补一端不补两端，实在不得不补就快速补贴，形成规模之后“携用户以令商家”，抢占资源独占性，快速形成自己的生态系统。平台掌握话语权之后，就能掌握合作的主动权，再逐步取消补贴。最佳的补贴方案是，通过给用户的补贴，撬动大规模的业绩增长，帮助商家做增量，以此来合作，一个补贴撬动两端。

7.5.4 根据市场竞争环境随时做调整

补贴的核心逻辑是影响价格，通过价格调节用户行为，然而价格有时候会受到市场竞争的巨大影响。当竞争对手采取同样的补贴策略，甚至更大力度的补贴时，前面讲的所有补贴策略很可能都失效了。补贴是获取用户最有效的手段之一，谁能在激烈的市场竞争中，主动发起补贴价格战，谁就能掌握主动权。率先发起价格战的一方会有优势，如果竞争对手不跟进，用户就会持续性地向一方流动。如果竞争对手主动发起补贴价格战，一定要快速跟进，当一个行业进入疯狂的烧钱补贴大战的时候，也就进入了淘汰赛阶段。

补贴不能只看自己，一定要实时查看竞争对手的动态，及时根据市场动态做相应调整。

【案例】：滴滴与快的的补贴大战

2014 年，滴滴和快的的补贴大战就是典型的通过补贴加速市场竞争和淘汰的经典案例。

2014 年 1 月 10 日，滴滴宣布使用微信支付，乘客车费立减 10 元、司机立奖 10 元；10 天后，阿里方面称，乘客只要使用快的叫车并使用支付宝在线支付就可以获得 10 元补贴，很快上涨至 15 元，司机也有相应补贴，随后，快的官方人士称：快的补贴永远比同行多 1 元。至此，硝烟弥漫的价格大战正式拉开了序幕，双方累计烧掉近 20 亿，迅速清空了竞争对手。截至五月底，滴滴和快的占总体市场份额的 98% 以上。滴滴占据 68.1% 的市场份额处于绝对领先地位，快的占 30.2% 的市场份额排名第二，国内最早的打车软件摇摇招车因“弹药”不足停止相关业务，整体转向其他方向。

7.6　寻找替代品

补贴是平台调节用户的一个有效杠杆，但不是唯一的手段。长期发展来看，调节用户行为需要找到替代方案，逐步取代补贴的效果，降低补贴成本。**替代方案有两种：一种是找到一种替代品完全与价格脱钩，不产生任何补贴费用**，如：滴滴打车的滴米；**另外一种是发明一种新的度量衡来模糊定价**，如积分。

完全替代品是要找到一个强力的刺激出口，要么是精神层面的，要么是物质层面的。比如，大家为了提高 QQ 的等级，就会更长时间的登录和活跃，也起到了调节用户行为的目的，但不产生费用，这就是完全替代品。

积分的消耗可以是抽奖，也可以兑换实物或虚拟商品等形式，用户要获取积分就必须完成平台指定的任务，以此调节用户行为。相对于直接补贴，积分的消耗形式可以多种多样，兑换的商品多种多样，可以从更多维度刺激用户获取积分。积分的消耗可以部分不产生成本或降低成本，如通过控制抽奖的中奖概率来消耗更多积分，就起到了降低成本的作用。

【案例】滴滴打车发明滴米替换平台补贴

滴滴打车之前都是靠平台补贴来调节司机端的行为，导致成本很高，后来滴滴发明的滴米与价格脱钩，不仅很好地起到了调节司机行为的作用，还给平台省下了巨额的补贴费用。司机平常通过拉不好的订单来攒滴米，抢好的订单需要消耗滴米，这样就不再通过补贴来调节司机的行为了。

团购网站的替代品是从平台补贴过渡到平台和商家联合补贴再到商家自营销，完全由商家自主完成营销，平台不再有任何补贴成本。淘宝和天猫也是这种思路，充分发挥商家的自营销能力。

补贴看似是一个很简单的工作，但实际上补贴背后隐藏了大量的经济学、社会学、市场营销学、消费心理学、零售学的知识。要想真正做好补贴需要深入洞察自己的业务，了解业务在什么阶段到底需要做什么样的补贴，采取什么样的手段，然后有的放矢。同时，一定要有强烈的反作弊意识，识别出“羊毛党”，减少无谓的补贴。最后，所有的补贴策略都需要建立在数据分析的基础上，通过数据建立用户模型，做好业务分析，有效地指导补贴策略的制定，同时通过数据长期跟踪和监控补贴的投入是否合理，效果是否达到预期。只有这样才能将钱花到刀刃上，提高资金的使用效率，最终起到事半功倍的效果。

补贴的策略经常不会单一维度存在，而是综合多个维度计算用户模型之后再进行补贴。比如同样是新用户，不同城市的补贴很可能就不一样，需要多维组合制定补贴策略，切记生搬硬套。

7.7　本章小结

很多人都认为补贴不就是烧钱吗？其实不然。补贴的背后有非常多的学问，本章讲解了用户补贴的 8 种工具及其使用场景、补贴的 4 种基本逻辑、补贴的 5 种类型、补贴的 5 大雷区以及如何有效补贴，对补贴进行了全面的讲解，让大家对补贴不仅要知其然还要知其所以然，从而更加高效地利用补贴来拉动用户增长，避免过度使用补贴，陷入不恰当的补贴之中，浪费企业资源。

附录

增长工具推荐

1. GrowingIO

基于用户行为的新一代数据分析产品

GrowingIO

用 数 据 驱 动 企 业 增 长

GrowingIO 是基于用户行为的新一代数据分析产品，它吸取国内外数据分析的最佳实践，颠覆传统数据采集流程漫长、耗时耗力的弊病，创新出一套秒级数据采集和分析解决方案，为用户获取全量、实时用户行为数据，并提供业内领先的增长咨询服务，为产品和用户增长提供决策支持，用数据驱动企业增长。

成立以来，服务超 7000 家企业级客户，提供互联网、金融、新零售、运营商等多个行业整体解决方案。获得滴滴、陌陌、58 赶集、链家、春秋航空、Camera360、华住、北森、销售易等数千家客户的青睐，并获得中美顶级风投经纬中国、NEA、Greylock A 轮 2000 万美元投资，一举成为精益化运营时代的数据分析领军企业。

GrowingIo 官网：https://www.growingio.com/

2. PMCAFF

性感而专注的互联网产品社区

PMCAFF（www.pmcaff.com）创建于2008年，是中国较大的互联网产品社区，专注于国内外行业深度观察，提供系统化的产品课程培训和全球顶尖互联网公司的职位，分享产品、运营、用户体验等干货内容。9年来，PMCAFF已举办过千场活动，并建立了上海、杭州、深圳、广州、福州、南京、成都、武汉、厦门等9大分舵；PMCAFF会员总数27万，覆盖几乎整个互联网行业，许多会员已成为各大国内互联网公司的核心人才，并且在Facebook、Google、Airbnb、Booking.com、BAT、滴滴、京东等国内外互联网公司中担任重要角色。

PMCAFF官网：http://www.pmcaff.com/feed

3. 人人都是产品经理

产品经理和互联网运营学习社群

人人都是产品经理（woshipm.com）是中国较大、较活跃的，以产品经理、互联网运营为核心的学习、交流、分享社群，集媒

体、教育、招聘、社群活动为一体，全方位服务产品经理和运营人，微信公众号是 woshipm。成立 7 年以来举办在线讲座 500 余期，线下活动 300 余场，覆盖北京、上海、广州、深圳、杭州、成都等 10 余城市，在互联网业内得到了广泛关注和高度好评。社区目前拥有 300 万忠实粉丝，其中产品经理占 70 万，中国 75% 的产品经理都在这里。

人人都是产品经理官网：http://www.woshipm.com/

4. 鸟哥笔记

学运营推广，上鸟哥笔记!

鸟哥笔记是移动互联网行业干货学习型权威媒体，创立于 2010 年，通过网站、微信公众号、APP、社群等渠道为广大从业者提供专业学习、合作交流的综合服务，目前已发展为集垂直媒体、线上线下课程学习、社群、ASO 优化平台、APP 推广服务为一体的综合互联网公司。

凭借专业积淀，公司于 2014 年推出“鸟哥推广”——APP 推广营销全案服务,2016 年打造“小鱼赚钱”——ASO 智能优化平台。秉承关注核心价值转化的理念，迄今已帮助数千家合作伙伴实现了高速增长目标。

鸟哥笔记公众号：niaoge8

鸟哥笔记官网：www.niaogebiji.com

5. 兑吧

用户运营服务平台

兑吧是一家致力于帮助互联网企业提升运营效率的用户运营服务平台，包含三大核心业务——积分商城管理工具、活动配置工具、签到工具，并免费开放给企业使用。公司成立于 2014 年 5 月，团队成员均来自阿里、网易等知名互联网企业。目前已有近 4000 多家主流 APP 接入了兑吧，如新浪微博、腾讯视频、58 同城、饿了么、凤凰新闻、网易云阅读等。

兑吧官网：https://www.duiba.com.cn

6. 馒头商学院

国内较活跃的互联网从业者在线学习社群

馒头商学院创办于 2014 年 5 月，“馒头”源于英文 mentor，意为导师、点化。平台汇集 300 多位来自腾讯、百度、淘宝、小米等一线互联网公司的实战型导师，提供最接地气的互联网产品、互联网营销、互联网运营课程。

馒头商学院学员遍布全国各地，服务总用户数高达 100 万 +，线上线下课程总量已达 500 余节。我们的愿景是：所有人向所有人学习，所有人支持所有人成长。

馒头商学院公众号：mantousxy

馒头商学院官网：www.mtedu.com

7. 起点学院

产品经理和互联网运营职业技能提升平台

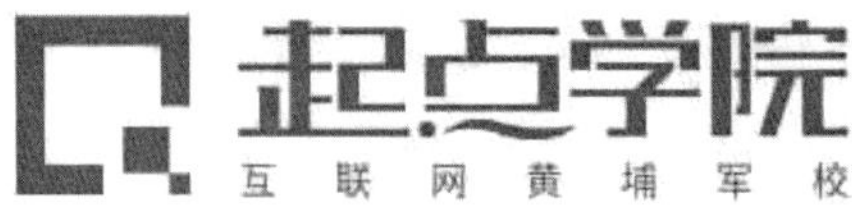

起点学院（www.qidianla.com）是人人都是产品经理旗下的产品经理和互联网运营职业技能提升平台，在教育行业深耕 7 年，线上线下结合，联合 BAT 等一线互联网公司 100 多名实战派总监共同研发设计课程，致力于把一线互联网公司成功的产品和运营经验提炼传承，目标成为互联网黄埔军校，为行业培养优秀的产品经理和运营人才，助力行业发展。

起点官网：https://www.qidianla.com/

8. 外包大师

产品外包第一站

外包大师隶属于爱赛因斯（北京）科技有限公司，凭借PMCAFF产品社区十年的资源积累，提供产品咨询、产品需求梳理、产品功能设计、产品交互及视觉设计、产品开发、产品测试、产品运营等围绕互联网产品全范围的服务，帮助需求方选用经过验证的成熟产品方案，极大节省产品从想法到上线的时间，让需求方的产品及时上市。

外包大师官网：http://www.waibaodashi.com/

后记

心 路 历 程

今天是 2017 年 10 月 19 日的凌晨 3 点，写完这篇后记我就将完成整本书出版前的几乎全部准备工作。自从开始写书，我生物钟的第二个工作兴奋时间段就变为晚上 22:30 到凌晨 2 点。白天要忙工作，回家之后先陪孩子阅读，孩子睡着之后的这个时间段是我一个人安静思考和写作的黄金时间。

整本书从开始策划到正式出版，历时 1 年零 2 个月，我也即将告别每晚抓耳挠腮、冥思苦想、熬夜写书的日子。在写书的每个夜晚，我时而奋笔疾书，时而快速阅读搜寻资料，时而在纸上勾勒整理思路，时而字斟句酌反复推敲，每晚都在想想想，每晚都在写写写，每晚都在改改改！回望过去这一年多的心路历程，往事历历在目。

全书创作重要时间点回顾

2016 年 9 月，我跟机械工业出版社签完出版合同，跟杨福川老师一起确定了本书的主题和大致的内容规划；

2016 年 10 月，国庆节期间我把爱人和孩子送回娘家，自己一个人在家正式开始这本书的创作；

2016 年 10 月 18 日，第一次交稿；

2017 年 7 月，我完成初稿的创作，紧接着就开始第二轮全面自查和修改；

2017 年 8 月，杨福川老师启动第三次整本书的全面审核，初稿阶段的两次全面审核主要是从写作思路和大体形式上进行审核，没有深入到字里行间，这次审核非常细，要对每一章、每一节、每一句话进行行文逻辑和用词用语的推敲，甚至是每一个标点符号的修改；

2017 年 9 月，为了增加内容的可读性，帮助读者更好理解，我们决定提取书中精华内容设计成精美图片，前后又耗时将近一个月，完成 60 多张图片的设计，很多复杂的文字内容通过图片的展现形式一目了然，让整本书的质量再一次得到大幅提升；

2017 年 10 月，国庆节前经过 6 个大版本，几百上千个小版本的反复修改迭代，全书基本定稿；

2017 年 11 月，本书正式上市公开发售。

确定书名

本书虽然确定了内容是讲“用户增长”，但一直没有想到一个特别好的名字能够全面代表全书的核心内容，这个困惑一直伴随了我创作这本书的整个过程，直至全书即将定稿，这个问题不得不被重视起来。为了解决这个问题，我决定寻求身边专业朋友的帮助，开一场头脑风暴会，集思广益。我第一反应是找我非常要好的兄弟，也是我在百度的同事刘基，他是非常资深的市场专家。在百度糯米工作期间他负责市场，我负责运营。在著名的“37 女生节”这个重大的活动项目里，我们一起陪技术团队通宵熬夜赶进度，熟悉后发现很多理念都高度一致，从此结下深厚的革命友谊。9 月，在全书定稿后，我约了刘基、杨福川老师，还有我身边几个非常好的朋友——小米电视开放平台的产品运营负责人王东健、百度糯米BD负责人卓琳以及我的几个同事，开了一次非常高效率的头脑风暴会。会议由刘基主持，我们在32分钟内想出192个名字，经过多种渠道投票，最终《引爆用户增长》高票当选。

写书是一种修炼

正式开始写书之前，我在微信公众号写过一段时间的文章，获得了非常多用户的认可，也奠定了我的写作风格。即便是在写书停止更新的这大半年时间里，粉丝依然保持增长的趋势。写文章的时候可以很随意，只需要表达清楚自己想表达的观点即可，不需要太过于考虑行文逻辑，以及观点和案例的相互佐证，甚至是有错别字都无所谓。但写书之后，就完全不一样了，写书对于一个人的要求很高，甚至是苛刻。主要表现在以下几个方面：

1）要考虑整体的逻辑性，全书是否有逻辑是衡量一本书质量的重要标准。

全书要有一个整体的逻辑性，每一章要有逻辑性，每一个观点和相佐证的案例也要有逻辑性。试想一下，要把十几万字的内容从书名，到目录，到每一个章节，甚至到一个案例都能用一套逻辑串联起来，难度有多大。跟大家汇报一下，本书的目录列到第四级菜单之后，占了十页word之多。

2）观点和案例一定要高度匹配，提炼出的理论观点要充分证明，且逻辑要严谨。

写作之初跟出版社的杨福川老师在交流的时候，我提出多写一些案例，少写一些理论，因为大家都喜欢看故事，不喜欢太枯燥的内容，但杨老师从专业的角度提出这样不妥。他认为：一本书少了系统的理论支撑就只有形，而缺少了神，还是要理论与案例相结合，用案例去佐证自己提出的理论观点，提升到理论的高度才有更强的通用价值。杨老师的观点无疑是正确的。平常跟很多的读者交流，好多人都向我反馈过同一个问题，“为什么同样一个案例，经常看到不同的人引用不同的观点？”出现这个现象的原因无非有两点，一方面是一个事件确实可以从多个角度去解读，另一方面就是有的人对于案例的认知不够深入，看的只是表象，想当然地就拿来证明自己的一个观点，结果所列举的案例其实并不能证明他的观点。其核心原因还是在于是否真正对这个案例做过深入研究，选取的案例是否跟自己想表达的观点吻合。

3）要有耐心，且能长期坚持。

写作之初原以为搭建好框架写起来就会很容易，以为 2017 年 5 月份就能完成全部创作，实际难度远大于自己的设想。在策划本书的时候，我搭建了一个非常大的框架，希望高屋建瓴，用一本书回答所有增长相关的问题，但在实际写作过程中发现很难做到。不要希望一本书能解决所有问题，不求全，但求每个问题都尽量深入，才具有更强的实战价值。在整个写作过程中，为了写好一个案例，我会花很多时间去调研，去体验产品，然后再看这个案例是否能够佐证我的理论观点。这耗费了大量的时间和精力，有时候为了写好一个案例会花上好几天的时间，思考如何才能更好地把案例的逻辑梳理得更清楚一些，让读者能一目了然地看清楚核心思路，帮助大家看到案例背后的东西，带给读者更深层次的思考。先把案例研究清楚，自己消化吸收后，再重新组织语言表达出来，保证自己的理论和所列举的案例相匹配，只有这样，写出来的东西才足够真实。这个过程并不轻松，以至于最终不得不调整写作内容，先保证第一个版本的发布。

整个写作过程也是辛苦的，我用得最多的一个字就是“熬”。

写书的这一年里，无论工作日还是周末，几乎每晚坚持写，除了陪孩子、偶尔的社交活动和正常工作以外，全部时间都在写书。写书的时间从最开始到晚上 12 点半，逐渐到 1 点，再逐渐到 2 点、3 点、4 点，甚至通宵，后面大半年，几乎每天晚上至少写到凌晨 2 点。记得有一次在写第 5 章时，我从晚上 11 点到凌晨 4 点，就只写了 100 个字。当时，我把能找到的关于用户成长体系的定义全部找来看了一遍，发现都不能完全表达我想表达的意思，那我就需要思考，我到底想表达什么意思。我找到的关于用户成长体系的定义更多是从执行层面去定义，而不是真正站在满足用户需求的角度去定义，因此，我首先要重新梳理逻辑，然后组织自己的语言，写那 100 个字可能只花了几分钟，但思考过程却用了几个小时。还有一次是即将定稿之前，打算给自己放个假，在休假前一天收到杨老师的修改意见，为了让自己出去玩的时候不要有牵挂，熬了一个通宵改完那一章，直至天亮前改完，直奔机场。

用做产品的思维来写书，小步快跑，持续迭代

整本书的写作过程，就跟做互联网产品的节奏一样，保持了很快的迭代速度。我每写完一章，就发给杨福川老师，他会从大到内容策划、文章结构、写作思路，小到文案措辞、语句通顺甚至是标点符号，提出很多修改意见反馈给我。我按照意见全部修改完之后，再返还给杨福川老师，如果改得不够好，可能还会 2 次、3 次返工，每一章都保持了这样循环往复的节奏（我写出版前的前言都改了 5 遍才通过），这是小的迭代周期。在写完全书的 7 个章节之后，我和杨福川老师又根据最终写出来的内容对全书的框架做了一次系统的梳理和结构调整，让整体脉络更加清晰，这是大的迭代周期。定稿前后，又进行了 2 次大的迭代，才最终定稿，完成了创作

阶段的任务，形成一本最终可出版的书。正式出版前，出版社内部还会打印出来再次校对、审核、修改。

采取这种迭代的写作思路有几个特别大的好处：

- 首先，可以保证核心观点的快速产出，理清脉络和主体架构。
- 其次，在保证主体架构的基础上进行迭代让内容逐渐丰满。
- 再次，迭代的机制能确保出现问题早发现、早解决，也可及时调整。
- 最后，迭代写作可以降低写作难度。如果追求完美，一次性达标，写作战线会拉得很长，很多人可能就坚持不下去。

没有完美的产品，再好的产品也是不断迭代而来的，再好的内容也不能做到一次完美，一定要发版，推向市场接受用户的检验。本书发售之后我们会根据用户的反馈，收集问题，不断进行内容的更新和迭代，让用户增长内容体系更加丰满。

最后想说的话

写完本书之后，有朋友戏称这是我的第二个孩子，确实如此，这是我人生中第一个完全属于自己的作品，是自己呕心沥血打造出来的产品，就像自己的亲生孩子一样。虽然在孕育和创作这本书的过程中经历很多煎熬，但写完之后，我发现自己成长了，主要体现在以下几个方面：

（1）思考问题更加体系化

最近跟朋友聊天，谈论很多问题的时候不经意就会引用自己书中的观点或案例。有一次跟某公司 CEO 聊天，他问我如何理解用户增长，我刚一张嘴，发现书里面的内容自然就到了嘴边。写书将以前碎片化的知识全部串联了起来，使我看问题更加深入，更加全面，视角也更加多元化。

（2）学习能力进一步增强

写书的过程其实就是一个不断提炼方法论的过程，写完之后发现对于实际工作是一个巨大的反哺，之前工作中没想明白的，通过写作逼得自己想明白，然后工作起来也更加高效。学习新东西的时候拥有了更丰富的方法论和思考体系，再去学习新东西，比如研究一个新行业的时候，也会更加得心应手。

（3）对职业生涯做了全面体检

写书的过程也像是一次体检。很多人会做，但不一定会说；很多人会做，也会说，但不一定会写。很多时候你以为自己想明白了，但在写作过程中才发现自己根本就没想明白，如果连想都没想明白是根本没办法写出来的。写作让我们更加清晰地知道自己哪里已经掌握了，哪里理解还不够深入，哪里还很欠缺，需要进一步去弥补。

写作是一个系统梳理的过程，是对工作思路和语言重新组织和再加工的过程，能够激发人不断思考，也能极大地提升自己与社会的连接能力。最近我开始鼓励身边的朋友加入到写作的队伍里来，只有让自己“痛苦”过，才能体会到破茧成蝶那一刻重生的美丽，希望下一个人是你。

黄天文

2017 年 10 月 19 日

推荐阅读

从用户需求角度深刻阐释了互联网产品设计、网络运营、商业模式构建的本质与方法论！

5大运营主题、40余种运营工具、50余种方法和技巧、100余个真实案例，帮助运营新人迅速掌握全套实操技能和构建完整运营体系

《定位》和《引爆点》之后，营销、内容、传媒界应该关注的第三本书。

前百度资深运营专家多年运营经验总结，运营千万级用户规模的大型互联网产品的实操经验复盘

汇集了来自腾讯、阿里、百度、360、迅雷、YY、小米、爱奇艺、乐视等数十家大型互联网公司的一线运营专家的技巧和方法论。

汇集了来自腾讯、阿里、百度、360、迅雷、YY、小米、爱奇艺、乐视等数十家大型互联网公司的一线运营专家的技巧和方法论。

推荐阅读

互联网产品
修炼手册
THE HANDBOOK
FOR PRODUCT MANAGER

产品设计与开发
(原书第5版)
PRODUCT DESIGN AND
DEVELOPMENT

BAT
产品经理
面试攻略

产品心经
产品经理
应该知道的60件事
(第2版)

数据分析思维
产品经理的成长笔记

PRODUCT DESIGN THINKING
产品设计思维
电商产品设计全攻略
王丁 著

PERSPECTIVE ∞ PRODUCT
产品的视角
从热闹到门道

PRODUCT FIRE
产品前线
48位一线互联网产品经理的
智慧与实战

BECOMING AN EXCELLENT PM
杰出产品经理